Zu diesem Buch

Als diese Interviews im WDR und im NDR zum erstenmal gesendet wurden, erregten sie erhebliches Aufsehen. Hier läßt Hubert Fichte, der sich nicht nur in seinen Romanen («Das Waisenhaus», «Die Palette», «Detlevs Imitationen ‚Grünspan'» — alle erschienen im Rowohlt Verlag), sondern auch in engagierten Aufsätzen mit dem Leben von Außenseitern und Minderheiten auseinandersetzt, einige jener Männer und Frauen zu Wort kommen, die in jeder Gesellschaft als Außenseiter gelten. So die zwanzigjährige Sandra: «Ich schaffe an, wie man das so nennt.» Sie kommt aus der Modebranche, war Mannequin und Fotomodell. Dann lernt sie einen Mann kennen «mit wahnsinnig viel Geld», lebt ein halbes Jahr mit ihm zusammen, bis seine Eifersucht sie zu sehr «nervt». Sie will zurück in die Modebranche, aber: «Ich hatte effektiv den Anschluß verpaßt, weil ich durch die Anti-Baby-Pille wahnsinnig zugenommen hatte.» Da sie gewohnt war, immer Geld zu haben, «hab ich mir gedacht, Menschenskind, das ist doch keine schlechte Idee». Das war vor zwei Jahren. Heute lebt sie auf St. Pauli, hat ein Zimmer im «Palais», trägt Modellkleider («Einkaufen, das ist meine liebste Beschäftigung»). Sie schickt ihren Eltern regelmäßig Geld («Bis siebzehn hab ich nie einen Pfennig abzugeben brauchen ... ich hab wirklich sehr sehr viel von meinen Eltern bekommen»), sie hat keinen Zuhälter («Ich lasse mich grundsätzlich nicht ausnutzen»), sie geht gern ins Kino («Aber keine Kitschfilme, kein Wildwest, auch keine Kriminalfilme»), liebt Bach («Play Bach Number One»), «Peterchen und der Wolf» und die «Nußknacker-Suite» von Tschaikowsky. Sie leidet «wahnsinnig» darunter, daß sie auf den Strich geht («Das ist für mich die größte Erniedrigung ... daß ich mich als Frau für so wenig Geld hergeben muß»), «deswegen bin ich auch zu der Überzeugung gekommen, daß ich das ganz bestimmt nicht mehr lange mache». Sie wünscht sich einen bequemen Job, eine Zwei-Zimmer-Wohnung mit Küche und Bad, einen VW, einen Mann, der sie gern hat («Ich weiß, daß ich wahrscheinlich eine gute Ehefrau sein werde, weil ich im Grunde genommen sehr häuslich bin»).

Die ganz unsentimentalen Selbstdarstellungen der Betroffenen machen eines deutlich: Sie, die sich auf dem «Kiez», in Hamburgs Unterwelt, ihre Opfer suchen, sind selbst Opfer — Opfer eines Milieus, zu dessen Erhaltung die bürgerliche Gesellschaft durch ihre aus Frustrationen erwachsenen Bedürfnisse und falschen Vorstellungen ständig beiträgt. Sandra: «Ich hoffe, daß das Interview sehr viele Leute hören werden...»

Hubert Fichte wurde am 21. März 1935 in Perleberg/Westprignitz geboren. 1955 Ausbildung zum landwirtschaftlichen Gehilfen und landwirtschaftliches Studium. Seit 1963 lebt Fichte als freier Schriftsteller in Hamburg. Für seinen ersten Erzählband «Aufbruch nach Turku» (1963) wurde ihm das Julius-Campe-Stipendium, für seinen 1965 erschienenen Roman «Das Waisenhaus» (rororo Nr. 1024) der Hermann-Hesse-Preis zuerkannt. Für 1967/68 erhielt er das Stipendium der Villa Massimo in Rom. 1968 erschien «Die Palette» (rororo Nr. 1300), das von der Darmstädter Jury zum «Buch des Monats» gewählt wurde, und 1971 «Detlevs Imitationen ‚Grünspan'».

Hubert Fichte

Interviews
aus dem
Palais d'Amour
etc.

ro
ro
ro

Rowohlt

Umschlagentwurf Hubert Fichte und Manfred Waller

ERSTAUSGABE

1.–20. Tausend   November 1972
21.–30. Tausend   Januar 1973

Veröffentlicht im Rowohlt Taschenbuch Verlag GmbH,
Reinbek bei Hamburg, November 1972
© Rowohlt Taschenbuch Verlag GmbH, Reinbek bei Hamburg, 1972
Satz Garamond (Linofilm-Super-Quick)
Gesamtherstellung Clausen & Bosse, Leck/Schleswig
Printed in Germany
ISBN 3 499 11560 3

Interview Ulli

Fichte: Ulli, wie alt bist du?
Ulli: 31.
F: Womit verdienst du dein Geld?
U: Als Wirtschafter.
F: Wo?
U: Hier im Puff.
F: Im Puff?
U: Das ist ein sogenanntes Wohnheim, Deern-Wohnheim wird das ja genannt, weil wir ja Puff, offiziell gibts ja keinen. Nur weiß jeder, vom Hafenarbeiter bis zum Bürgermeister, das weiß jeder, daß es ein Puff ist. Bloß so 'n Staatsanwalt hat mir mal gesagt, das ist ein Wohnheim, ich weiß nicht, daß das ein Puff ist, das darf ich überhaupt nicht wissen.
F: Und wie ist dieses Wohnheim gebaut worden?
U: Ja, das ist so 'n Kontakthof unten, und die einzelnen Etagen sind vermietet worden, also vielmehr verpachtet, an Pächter. Ich glaube, sieben oder acht Pächter sind insgesamt da. Sind 140 Zimmer. Und Pacht ist ungefähr pro Zimmer jetzt 475 Mark im Monat.
F: Also wenn einer..
U: .. muß der Pächter bezahlen.
F: Und was muß er bezahlen, um reinzukommen?
U: Ja, das ist auch verschieden. Wir bei uns, wir haben sechzehn Zimmer und 25 Mille Kaution.
F: Bei 16 Zimmern bezahlt er im Monat..
U: .. etwa 8400 Mark, wir müssen allerdings den Salon mitbezahlen.
F: Auf jeder Etage ist also ein Salon?
U: Ja.
F: Was bezahlen die Mädchen Miete?
U: 40 Mark am Tag und der Sonntag ist frei, ob sie arbeiten oder nicht, da brauchen sie nicht zu bezahlen. Wenn sie montags kommen, dann haben sie schon so 40 Mark auf dem Block stehen und dann den Montag dazu, dann sind das schon 80, und einige nehmen nur 37, aber dafür Sonntag mit, und das machen wir nicht.
F: Also man verdient an einem Zimmer ungefähr 600 Mark im Monat?
U: Ja.
F: Sind da noch andere Möglichkeiten des Gelderwerbs? Für den, dem der Puff gehört?
U: Offiziell nicht. Ausschank ist generell verboten, obwohl das, als der Vertrag gemacht worden ist mit der Gesellschaft, da ist das damals zwar versprochen worden, daß Ausschank sein wird, und das würde

alles als Sperrgebiet, haben sie gesagt, das würde alles eingestellt und ihr dürft ausschenken. Na ja, sonst hätten die den Puff nicht voll gekriegt, also da hätte keiner gepachtet. Da kannst du ja also so gut wie gar nicht von leben. Ja, ein Reibach wäre, wenn offiziell der Ausschank erlaubt wäre, im Salon. Bloß da darf kein Mann sitzen, selbst wenn ich ein Auto, wollen wir mal sagen, jemand kaufen will, dann darf ich ihn nicht bei mir oben sitzen haben und mit ihm verhandeln jetzt, sondern mit dem muß ich mich irgendwo anders treffen. Darf praktisch gar keiner, nur der Wirtschafter oder der Boß selber, sonst darf überhaupt kein Mann oben im Salon sein. Kommt auch oft die Schmiere, so ein-, zweimal in der Woche meistens rein, ob irgendwelche da sind. Aber uns haben sie bis jetzt noch nicht gegriffen, bei uns hängen ja auch keine rum, so Luden. Denn uns bringen so Jungs ihre Frau und wissen das, hier wird keine angemacht, von irgendeinem andern, wie andere Puffs, da hängen dann 10, 15 so Luden drinne, aber auch einige, die haben keine Partie und versuchen die dann anzumachen und schäkern, geben der was aus und der was aus, da können sie nicht arbeiten.

F: Und wie hoch wäre der Verdienst des Pächters, wenn er ausschenken dürfte?
U: Das Doppelte.
F: Das Doppelte. Also so verdient er ungefähr 500 mal 16, das sind 8000 Mark, der wird ungefähr 16 . .
U: . . du mußt die Steuern rechnen, was die da alles reingesteckt haben, in jedem Zimmer Musikschrank und Zehnerwechsler, die Bilder und mußt tapezieren, da gehen die Lampen kaputt, und der ganze Salon zum Beispiel, da muß die Einrichtung, die war nicht drinne, sonst die einzelnen Räume, die sind alle möbliert gewesen, Couch, zwei Sessel und Tisch und so.
F: Woher kommen die Mädchen, die in diesem Wohnheim wohnen?
U: Das ist auch so 'n Dings. Die darfst du ja gar nicht ansprechen, wenn sie schon Dirne ist, darfst gar keine angucken. Wollen mal sagen, die in einem anderen Haus und hat dort Trouble, darfst du nicht zu ihr sagen, komm doch zu uns, nicht. Bei uns ist ruhig, oder was, da ist 'ne nette Atmosphäre, dann wäre das schon Kuppelei. Wenn du eine Dirne von einem Wohnheim ins andere bringst, dann ist das schon Kuppelei. Weißt du, der Witz dabei ist, daß du 'ne Solide auf dem Tanzboden, die kannst du ruhig anhauen, kannst ihr sagen, paß auf, bei uns verdienst du dreihundert in der Nacht, bist doch beknackt, daß du als Verkäuferin arbeitest, meinetwegen, was du da im Monat hast, kannst du doch in einer Nacht haben, und die darf ich dann ins Wohnheim reinbringen. Also das erstmalig Reinbringen ins Wohnheim, wenn sie noch keine Dirne ist. Das ist straf . . das ist zwar verwerflich, aber straffrei. Das ist der Witz dabei, du darfst eine, die

schon Dirne ist, die kannst du nicht angucken, aber eine, die noch nicht anschafft, die dafür anhauen, kannst sagen, komm mal rein.
F: Wie werden nun praktisch die Mädchen angekobert?
U: Na ja, meistens spricht sich das rum, wenn sie auf dem Bock sind, da müssen sie zweimal in der Woche oder einige einmal, und die lernt die kennen, oder die hat mal da gearbeitet in der Herbertstraße, hat da 'ne Bekannte, und die sagt, paß mal auf, da kannst du auch zu uns ziehen, da verdienst du mehr. Nun sind bei uns auch bessere Freier als in der Herbertstraße oder überhaupt auf der Straße, da kobern sie mit 20, teilweise mit 15 in der Herbertstraße, oder welche, die kobern da für 5 Mark. Und wenn du viel kriegst im Schnitt, vielleicht 30, 35 beim Freier. Da haben sie auch Getränkeausschankzwang in der Herbertstraße, das ist bei uns ja nicht, die brauchen ja nicht trinken.
F: Und was verdienen die Mädchen in der Nacht bei euch durchschnittlich?
U: Na, das ist je nachdem, wie die Zeit ist, wie lange sie arbeitet. Wir haben welche, die haben einen Schnitt von 3, 4, 500. Aber andere, nu ja eben, daß sie leben von der Hand zum Mund, wenn sie 200 verdient haben, dann hören sie auf und dann verschäkern sie das, und am nächsten Tag haben sie keine Mark mehr, sie denken nicht mal, daß sie sich ein paar Mark zurücklegen. Andere haben dann wieder so grandige Luden, die greifen die ganze Summe, und die versaufen das denn noch.
F: Wer sind denn die Bauherren?
U: Das ist eine Gesellschaft von sieben Leuten gewesen, und zwar ganz, also keine aus der Gastronomie oder von St. Pauli, sondern ganz solide, die das Geld, gebaut haben und nachher ist der Bartels mit reingegangen.
F: Und diese Soliden, was haben die für Berufe?
U: Kaufleute und Bauunternehmer. Was die einzelnen so machen, weiß ich doch nicht.
F: Rechtsanwälte?
U: Nein. Da ist kein Rechtsanwalt dabei. Wir hatten mal zu Anfang da einen gehabt dabei, aber der hatte nichts damit zu tun, sondern lediglich Verträge hat der aufgesetzt, und der ist denn auch schon ausgeschieden.
F: Nun ist das ganze Wohnheim ein Millionenobjekt. Wie konnte es sich dieses Konsortium leisten, das einfach auf den blauen Dunst hin zu bauen? Hatten die irgendwelche Zusicherungen oder Empfehlungen bekommen?
U: Ja, das ist denen auch mal von der Behörde denn gesagt worden und von der Sitte, die hat gesagt, es kommt sowieso Sperrgebiet, denen ist es ja ganz lieb, daß es solche Häuser gibt, das ist doch alles ein

bißchen mehr unter Kontrolle. Wir achten selbst darauf, daß sie zum Bock gehen, na ja, überhaupt, die Frauen, die bei uns sind, eine Frau, die in der Nacht 40 Mark Miete zahlt, ist ja doch ein bißchen was Besseres, als welche, die auf dem Zeughausmarkt rumkrebsen. Sind bessere Frauen bei uns. Und ja, dann haben sie vor allem das Eroscenter haben sie gesehen, das lief. Da haben sie natürlich weitaus tiefer in die Tasche springen müssen, zum Beispiel da ein Haus, das hat 16 Zimmer, da mußten sie 250 000 hinlegen erst mal für fünf Jahre, daß sie reingestiegen sind, haben sie für fünf Jahre dann den Vertrag gehabt, haben sie eine Option gehabt für weitere fünf Jahre, nicht, und außerdem war damals die Miete gewesen im Eros 22,50 Mark, die sind jetzt aber auch inzwischen runtergegangen. Wollte ja kein Schwein mehr reinkriechen für so ein..

F: Mußt du nun als Wirtschafter auch aufpassen, daß den Mädchen nichts geschieht, mußt du Freier rausschaffen?

U: Ja, man kann sagen, wenn hier Trouble ist, man kann sagen, zu 60, 70 % haben die Frauen schuld. Dann schickern sie was von angeknackt und machen dann mit dem Freier kurz, wollen mal sagen, der gibt der 'nen Hunderter, und die soll jetzt siebzig rausgeben, dann steckt sie das in'n Safe, die Frau, und sagt denn, ja, paß mal auf, wir machen das nett, und also, nein, nein, ich will mein Geld wieder haben und die, nein, gib mir doch mehr, na ja, und dann gibts Trouble und dann hat er überhaupt keinen Bock mehr auf Soße, sondern sagt denn, gib mir auch alles wieder, jetzt marschier ich ab, nein, die dreißig sind auf jeden Fall, meine Zeit und – logisch, daß er dann Trouble macht und sich nicht darauf einläßt. Aber man hat auch andere wiederum, die drehen da irgendeiner den Hals um, also gehen an die Gurgel oder auch..

F: Das hast du erlebt?

U: Ja, ja, ja. Da hab ich noch im Eros gearbeitet, da ist ja mal eine umgelegt worden, von, aber das war ihr Lude gewesen, der hat sie mit der Schnur von der Lampe hat er sie erwürgt, dann kam er reinmarschiert zu mir in'n Salon rüber frei Brust und sagte dann, du, komm mal her, ich hab meine Alte eben umgelegt. Ich sag, was hast du gemacht, hast sie doll auf die Fresse gehauen, wie man das.. Nee, nee, sagt er, ich hab sie umgelegt, die ist tot. Ein schöner Schrott, sag ich, geh rein ins Zimmer. Nun wollten wir auch mal so Party machen mit meiner zusammen, mit seiner und liegt sie nackt auf dem Bett, dacht ich erst, sie will ihn nicht, daß er mich anwichsen will. Als morgens Feierabend war, da bin ich ein bißchen dichter rangegangen, die Decke so rübergezogen, ganz dunkelblaue Striemen so um Hals gewesen, so und der Kopf war 'n bißchen schief gewesen, die war schon kalt. Ja, sag ich, da haste aber Scheiße gemacht, sag ich. Nun hat der ja man 'ne Puste einstecken gehabt, deswegen war ich ein bißchen vorsichtig, und hab ich denn so getan, als ob ich bißchen zu ihm, so mit ihm zusammen, was denkste jetzt, glattbiegen will, und ich hab gesagt, was wir machen, ich hab da oben 'nen Teppich stehen im Boden, da wickeln wir die ein. Fahren wir mit dem Fahrstuhl nach unten in den Keller, konntst da fahren, und schmeißen wir sie in den Wagen rein. Ich habe meinen Wagen schon unten stehen, der hat einen Impalla gehabt, hat er die Kofferklappe schon aufgehabt, das hab ich übrigens gar nicht mitgekriegt alles, nicht, haben sie gar nicht aufgenommen. Und hat denn zwei Jahre neun Monate gekriegt wegen Körperverletzung mit Todesfolge. War 'ne ganz nette Deern, ganz solide in ihrer Art, war Mannequin gewesen, bildhübsches Kind, nie Trouble gemacht und nichts. Vor allem glaube ich auch, daß er sie noch gestoßen hatte, als sie tot war. Denn als wir auf den Turm raufgingen, da ist er dann nach 'ner halben Stunde zu mir gekommen, da hatte ich ihm übrigens die Autoschlüssel abgenommen, weil er schicker war, die sollte er mir lieber – und nach 'ner halben Stunde kam er wieder, du, gib mir meine Autoschlüssel wieder. Ich sag, was willst du denn, kannst denn fahren, ich denk, du bist ein bißchen zuviel angeknackert, ein bißchen zuviel geschickert. Nee, nee, nee, gib her, sagte er, war ganz aufgeregt, das mir aber an und für sich alles in dem Moment gar nicht, da hab ich mir nichts dabei gedacht, nachher habe ich mir nur die Gedanken, und da kam mir das ein bißchen komisch vor und denn ist er abgehauen und kam nach 'ner Viertelstunde so was wieder. Und dann ist er auf den Turm gegangen, eine Stunde später, oder anderthalb vielleicht, ich weiß es jetzt nicht mehr so genau, da kam er raus, ganz verschwitzt und nur 'ne Hose an und sagt, meine Alte, die hab ich umgebracht. Und da war aber sie schon tot, und unten stand der Wagen rückwärts zum Fahrstuhl rangefahren, der Kofferdeckel war auf. Also hate er sie vordem gekillt und hat es auch vorgehabt, sie da unten reinzubringen in den Kofferraum. Ja, dann haben wir ihn, hab ich gesagt, paß auf, die wickeln wir in'n Teppich rein und paß auf, guck jetzt nicht aus dem Fenster, geh nicht aus der Tür raus, mach mal selbst die Tür auf, sag ich, ich will meine Fingerabdrücke hier nirgendwo haben, sag ich, und dann lassen wir sie verschwinden, die schmeißen wir in die Müllhalde oder was, so 'n paar Meter Schmutz oder Müll kommt da ja jeden Tag hin, das fällt ja nie auf, wenn wir so 'n alten Teppich da hin. Ich sage, ich will noch mal mit Paul sprechen oder mit Jonny und wie wir denn das nun machen mit dem.. sag ich. Und da ist er oben geblieben, ich runter und hab ich von unten denn die Schmiere angerufen. Die wollten das erst gar nicht glauben, ich sag, hier hat einer seine Alte umgebracht. Na, na, nun mal ruhig, sagt er, ein bißchen aufgeregt war ich ja auch, nicht, und nun mal ruhig, was ist denn, erzähl. Mensch, sag ich, hier nicht

so lange Schiet, mal 'n paar Schmiermichel her, der hat die umgebracht, seine Frau, das ist im Eroscenter hier. Na, da kamen sie dann an mit zwei Mann. Erst der erste Peterwagen, ich dann mit denen hingelaufen mit 'nem Püster in der Faust, in der Zwischenzeit ist er übrigens runtergekommen jetzt, dem dauerte es wohl zu lange, und denn stand Jonny und Paul unten, haben sie die Fahrstuhltür aufgemacht, damit er nicht mit dem Fahrstuhl fahren kann, dann ist er ja blockiert, und er kam denn runter, hallo, ja, und dann gab er Jonny die Hand, und der hat ihm dann ein Ding reingehauen, und da ist er umgekippt, haben sie ihm die Arme so nach hinten gedrückt, da ist er wieder zu sich gekommen, aber da hatten sie ihn ja fest. Und als die Schmiere nun kommt mit dem Püster in der Faust, ja, ja, haltet ihn, wir holen Verstärkung, diese, anstatt nun einer daneben stehenbleibt mit dem Püster, aber da haben sie doch kein Herz zu gehabt. Ja.
F: Hast du erlebt, daß ein Freier sich beklagt hat bei der Schmiere?
U: Weißt du, ich hab schon gehabt, daß einer, der meinetwegen eine halbe Stunde stoßen will, da hat die natürlich keinen Bock darauf, die ganze Zeit, und er hat den Gummi noch auf dem Schwanz gehabt, meistens sind es ja Ausländer, beim Deutschen hab ich das noch nicht erlebt, du gucken, hier, nichts spritzen, nix. Mit dem Dings, mit dem Gummi haben sie die Hose dann angezogen, ich Polizei, ich Polizei, Präser dann noch auf 'm Schwanz gehabt.
F: Ja, und?
U: Ja, ach, die wissen ja, wie es geht, das geht denn ja nicht.
F: An und für sich soll sie ihn ja fertig machen.
U: Aber trotzdem, kann man ja schlecht verlangen. Die machen öfters Theater da. Deswegen ist ganz gut, bei uns am Bett, wo die Couch ist, da ist gleich so, wenn sie vorne liegen, können sie da so rauftippen auf Alarm, und kaum geht die Sirene los, dann nehme ich den Schlüssel, und bin ich gleich im Turm drinne. Und die meisten, wenn sie mich dann sehen, die haben dann kein Herz, irgendwie Trouble zu machen. Also so gut wie selten, alle drei, vier Monate vielleicht.
F: Was trinken die Mädchen auf eigene Rechnung?
U: Alles, was sie gerade wollen. Bier oder Whisky, Weinbrand.
F: Trinkerinnen hast du nicht oben?
U: Ach, einige hauen sich ganz gerne einen in'n Darm, hast du auch bei.
F: Nehmen sie nun viel Rauschgift, Pervetin, Captagon oder so was?
U: Ja, einige viel, so von Cap, so ein, zwei Stück die Nacht.
F: Nun hat der Pächter eurer Etage doch die Absicht, eine Kommune draus zu machen.
U: Ach was, das ist so eine fixe Idee von ihm. Er hat ja manchmal so Dinger drin, einmal will er verkaufen, am anderen Tag will er dann 'ne andere Etage dazukaufen, und dann ist kein Schmalz mehr da,

aber nach zwei, drei Tagen kommt er immer wieder zu sich.
F: Arbeitest du gerne da oben?
U: Ja, ach ja, doch.
F: Was hast du nun für einen Eindruck von den Freiern?
U: Das ist ganz verschieden. Da kommen Echte manchmal oder was weiß ich, da kommen natürlich aber auch andere mit bekackter Hose und schmutzigem Schwanz an, nun verlangen sie womöglich noch, ohne Gummi soll sie ihm einen blasen. Da hast du alles bei.
F: Verdienst du noch Geld auf andere Weise?
U: Du, da will ich nicht drüber sprechen.
F: Hast du ein Mädchen laufen?
U: Will ich auch nicht drüber sprechen.
F: Wieviel hast du im letzten Monat verdient?
U: Ich arbeite immer nur 'ne Woche, eine Woche mache ich frei, kannst du mal rechnen, was so in 'ner Woche, so zwischen 1000 und 1500 fast.
F: Bezahlst du da Steuern?
U: Ja, ich bin mit 800 Mark bin ich angemeldet. Krankenkasse und so. Wie gesagt, das meiste ist ja Trinkgeld.
F: Ja, das versteuerst du aber nicht?
U: Nee. Hört das auch keiner vom Finanzamt, was wir jetzt..
F: Tipp mußt du versteuern?
U: Tipp mußt, Trinkgeld, auch der Kellner im Eßlokal muß Trinkgeld versteuern.
F: Der Tipp ist aber in den 3000 Mark im Monat drin.
U: Ja, ja, sonst hätt ich das ja nie.
F: Wie legst du nun dein Geld an? Hast du ein Bankkonto?
U: Ja.
F: Hast du Wertpapiere?
U: Nein.
F: Hast du Grundbesitz?
U: Auch nicht. Und nun bin ich ja auch nicht allzu lange wieder da, denn ich hab jetzt, wie lange hab ich jetzt abgemacht den letzten Knast, 43 Monate. Jetzt bin ich, seit Februar letzten Jahres bin ich wieder draußen. Jetzt hab ich 'ne Wohnung hier, 'nen Wagen, 'ne nette Wohnung.
F: Wie gibst du nun dein Geld aus? Ißt du gerne und gut und viel?
U: Das macht ja jeder hier, nicht.
F: Was ißt du am liebsten?
U: Steak, so am Tag zwei Steaks werde ich wohl immer essen, ja, wenn ich aufstehe schon, esse ich Steaks. Dann also..
F: Morgens schon?
U: Ja, meistens kommen sie mir ans Bett.
F: Hättest du nun gerne ein eigenes Haus oder..

U: Ja, ja, werde ich mir auch mal kaufen, bißchen außerhalb.
F: Mit Garten?
U: Ja.
F: Einfamilienhaus oder Mehrfamilienhaus?
U: Nein, vier, fünf Zimmer.
F: Gibst du Geld für eine Reinemachefrau aus?
U: Ja, kommt einmal in der Woche, dann kriegst sie zehn Taler.
F: Gibst du viel für Kleidung aus?
U: Überhaupt nicht, nee, mache ich mir da nichts draus.
F: Rauchst du viel?
U: Manchmal ja, zwei-, dreimal in der Woche, Hasch.
F: Nur Hasch.
U: Auch Marihuana un so, je nachdem, wo du rankommst. Manchmal ist ziemlich mau, überhaupt nichts, dann einmal schmeißen sie dich damit tot.
F: Was nimmst du am liebsten?
U: Hasch. Aber nicht dies mit O drin, das ist ja dies schwarze, da ist Opium mit drin, das ist Mist. Da hast du auch manchmal Angstgefühle dann. Das Gelbe, das ist bröckelig, fein sandig, kannst du also mit dem Finger reiben, das ist am besten.
F: Mußt du da viel für rausreißen?
U: Um high zu sein, ungefähr, muß man ein Pfund rechnen. Denn bist high.
F: So 60 bis 100 Mark in der Woche.
U: Ja, ja, ungefähr.
F: Hast du schon einen LSD-Trip gemacht?
U: Nee, hab ich noch nicht. Will ich auch noch machen, um das kennenzulernen. Krieg auch demnächst was. Ich hab da ein bißchen Manschetten vor, ich weiß nicht, man liest jetzt so viel, und wenns nur annähernd so gut ist wie der Stoff, wie Hasch, dann ist es schön. Überhaupt so allen Trouble, den du beim Alkohol hast, prügelst dich oder was, aber wenn du rauchst, dann ist dir das alles gleichgültig.
F: Du trinkst nicht mehr so viel Alkohol, seit du . .
U: Ja, tue ich auch. Auch selbst, wenn ich dann trinke, bin ich an und für sich viel friedlicher als sonst. Ich möcht auch jetzt nicht mehr Knast haben wegen Körperverletzung, insgesamt.
F: Glaubst du, daß man süchtig werden kann nach Haschisch?
U: Nein, Quatsch. Denn kenne ich über hundert Mann, die süchtig sein müßten.
F: Du kannst also jederzeit wieder aufhören?
U: Natürlich.
F: Rauchst du viel Zigaretten?
U: Ach ja. Ich rauche erst seit acht Monaten. Ich habe neun Jahre

geboxt, und deswegen habe ich überhaupt nicht geraucht. Seit acht Monaten rauche ich ja überhaupt erst. Vorher hatte ich auch kein Hasch geraucht oder so was.
F: Und wieviel rauchst du am Tag?
U: Ja, das ist, wenn du am Lauf bist, dann rauchst du viel mehr, je nachdem, man kommt nicht zwei Tage auf den Lauf. Aber du kannst rechnen so dreißig, vierzig Zigaretten rauche ich zur Zeit am Tag, ja. Du bist ja auch mit den Nerven da fertig, da oben, das ist ja eine Nervenschlacht am Abend. Die will so poussiert werden, die andere so, dann hängt die besoffen rum und das ist 'ne Nervenschlacht, ist das.
F: Mußt du die nun auch runterschicken, daß sie arbeiten, daß sie ihr Handgeld machen und ..
U: Du, das kannst du nicht sagen ..
F: Trinkst du viel?
U: Ja. Mehr als der Durchschnittsbürger jedenfalls. Ich bin schon mal schicker gewesen, über 'ne Woche. Da hab ich dreist herumgepoft am Tresen, da ist die Alte noch gekommen und hat mir dann Klamotten gebracht, da hab ich mich nackend am Tresen ausgezogen und hab die Klamotten angezogen, und denn ist die mit der schmutzigen Wäsche wieder abmarschiert. Das ist ja tierisch teuer der Kram, man spinnt ja rum, man gibt 'nen Zehner oder ein Pfund Tipp, oder zum Beispiel, ich hab schon bei 'ner Badeschau hier in der Bude einer 'nen Halben in die Votze gesteckt, in die Badewanne, ins Wasser rein und irgendson Spinnkram. Bestehst ja auch drauf, daß du keine Hauspreise kriegst, man bezahlt ja original die Preise, die das kostet, nicht. Kannst rechnen, wenn du für eine was ausgibst, sind 30 Mark, trinkst ja selbst. Gestern zum Beispiel war ich auf dem Lauf gewesen, was hab ich ausgegeben, so an die 600 Mark.
F: Hast du auch ein Mädchen mitgenommen?
U: Du, das ist nun so link, da will ich gar nicht drüber reden.
F: Für deine Schönheit gibst du nichts aus, schminkst dich nicht?
U: Nee, brauch ich nicht.
F: Brauchst keine Parfums?
U: Nee.
F: Bist du versichert.
U: Ja. Bei der AOK.
F: AOK. Lebensversicherung hast du nicht?
U: Nein.
F: Gist du viel Geld für Platten aus?
U: Für Musik? Ach ja, Zeitlang ja. Aber jetzt habe ich hier den Turm, ich will mal sehen, ob ich nicht hier auch einen anschaffe, aber ist ein bißchen klein ist das alles. Weißt du, wenn du das hier so einbaust, wenn, dann mußt du was Anständiges haben, so wie ich hab in

Lübeck so 'n Stereogerät, da werf ich ganz schön aus für Platten.
F: Was sind deine liebsten Platten?
U: Mahalia Jackson, Fats Domino hör ich gerne, Ella Fitzgerald und Nat King Cole, ach, auch Beat und so. Wo ich mir gar nichts draus mach, das sind diese deutschen albernen Dinger, da mach ich mir gar nichts draus. Dixiland höre ich auch gerne.
F: Die Knef?
U: Ja. Du, die hat irgendwas an sich, nicht das Aussehen so, wenn die jetzt 'ne normale Stimme hätte, dann könnt ich da gar nicht drauf, aber schon wie die spricht. Die hat irgendwie 'ne geile Stimme. Ich weiß nicht, ob du auch?
F: Ja, doch.
U: Findste auch, nicht? Aber das bin ich nicht allein. Hab das schon von anderen gehört, die hat irgendwas an sich, so 'n bißchen was Tierisches auch so, Tierhaftes so.
F: Magst du auch E-Musik?
U: Nein.
F: Im High, was ist da die beste Musik?
U: Ja, das stimmt, im High da hört man Musik anders, zum Beispiel Platten, wo du manchmal gar nicht drauf geachtet hast vor irgendwelchen zweitklassigen Bands oder Sängern, und das merkst du sofort, das tut richtig weh denn, wenn du Musik hörst, was da falsch ist. Andersrum aber wieder, zum Beispiel die Beatles und auch die Rolling Stones, früher konnte ich da gar nicht drauf auf die Musik, aber wenn du high bist, dann hörst du erst, wie wunderbar das ist.
F: Gehst du oft ins Kino?
U: Ach, an und für sich nicht. Krimis sehe ich ganz gerne, auch wenn es ein guter Wildwestfilm ist, dann auch, aber, auch andere Filme sehe ich ganz gerne.
F: Was ist dir da noch in Erinnerung?
U: Gut gefallen, das war Al Capone, an und für sich gar nicht der Film, sondern nur der Rod Steiger hat mir gut gefallen dabei. Ich gehe sowieso auch ins Kino, um irgendeinen Schauspieler zu sehen dabei. Sehr gut hat mir gefallen: Thomas Crown ist nicht zu fassen, und wie hieß er, Bonnet und Steve McQueen sind sehr gut gewesen, sehe ich gerne. Dann Spencer Tracy damals, hatte ich auch gerne gesehen. Marlon Brando. Ich gehe meistens an und für sich hin, wenn ich auf irgendeinen Schauspieler Bock habe, guck ich mir den Film an.
F: Siehst du viel fern?
U: Fernsehen. Jetzt hab ich mir so 'n Farbfernseher angeschafft, jetzt werd ich wohl ein bißchen öfters davorhängen, nicht. Sport, da darfst du mich nicht bei stören, Sportsendungen und vor allen Dingen Boxen. Da kannst mir 'ne Alte hinstellen, Teenager, und sagen, so, da kannste mit losmachen und da wäre Boxen im Fernsehen, da

würde ich sagen, jetzt tut mir leid, das müssen wir auf später verschieben.
F: Gehst du oft ins Theater?
U: Nein. Schon mal bei Ahrweiler, mit Wolfgang zusammen. Aber sonst an und für sich Theater gar nicht.
F: In die Oper?
U: Auch nicht.
F: Operette?
U: War ich mal als Junge gewesen. Operette, ja das mach ich nur wegen ihr, so zum Beispiel diese Sissy, dann waren wir bei Freddy Quinn damals, Heimweh nach St. Pauli und so, ich selbst mach mir da nichts draus.
F: Als Kind warst du mal in der Oper?
U: Ja, das war, da war ich im Erziehungsheim, da sind wir dann mit ein paar hinmarschiert, irgendsoeine Märchenoper war das, ich weiß gar nicht mehr, wie die hieß, zu Weihnachten oder irgendwann.
F: Bist du im Sportverein?
U: War ich gewesen.
F: FKK?
U: FKK? Fahr ich oft hin, ja. Da bin ich ja jetzt zuletzt in HFK, na, ich weiß das noch nicht, das ist nämlich ein ziemlicher Törn, wenn du rausfährst nach Dahme, oder Westerland. Nun geht das bei mir, wenn ich 'ne Woche arbeite, 'ne Woche frei habe, in der Woche, wo ich frei hab, kann ich auch dort hinfahren. Und, ja, da fahr ich ganz gerne hin.
F: Du hast einen Wagen?
U: Jetzt habe ich einen Volkswagen. Vor zehn Tagen noch, vierzehn Tage, sind wohl schon drei Wochen her, da hatte ich ja den Oldsmobile, ich weiß nicht, hast du den mal gesehen?
F: Warum hast du den nicht mehr?
U: Ich kann dir sagen, das ist tierisch teuer der Kram. Der hat so ungefähr 20 bis 25 Liter gefressen, und wenn du da Reparaturen hast, kost über zwei Mille Steuer und Versicherung im Jahr. Und jetzt will ich ein bißchen zusammenhalten und irgendwas im Frühjahr machen, ich hab aber da noch nichts Bestimmtes im Auge, irgendeinen Laden mach ich dann. Bis dahin will ich ein bißchen sparen, fahre ich einen Volkswagen bis zum Frühjahr.
F: Was für ein Laden soll das sein, auch mit Tanten?
U: Ja.
F: Mit Vorführung?
U: Striptease, ja.
F: Auf St. Pauli?
U: Ja. Das heißt, das weiß ich auch noch nicht hundertprozentig, ob das auf St. Pauli sein wird. Weil, es wird ein bißchen zu sehr verlangt

hier, da darf kein Portier mehr jetzt auf der Straße kobern und, mal sehen, wie es bis dahin ist.
F: Reist du gerne?
U: Ja.
F: Wo warst du schon?
U: Ja, in Europa war ich an und für sich überall gewesen, zweimal ein Monat in Mallorca gewesen, vierzehn Tage Schweden, Dänemark, Österreich, Italien, Spanien, Frankreich, ach, überall war ich schon.
F: Hast du irgendein Traumland?
U: Ja, so Japan und überhaupt so im Osten, so 'n bißchen da. Ja, da werde ich auch mal irgendwann, vielleicht wenn ich im Lotto gewinne oder irgendwann werde ich mal hinmarschieren da.
F: Warum gerade nach Japan.
U: Das weiß ich auch gar nicht. Das wollte ich als Junge schon immer, das reizt mich irgendwie, ich weiß nicht. Das ist was anders, als wenn du hier gerade über die Grenze gehst nach Österreich oder Frankreich, ist doch nicht viel Unterschied. Das ist was ganz anderes, die Bauten, die Leute.
F: Spielst du viel?
U: Au ja.
F: Um Geld zu gewinnen?
U: Gewiß um was zu gewinnen, aber du gewinnst doch nicht immer.
F: Und was spielst du?
U: Klabberjas, fast nur Klabberjas, aber auch Poker manchmal. Skat.
F: Wie hoch sind die Gewinne beim Klabberjas auf St. Pauli?
U: Au ja, da sind schon tierische Beträge gespielt worden, also 'ne Partie um zehn, zwanzig Mille. Der eine hat letztens 100 000 verloren an einen Pächter hier vom Puff.
F: Was ist das höchste, was du beim Klabberjas gewonnen hast?
U: Zwei Mille.
F: Und das höchste, was du verloren hast?
U: Auch ungefähr. Weißt du, wenn ich angeknackt bin und dann spiel, dann kannste dich nicht so richtig konzentrieren, verlierste ja, nicht. Und dann fahr ich manchmal nach Trave, da hab ich an und für sich, glaub ich, ein bißchen mehr über, als ich verloren hab, hab da so 'n System ausgearbeitet, aber da ist auch nichts dran.
F: Das ist ein rechnerisches System.
U: Ja.
F: Und damit hast du nun 'ne Mark gemacht oder?
U: Ja, da hab ich über bei. Aber das steht in gar keinem Verhältnis zur Zeit. Wenn du dir da die Nacht um die Ohren haust, denn hin- und zurückfährst, dann gehste achilen, ißt irgendwas, und was haste denn über, 300, 400 Mark, und da kann ich arbeiten hier, da hab ich das auch.

F: Sammelst du Bilder?
U: Nein.
F: Liest du viel?
U: Ja. Ich habe viel gelesen.
F: Was?
U: Ja, frag mich, was ich nicht gelesen hab, außer so Klassikern und so, sonst hab ich ja fast, beim Knast ist ja logisch, daß du darin liest, da kriegst du, alle vierzehn Tage kannst du da drei Bücher, hast du immer gekriegt, so ungefähr tausend Seiten, und, na ja, was hab ich nicht gelesen, hab fast alles gelesen.
F: Was liest du am liebsten?
U: Samuel lese ich ganz gerne und Kirk Roberts und von Yerby hab ich auch allerhand gelesen, das ist an und für sich, das liest du so dahin, und ich könnte jetzt kaum noch irgendwelche, dir was erklären, dir was erzählen davon, was das gewesen, höchstens, wenn du jetzt sagst, das und das war, und dann kann ich das weitererzählen. Es geht rein und denn auch wieder raus an und für sich.
F: Liest du Zeitung regelmäßig?
U: Ja.
F: Welche?
U: Sport und Politik. Und so im allgemeinen, na ja, was willst du von diesen Käseblättern hier, Morgenpost und die Springer-Zeitung und so, ist ja alles.. Bist du immer informiert so, was passiert.
F: Was hast du für Hobbys?
U: Ach, klingt ein bißchen blöde, aber an und für sich Sport natürlich, aber sonst die Fickerei. Wenn das ein Hobby ist. Sonst hab ich an und für sich gar kein Hobby.
F: Gibst du viel Geld dafür aus?
U: Au ja. Dafür gebe ich manchmal schon ganz schön was.
F: Also um ins Separé zu gehen?
U: Auch, je nachdem. Wenn ich angeknackt bin, nüchtern gebe ich an und für sich kein Geld dafür aus. Kannst ja auch so was aufreißen. Aber ich hab Bock drauf, wenn du dann irgendso 'n Spruch bringst, meinetwegen, du bist beim Film oder da oder da, irgendso 'n Teenager erzählst du denn und, oder machst Probeaufnahmen erst mit ihr und, na ja, auf irgend 'nen Spruch, da hab ich an und für sich am meisten Bock drauf. Aber sonst morgens, aber ich hab schon gehabt, da lag ich im Bett, da konnst nicht pofen, da bin ich runtermarschiert oder hab angerufen, schick mir mal 'ne Alte rauf, sag mir aber noch nicht, wer das ist, da war ich angeknackt immer dabei, und dann kommt irgendeine, kannst ihr für einen Halben gut sagen, kann aber auch mehr kriegen, wenn sie nett ist, dann kann sie gleich zwei Getränke oder was mitbringen auf feinen Kurs, das hab ich oft gemacht.

F: Aber nur, wenn du schicker bist?
U: Ja, bin ich immer angeknackt.
F: Also grundsätzlich würdest du nüchtern nichts für Liebe ausgeben?
U: Hier in Hamburg nicht. Da ist die Lampe ja zu groß. Nicht wahr, die kleine Muschi da. Aber wenn du angeknackt bist, dann fragst du im Moment ja nichts danach. Aber im Ausland. Doch, da hab ich das auch schon nüchtern gemacht. Ich will dir was sagen, wenn irgendwo 'ne Solide aufkreuzt, du tust ja auch raus, bestellst meinetwegen 'ne Flasche Whisky oder irgendwas, machst Gedröhne und weißt doch überhaupt nicht, ob das klargeht. Aber wenn du in'n Puff gehst oder meinetwegen Lausen, dann weißt du, ans Stoßen kommst du nun auf jeden Fall, du tust denn was da raus und kommst auf jeden Fall klar.
F: Ist dir nicht unangenehm, für Mädchen rauszureißen.
U: Warum?
F: Wo und wann bist du geboren?
U: In Hamburg, 38.
F: Bist auf dem Kiez groß geworden?
U: Ja.
F: Was machten deine Eltern?
U: Ja, mein Vater war vor dem Krieg Emaillierer gewesen. Meine Mutter ist schon 42, da war ich vier, ist meine Mutter gestorben und mein Vater hat keine andere genommen, da war ich in Boitzenburg den Krieg über gewesen, das ist jetzt Ostzone, hinter Lauenburg. Und als ich dann zurückkam, da war nichts zu fressen da richtig, ja, und dann bin ich ins Heim gekommen, Schule geschwänzt, da bin ich damals noch sitzengeblieben, ich hab, glaube ich, mehr geschwänzt als hingegangen zur Schule. Mein Vater, das war ein Trinker gewesen, war ein feiner Junge an sich, aber hat viel getrunken, nicht. Ich kenn überhaupt keinen, der so viel getrunken hat, der hat jeden Tag 'ne Flasche Korn oder Kümmel oder Aquavit hat der, hat sich auch totgesoffen, 54 ist er gestorben. Und grad vor dem Krieg war er Portier gewesen hier auf St. Pauli.
F: Genauso stark wie du?
U: Ja.
F: Und wie reagierte deine Mutter darauf, daß er so viel trank?
U: Nee, das hat er nachdem gemacht, das hat er vorm Krieg nicht gemacht. Erst dann, als nachdem sie tot war, nach dem Krieg, 42 ist sie ja schon gestorben. Na, kannst sagen, von März bis Oktober bin ich barfuß gelaufen, dann habe ich die Botten von meinem Alten angekriegt, und da konnt ich reinspringen vom Bett aus.
F: Hat er dich geschlagen?
U: Nein. Manchmal hab ich was hinter die Ohren gekriegt, aber so war er ein herzensguter Mann gewesen.

F: Und er war dir nicht unangenehm, weil er dauernd besoffen war.
U: Ich kannte ihn ja gar nicht anders. Da war ich ja noch zu jung gewesen. Bin ich 49 ins Heim gekommen, und, na, in einer Hinsicht war es ja ganz gut, denn habe ich ja die Klasse aufgeholt, bin dann zur Oberschule gekommen, habe Speditionskaufmann gelernt, war ich in so 'nem Jugendwohnheim, Speditionskaufmann und Zolldeklarant.
F: Hast du Geschwister?
U: Ja, einen Bruder, Halbbruder, und Halbschwester.
F: Hast du dich mit denen gut verstanden?
U: Überhaupt nicht, nee. Mein einer Halbbruder, der catcht, damals auch schon, der hat mir manchmal ein Ding reingehauen, da war ich zehn oder elf, aber richtig, daß ich weg gewesen bin. Meinem Vater wollte er mal so 'ne Kohlenschaufel auf den Kopf hauen, da hat er mir auch eine um die Ohren gehauen, mich hat er dann auch ausgeknockt. Und meine Schwester, die hatte angeschafft damals, da mußte ich, wenn ich zu Hause war, immer im Turm hat sie angeschafft, da mußte ich runter, das konnte auch abends um acht oder neun oder zehn sein, da war ich aber auch noch nicht älter als zehn, elf. Da mußte ich runter und warten, bis die mit dem Freier fertig ist.
F: In deinem Bett?
U: Ja, ja. Und er hat bei ihr die Krumme gemacht, mein Bruder.
F: Warum bist du dann in ein Heim gekommen?
U: Ja, wegen diesem Milieu, gerade auf St. Pauli, die achten doch ein bißchen drauf. Hab ich die Schule geschwänzt, habe ich der Lehrerin mal eine um die Ohren gehauen, da war ich elf gewesen, ja.
F: Warum?
U: Da hab ich einen Apfel geklaut, hatte irgendeiner einen Apfel hingelegt, wahrscheinlich Klassenaufsicht, zwei Äpfel lagen, ich denke, na, einen haust du weg, und denn war die Pause zu Ende und irgendeiner, ich weiß nicht mehr, wars ein Mädchen oder ein Junge gewesen, da war ich ja in der Freiheit in der Schule, ich weiß nicht, wie die Lehrerin da hieß, hier, ich hab doch zwei Äpfel hingelegt, das ist lieb, mein Kind, wo ist denn der andere? Ja, der ist nicht da. Wer hatte Klassenaufsicht? Na ich, sag ich. Komm nach vorne, wo ist der Apfel? Ich sag, weiß ich doch nicht. Batsch, hat sie mir eine auf die Ohren gehauen. Da hab ich denn so richtig voll die Faust hab ich ihr denn richtig auf die Nase geknallt und da ist die da umgekippt, da war ich elf. Und da bin ich dann rausgelaufen. Da haben sie mich denn von zu Hause abgeholt und ins Heim gebracht. Und da war ich mit Unterbrechung auch immer gewesen.
F: Bis wie lange?
U: Bis 56.

F: Und wie hat dir das in den Heimen gefallen?
U: Beschissen.
F: Warum?
U: Ja, weil, wenn du in so einem Privatheim bist, ist es etwas anderes, aber da konnte das ein Sonntag sein, und wenn er dich denn fragt, wenn dann zu dir gesagt hat, heute ist Montag, und du sagst, nee, das ist Sonntag, dann haste eine in die Fresse gekriegt. Dann haben sie dich in Gummistiefeln und so Kartoffeln schälen lassen, waren denn die Strafen gewesen. Da wollte ich mal ein Boot haben, da war so 'n Sportlehrer, Ehlers hieß der, und der war auch Bastellehrer, wollte ich da so eine Kogge gerne haben. Ja, sagt er, ist dir die denn was wert? Ich sage, ja. Was denn? Ich sage alles. Ja, auch wenn ich dir da was für auf den Po hauen würde. Ich sage natürlich, können Sie machen und habe mir nichts bei gedacht. Ja, welches willst du denn haben? Ich sag, das. Ja, sagt er, da muß ich dir aber fünf Stück für auf den nackten Hintern. Ja, ist in Ordnung, ich habe meine Hose runter, und er haut mir dann fünf Stück auf den nackten Hintern rauf. Da war auch die weibliche Schmiere, die haben uns alle vernommen. Zeltlager, privat ist er mit uns gefahren, und, ja, paßt mal auf, also wir sind ja jetzt Männer unter uns und paßt auf, wir machen auch Nacktaufnahmen von uns, und er hat sich dann nackt mit uns fotografieren lassen, und so junge Burschen, die wir waren, keiner hat sich was bei gedacht. Das ist natürlich 'ne Ausnahme so. Aber das sind so kleine Könige und Sadisten, die kosten ihre Macht da richtig aus. Vor allem die Erzieherinnen, wenn die nicht gefickt werden, das steigt denen auch zu Kopf, das sind meistens Ledige, nee, die kann ja keine Mutter ersetzen, so eine Frau. Kannst auch sagen, daß hier im Puff hier die Hälfte von den Frauen im Heim gewesen ist oder im Knast, kannst du sagen, 75 % im Heim oder im Erziehungsheim gewesen.
F: Bist du im Erziehungsheim geschlagen worden?
U: Ja.
F: Rollkommandos hat es bei euch nicht gegeben?
U: Nein, nein. Hatten die ja auch nicht nötig, waren alles Schulkinder, nicht. Ich weiß noch, das letzte Mal, da hatte eine mir da 'ne Tracht Prügel gegeben, da war ich, wie alt war ich da, dreizehn glaub ich, aber richtig mit der Faust, bin ich wieder umgekippt, geblutet hab ich. Ich hebe mir das auf, sag ich, wenn ich siebzehn, achtzehn bin, dann greif ich dich mal, irgendwas hab ich gesagt, hab ich wieder eine gekriegt, war ich weg gewesen, hat mich richtig ausgeknockt, ja. Wenn ich den mal greifen würde, du, das könnte auf dem Michel sein meinetwegen oder in Hagenbecks Tierpark, das ist mir egal wo, sofort würde ich dem erst mal an die Backen nehmen. Da hab ich so einen Haß, und daher kommt das wahrscheinlich, auch wenn ich

was getrunken hatte, damals die ganzen Vorstrafen, wenn ich denn getrunken hatte, daß ich denn so irgendwie einen Rochus hatte, einen Haß, so richtig. Bißchen krankhaft muß ja so was sein. Ich hab mir ja schon oft Gedanken über gemacht. Ich glaub, das kommt daher.
F: Wie lange trinkst du schon?
U: Ja. Du, gar nicht so lange, achtzehn war ich da, nicht oft hab ich getrunken, da hab ich ja noch geboxt damals. So alle zwei, drei Monate mal habe ich da höchstens getrunken, hab ich schon Portier gemacht, ich war siebzehn gewesen, da hab ich schon Portier gemacht, bin ich der Jüngste gewesen.
F: Und da kamst du gerade aus dem Erziehungsheim?
U: Ja. Aber das war, zum Schluß war ich ja nicht mehr im Erziehungsheim, sondern im Jugendwohnheim. Da konnte ich zur Lehre gehen, und da wars nicht so, ziemlich offen so, und da hat auch keiner mehr Herz gehabt, mir was zu tun, da hätt ich sie alle gegriffen, die da waren. Die waren froh, daß die mich dann loswaren nachdem.
F: Warum hast du die Oberschule nicht weitergemacht?
U: Ja, siehst du, mein Vater war doch denn gestorben und die wollten denn auch nicht zu lange einen dabehalten, und du selbst ja auch, du willst Geld verdienen, da haben die mir denn gesagt, ja, du mußt Kaufmann werden, umsonst haben wir das nicht bezahlt für dich, das Heim. Ich wollte selbst Schlachter werden oder zur See fahren. Nein, auf keinen Fall, dafür haben wir für dich nicht die Oberschule bezahlt die Jahre immer, wirst Speditionskaufmann. Zweieinhalb Jahre habe ich gelernt, ich hab ja keinen Abschluß gemacht. Da hab ich denn auch noch 'nen Schwulen auf die Ohren gehauen in der Lehre, und der hat mich auch richtig so schikaniert immer, da hab ich eben aufgehört. Da hab ich denn als Siebzehnjähriger bei den Kohlen gearbeitet und als Steinträger schon, lieber als Portier. Dann hab ich so 'n Amtsvormund gekriegt, und der hat denn gesagt, wenn du weiter hier, weiter auf St. Pauli arbeitest, dann kommst du in ein geschlossenes Heim, hab ich wieder aufgehört, hab ich vierzehn Tage, drei Wochen wieder was Solides geackert, dann bin ich nachher aber doch wieder nach St. Pauli, da war ich achtzehn, da hab ich dann gesagt, paß auf, marschier ab, dein Bonum das paßt mir nicht, hau man ab, ich will dich hier nicht mehr sehen.
F: Warst du mal in einem geschlossenen Heim?
U: Ja.
F: Wie war es da?
U: Nun, erst mal Essen schlechter in solchem Heim, na, und du bist eben nichts, du mußt alles machen, was die sagen.
F: Gabs Einzelheiten da?

U: Gibts auch, ja.
F: Hast du da dringesteckt?
U: Hab ich auch schon ein paarmal.
F: Wie lange?
U: Ja, das machen sie nicht lange so, man gibt ja auch klein bei dann.
F: Vierzehn Tage oder weniger?
U: Nee, nicht so lange, eine Woche.
F: Eine Woche, in einer Einzelzelle?
U: Ja.
F: Und wie war die Ernährung, war die noch schlechter in der Einzelzelle?
U: Nein, das war gleich das Essen. Im Knast, wenn du da in Arrest kommst, dann kriegtest du morgens drei Scheiben Brot, das ist heute noch in Oslip so, drei Scheiben Brot morgens, fünf Scheiben Brot mittags trocken und so 'ne Back voll Muckefuck und abends hast du gar nichts. Das ist so zwei Meter breit vielleicht, die eine Hälfte, wo du drinne bist, da ist eine Holzpritsche, so wie so 'n Löwengitter dazwischen und zwei Meter ist da für die, wenn die da mal so 'ne Kommission hatten, dann kamen sie rein bei dir in die Zelle, und im Arrestsitzen da hattest du nun dein Blauzeug an, gucken sie dich richtig an, so wie 'nen Affen in Hagenbecks Tierpark. Dann kommt der Arzt jeden Tag, hab ich ihm auch mal gesagt, ich sag, paß auf, marschiert jetzt nach Hause, sonst fang ich hier an zu wichsen, daß ihr nächste Woche nicht wieder kommt. Oder ich sag, ich rotz hier durch, wenn ihr hier noch mal mit 'ner Kommission reinkommt, dann rotz ich euch hier durch die Traljen durch. Da haben sie dann auf einmal nicht mehr gemacht bei mir. Dann kommen sie da draußen rein, kneistern durch den Spion. Ganz schlimm gewesen. Knast ja.
F: Hast du viel vom Krieg mitbekommen?
U: So gut wie gar nichts, ich war in Boitzenburg. Kann ich mich auch kaum noch dran erinnern. Ich weiß noch, als die Russen denn kamen, ach, das waren an und für sich feine Jungs gewesen, so die Soldaten mit Kindern, da hatten die Bock drauf. Ja, und als mein Vater, als der aus der Gefangenschaft kam, 46, da sind wir nach Lübeck gebracht worden – von Hamburg her.
F: Was sind deine frühesten Erinnerungen?
U: Ja, das war beim Bombenangriff 42. Da ist meine Mutter gerade gestorben, und danach sind wir ja runtergeschickt worden nach Boitzenburg. Das weiß ich noch, da hab ich aus dem Fenster geguckt, und gegenüber fiel da das eine Haus zusammen, da hab ich noch so eine Dampfmaschine gehabt, da hab ich die Fensterbank angebrannt mit. Das sind so meine frühesten, da war ich, glaub ich, vier ungefähr, ja.

F: Was wolltest du werden, als Kind?
U: Immer verschieden, das ist ja so beim Jungen, da will er mal Kapitän werden, wenn er auf dem Schiff fährt, andermal will er Schaffner werden meinetwegen oder Lokomotivführer und Seemann oder irgend etwas. Was ich gerne wollte damals, ich wollte zur See fahren, oder Schlachter wollte ich werden, da hätt ich Spaß an gehabt, da hätte ich auch ausgelernt, aber das durfte ich eben nicht.
F: Warum hattest du da Spaß dran?
U: Ja, ich weiß auch nicht.
F: Aßt du gerne Wurst?
U: Ja, ich bin auch heute noch ein Fleischesser, kommt vielleicht daher, ich weiß es nicht.
F: Hast du viel Hunger gehabt in deiner Kindheit?
U: O ja. Also hier in der Schmuckstraße mal, Rugenbergener Brot, hieß es, glaub ich, so 'n Wagen, ein Mann, der hatte so 'n Stapel Brote auf dem Arm, hat denn den Wagen zugemacht, 1946 war das, bin ich denn vorbeigelaufen, ein Brot gekappt und aber weg und ich über die Trümmer da los, sag ich dir. Ja, ich hab fix Kohldampf geschoben als Junge.
F: Wie stelltest du dir als Kind vor, daß die Kinder gemacht werden?
U: Du, ich wußte schon mit zwölf den Unterschied zwischen Schwulen und 'ner Lesbischen.
F: Und wann wußtest du den Unterschied zwischen Mann und Frau?
U: Soweit ich überhaupt Erinnerungen habe, das war in Boitzenburg, da hatten die da so sechzehn-, siebzehnjährige Mädchen gehabt. So 'n Bauernhof war es gewesen, die sagt dann immer zu mir bei der Mittagspause, mußten sie alle Mittagsschlaf machen, und die mußte aufpassen, und dann setzte sie sich bei mir aufs Bett rauf, meistens hatte ich denn geschlafen, und sagte zu mir, du, weißt du überhaupt, wie eine Votze aussieht, wie das bei mir unten aussieht? Ich sag, ja, ich weiß, wie so was aussieht. Ja, sag ich, das ist ein Kreis und ein Strich und ein Punkt. Ja, und vergißt du da nun nichts? Nee, sag ich. Ja, aber die Haare vergißt du doch. Ja, sag ich, die Haare haben Frauen. Willst du meine denn mal sehen? Ja, möchte ich gerne mal sehen. Und denn hat sie mir ihre Muschi gezeigt, dann hat sie mir einen geblasen, so jung, wie ich war, und ich hab auch schon richtig einen hochgehabt.
F: Wie alt warst du da?
U: Wie alt war ich da, warte, 1945, so sechs, sieben. Und weiß ich noch, da hab ich sie doch ziemlich, nachdem an und für sich schon schlecht gewesen damals, das habe ich denn immer ein bißchen verwertet, nicht wenn ich irgendwas wollte von ihr, und dann hab ich ihr dann gesagt, denk mal daran oder irgendwie so. Denn selbst hatte sie ja. Frost hatte sie ja davor.

F: Wann hast du die ersten sexuellen Erlebnisse gehabt?
U: Mit 'ner Frau?
F: Ja.
U: Wo ich selbst gestoßen hab?
F: Ja.
U: Da war ich zwölf, hier im Treppenhaus in der Schmuckstraße, das ist ein Witz. Das wußte die am nächsten Tag nicht, das war 'ne Blöde, das wußte die am nächsten Tag schon nicht mehr, daß ich sie gestoßen hatte. Wie alt war die, so ungefähr dreißig. Und sah aber aus wie siebzehn, achtzehn. Hast du ja oft bei Blöden, daß die jünger aussehen als sie sind. Und die ist nachdem auch ins Heim, also eingewiesen worden, war nicht gefährlich, aber der haben wir denn auch mal, zum Beispiel, in'n Handschuh 'nen Stein reingetan, die hat mit uns Fußball gespielt hier auf dem Platz, dann haben wir einen Stein reingetan in'n Handschuh: hier, schieß mal aus der Luft. Und sie dachte, das ist der Handschuh, und dann hat sie gegen den Stein getreten. Und mit einem Kumpel zusammen haben wir dann auch gesagt, du, komm mal her, jetzt ficken wir mal. Sag ich, ja wo, hier im Treppenhaus, und da ging kein Licht mehr, da wurden grundsätzlich die Glühbirnen geklaut und all so 'n Scheiß. Na, jedenfalls haben wir die da gestoßen. Hatte sie so 'ne Milchkanne, die ist auch umgekippt, und da hab ich auch gestoßen das erste Mal, da war ich zwölf. Das wußte die am nächsten Tag nicht mehr.
F: Hast du als Junge was mit Männern erlebt?
U: Nee, nee.
F: Wann bist du das erste Mal ins Gefängnis gekommen?
U: 57.
F: Mit neunzehn.
U: 11. Juni, glaub ich. Achtzehn.
F: Weswegen?
U: Körperverletzung.
F: Im Suff?
U: War ich auch voll, ja. Acht Monate. Und da hab ich auch noch gedacht, so das Maul aufreißen zu können, wenn der Richter denn irgendwas sagte, war frech und pöbelig, Leute da, hast gedacht, wunder was für 'n Kerl du bist. Da haben sie mir schon mit achtzehn das Jugendrecht aberkannt und bin ich gleich in Männerhaft gekommen. Da war ich denn auf 'nem Saal, da waren 22 Mann, da waren Zuchthäusler bei. Der eine hatte lebenslänglich, der andere hatte zwölf Jahre, der hatte auch erst lebenslänglich, hat aber die Hand im Knast verloren, haben sie denn die lebenslängliche Strafe auf Zeitstrafe von zwölf Z abgeändert. Und da war ich schon mit achtzehn Stubenboß gewesen. War ich der Jüngste überhaupt, sonst kommst ja erst mit 21 hin.

F: Warum haben sie dich mit achtzehn schon darein?
U: Ja, die haben mir das Jugendrecht aberkannt wegen meiner geistigen und körperlichen Entwicklung. Ich würde da nur schaden, wenn ich im Jugendgefängnis wäre. Meine erste Frau, die angeschafft hat, da war ich sechzehn, da hab ich gelernt, als Lehrling hab ich mehr Strom gehabt als unser Abteilungsleiter schon.
F: Von der Frau?
U: Ja. Bin mit 'ner Taxe zur Arbeit gefahren, und die hat mich denn abgeholt auch wieder. Das wußten die auch alle da.
F: Und da warst du im Gefängnis schon der Stärkste?
U: Ja. Auch in der Schule an und für sich so. Da war ich, glaub ich, in der 7. Klasse, da haben alle schon Frost vor mir gehabt in der 10. Klasse. Und dann habe ich geboxt, wie alt war ich denn, wie ich anfing mit Boxen, elf Jahre.
F: Hattest du es dadurch besonders leicht im Gefängnis?
U: Ja. Da haben auch die Wärter Angst vor. Nun, denn wissen sie ja auch, weswegen du im Knast bist, da waren wir mal da in Hittfeld gewesen im Spielkasino, mit 40 Mann sind wir da anmarschiert, so, die wissen ja auch, wär ja ein Flachs, wenn mir da einer wissentlich was Böses tun würde, nicht, würde ich auch sofort, wenn ich rauskomme, dem würd ich einen hinschicken und ihn unter die Füße nehmen lassen. Hab ich aber auch gesagt. Ach Gott, ich hab auch oft Trouble gehabt da, zum Beispiel sollt ich aus der Zelle raus, wollten sie mich nach unten verlegen, wieso, mach ich nicht, könnt ja mal versuchen, mich mal rauszuholen hier. Anderen haben sie denn den Spion mit dem Püster reingedrückt und denn erst mal fünf-, sechsmal mit der Gaspistole reingeschossen, nach drei Minuten sind sie reingegangen, da hat er da gelegen, sich die Augen zugehalten, den haben sie dann geschnappt, auf die Fresse gehauen, unten in Verwahrung, bis du nichts mehr gucken und sehen konntest, solange ist der in Dunkelheit in Verwahrung gewesen, und dann haben sie ihn wieder rausgeholt.
F: Mit wieviel Mann haben sie ihn verprügelt?
U: Fünf, sechs Mann, da war so 'n Rollkommando gabs da. In Ostershausen ganz schlimm, ganz schlimm. Da haben sie manchmal welche vermacht, sag ich dir, das kannst du dir überhaupt nicht vorstellen. Na, das sind für mich sowieso ganz primitive Knechte. Sind natürlich auch andere dabei, feine Jungs gewesen.
F: Ist das sehr oft vorgekommen?
U: Ja. Kannst sagen, in der Woche zwei-, dreimal.
F: In der Woche zwei-, dreimal, völlig zusammengeschlagen?
U: Ja. Und . .
F: Und kamen dann in Dunkelhaft?
U: Bis er wieder klar war, bis du nichts mehr sehen konntest. Dann hieß

das, raus da vom Flur, dann durfte kein Knastologe mehr so rummarschieren auf dem Flur, saubermachen oder so was, und dann haben sie den vermacht.

F: Ist da nie 'ne Anzeige gekommen?

U: Da kriegst du, nachdem noch eine mit wegen wissentlich falscher Anschuldigung, der ist doch alleine und die sind doch zu vielen.

F: Bist du auch so vermacht worden?

U: Nee. Nie. Da haben sie kein Herz zu gehabt. Ich hab auch gesagt, ihr könnt das mit mir machen, oft so, da war man bei mir gewesen, sag ich, ich schnapp mir einen und spring nach unten. Ich weiß nicht, ob du schon mal einen Knast gesehen hast, da kannst du von oben nach unten gucken, sind ja so vier, fünf Meter, da geht das ganz nach unten. Ich sag, ich bin ein Verrückter, wenn einer bei mir macht, dem beiß ich die Kehle durch. Haben sie nie das Herz gehabt. Ich hab oft da gesagt, halts Maul, du Wanze oder was, oft in Arrest gesessen. Die erste Zeit, kannst sagen, die Hälfte von meinem Knast, habe ich in Arrest gesessen, damals zu Anfang. Da war ich achtzehn, neunzehn.

F: Ja.

U: Und die anderen waren ja alle älter. Dann beim Antreten zur Arbeit, da hab ich irgendwann mal was zu meinem Nebenmann gesagt, und da sagte der eine Wachtmeister: Halts Maul. Ich sag, paß mal auf, du alter Zwerg, mit deiner schmutzigen Uniform, daß du nicht gleich einen an die Nase kriegst. Hat alles gejolt, nicht. In die Zelle sofort raufbringen! Und dann bin ich hinten an die Wand gegangen und sag, also marschiert mal an, ihr Opas hier. Wer ist denn hier der erste von euch. Keiner hatte das Herz, da waren nun viele, mit denen ich gut konnte, haben alle im Knast Ulli zu mir gesagt, die Wachtmeister, haben alles versucht, hab Brot von denen gekriegt, Artikel vom Boxsport haben sie mir mitgebracht und dies und das.

F: Wieviel Jahre warst du im Knast?

U: Siebeneinhalb.

F: Immer wegen Körperverletzung?

U: Ja. Körperverletzung, Widerstand gegen die Staatsgewalt, Volltrunkenheit, Sachbeschädigung oder so.

F: Wenn du besoffen bist, gehst du los?

U: Damals, jetzt nicht mehr. Ich weiß nicht, ob das vom Hasch kommt oder was, ich bin bedeutend friedlicher geworden. Ich hab auch nichts laufen und nichts. Mal schnell klopfen.

F: Eine Zeitlang hast du doch so 'ne Pille genommen, daß du gar nichts trinken konntest?

U: Ja, hab ich mal ein halbes Jahr durchgehalten, auf den Tag genau, danach war ich dann auch 'ne Woche auf dem Lauf wieder. Da

wollte ich mal Profi werden. Ich bin übrigens beim HABV, das ist der Hamburger Amateur-Box-Verband, auf Lebenszeit gesperrt.
F: Warum?
U: Wegen meiner Vorstrafen, von denen ich schon gesprochen hab. Und da haben wir damals 'ne Lizenz beantragt, und haben sie nachher dann aber abgelehnt. Dann wollte ich Profi werden, da hab ich fünfmal in der Woche eisern trainiert, jeden Tag drei, vier Stunden. Gutes Gewicht gehabt, 80, 81 immer. Jetzt hab ich 98.
F: Du warst nur im Gefängnis, du warst nie im Zuchthaus?
U: Nee. Aber das letzte Mal da beantragte schon der Staatsanwalt Zuchthaus, obwohl es bei Körperverletzung nur Gefängnis gibt bis zu fünf Jahren, kannst du aber auch Zuchthaus kriegen, wenn er dich als Gewohnheitsverbrecher anklagt oder.. Ich war das letzte Mal schon als Gewohnheitsverbrecher angeklagt, der hat ja Z beantragt, habe ich aber dreieinhalb Jahre blau gekriegt, blau heißt Gefängnis.
F: Gibt es viele Gewohnheitsverbrecher wegen Körperverletzung?
U: Überhaupt keinen. Ich war der erste. Das ist ja nur ein Vergehen, Vergehen ist, wenn das nicht mit Zuchthaus bedroht ist, ich bin der erste gewesen, der jemals wegen Körperverletzung als Gewohnheitsverbrecher angeklagt war.. wenn ich jetzt Körperverletzung hab überhaupt, dann werde ich als Gewohnheitsverbrecher, 20a und 42e krieg ich dann rein, das bedeutet Sicherungsverwahrung also in der Anklage. Ob das durchkommt, ist natürlich 'ne andere Sache.
F: Was wurde im Gefängnis gearbeitet?
U: Ja, das ist je nachdem wo. In Glasmoor war ich gewesen, da hab ich im Schweinestall gearbeitet als Schlachter, dann in Alterfarde war ich, das ist ja mehr ein Sanatorium, das ist ja kein Knast richtig, nicht, da ist keine Mauer, man ist nicht eingeschlossen, mußt nur abends um zehn da sein, kannst spazierengehen, alle sechs Wochen Urlaub, da hab ich Holzfäller gemacht. Und in Oslip, da hab ich ja die meiste Zeit zugebracht, da sagen sie, das KZ des Nordens zu in Oslip. Da darfst du keine Karten, heute noch nicht, im Z hier können die Karten spielen oder Zeitung vom Eigengeld, nee, da ist sogar beim Besuch, wenn du deine Verlobte oder deine Frau kommt, das Küssen unter den Augen verboten, brechen sie den Besuch ab, haben sie bei mir gemacht. Meine Alte fängt an zu heulen, fällt mir um den Hals, und da hat sofort den Besuch abgebrochen. Hab ich auch mal gesagt, paß auf, du Wanze, eines Tages greif ich dich mal, denn darfst du wieder hier hin, bis zum Erbrechen, sag ich. Das dauert nicht lange. Na ja, das ist nun nicht richtig so, der kannte mich ja auch weiter nicht, es sind immer so andere da, die den Besuch abhalten, der wußte das ja nicht, was soll ich deswegen jetzt hinfah-

ren und ihm ein paar um die Ohren hauen oder was. Wenn mir einer so wissentlich jetzt was, wollen mal sagen, beim Zweidrittelbesuch, der würde mir was da reinschreiben, wird ja immer 'ne Führung verlangt in der Anstalt, beim Zweidrittel. Und wenn da der Fürsorger oder der Amtmann auch reinschreiben würde, der ist noch nicht so weit gefestigt, daß er entlassen wird, das wär für mich ein Grund, den würde ich mir greifen. Würde ich zwei-, dreimal irgendwelche Penner aus der Sahara, greif ich mir die, die kriegen jeder einen Hunderter, fahre ich mit denen dann hin nach Bremen und würd sagen, so daß er dort hinten, haut ihn unter die Füße, und dann würde ich hin, was machst du denn hier, Freiübungen oder was oder bist du betrunken, schämst du dich nicht oder so, aber daß er genau wüßte, das käme von mir und daß er mir das nicht beweisen kann. Würde ich hundertprozentig da auch machen.

F: Konntest du lesen?
U: Im Knast?
F: Ja.
U: Ja, bloß nicht, wenn du im Arrest bist, nicht, da kriegst du nur die Bibel im Arrest. Aber sonst kriegst du alle vierzehn Tage, da gabs immer tausend Seiten. Konntest dir aussuchen, da gabs einen richtigen Bücherkatalog, 20 000 Bücher hatten die dort, ziemliche Sammlung. Konntest sogar chinesische Bücher kriegen. Unwahrscheinlich die Bücherei dort. Aber auch das einzige, was in Ordnung war.
F: Nun warst du doch an ziemlich regelmäßigen Geschlechtsverkehr gewöhnt, wie ist das im Knast?
U: Wichsen, da wichste. Logisch, wenn du hundert Mann fragst, hast du im Knast gewichst, dann sagen neunzig nein. Dann muß er keinen Schwanz haben, wenn er nicht wichst. Gibt es gar nicht, oder ein alter Mann, aber sonst wichst alles.
F: Gibt es im Gefängnis viel Homosexualität?
U: Ja, ja, gerade in Oslip. Denn die Schwulen hier in Hamburg kommen nicht nach den Hamburger Anstalten, sondern die haben sie immer in'n festen Bau gebracht, wo Einzelzellen sind, die gibts ja hier nur in Germi oder Glasmoor oder, da gibts keine Einzelzellen, die dürfen ja nicht auf Gemeinschaft gehen. Und die sind nach Oslip dann geschickt worden. Kannst sagen, Oslip, na, wieviel Gefangene, tausend ungefähr, hundert sind da Schwule von gewesen. Ach, einmal hab ich ein ganz scharfes Dings erlebt. Dreizehn Monate übrigens das letzte Mal U-Haft gewesen wegen meinem Dings, das war so groß in der Zeitung aufgebauscht gewesen, damals der St. Pauli-Prozeß damals mit Paulchen und so. Und nun hatten sie auch alle unsere Bilder in der Zeitung gesehen, und stand ja laufend in der Zeitung, und dann sind sie immer, wenn sie Essen geholt haben, bei

mir an der Zelle vorbei, und dann haben sie gleich durch den Spion geguckt bei mir immer rein, wie irgendein Prominenter. Und da war damals gerade die Oben-Ohne-Mode gewesen, das war so 64, und hab ich denn Illus immer gehabt, Illustrierte, immer vier, fünf Stück in der Woche hab ich immer bestellt, und waren so dufte Bilder drin gewesen. Ich denke, so, ich geil geworden, hab ich Scheißhauspapier genommen, gegen den Spion von drinne, Spucke dran, gegen Spion gebackt, daß du nicht reinkneistern kannst, hab mir meine Dinger gebaut, Illus, da mit den nackten Bildern und steh vorm Tisch und wichs, mit 'nem mal, rumrum, ging die Tür auf und ich schnell mein Schwanz weg, denk, was ist denn da, irgendein Wachtmeister. Die gucken ja ab und zu mal rein, ob du pendelst oder irgendwas machst oder Scheißhaus..

F: Was ist pendeln?

U: Pendeln, das ist mit 'nem Band, so ein Stück Seife machst da an, nach der Nebenzelle oder zwei Zellen weiter, drehst so durchs Gitter, denn die Hand, und schmeißt denn die Seife und der hält 'ne Scheißhausbürste aus dem Fenster, so, und dann fällt die Seife, und jetzt hat er das Band, und jetzt kann er ziehen, und da hängst du ein Paket an, und das, was du dafür haben willst, das ist vorher abgemacht worden bei der Freistunde, das hat er dann wieder zurückgeschickt. Oder zum Beispiel durchs Scheißhaus telefonieren, mußtest du nur mit der Bürste das Wasser rauspumpen, nicht, konnste mit oben oder unten sprechen, richtig so, wie wir uns jetzt unterhalten, so konntest du durchs Klo da sprechen. Und der hat nicht gedacht, daß ich wichse, dachte, ich pendle oder telefoniere, ich schnell meinen Schwanz – was machen Sie da? Mensch, sag ich, ich wichs. Da hat er einen roten Kopf gekriegt, ist er rausgegangen. Wenn er mich nachdem noch mal gesehen hat, nicht, wenn ich da übern Flur ging irgendwo zur Vorführung oder was, guckte er, guckte er ganz verlegen guckte er dann wieder weg.

F: Hast du beobachtet, daß es Gefängnisprostitution gibt?

U: Ja. Aber weniger so, das muß ich sagen, das meistens war Liebe gewesen bei denen, ja also. Hast ja auch viele, die machen das, vor allen Dingen im Knast, im Zuchthaus, da sind ja viele homosexuell.

F: Die werden das mit der Zeit!

U: Knastschwul sagt man dazu. Ist natürlich unangenehm, wenn du jetzt auf so 'ner Dreierbude liegst und zwei sind nun zusammen und denn, na ja, du kommst nur auf Einzelzelle, wenn du ein Delikt hast mit Homosexualität, also nach 175. Sonst könnte ja auch ein Betrüger sein, der ist schwul und das wissen die ja gar nicht. Denn kriegen sie übrigens auch 'ne Akte, auf der Akte steht H, wenn sie wissen, daß er schwul ist.

F: Also wie J bei den Juden.

U: Ja. Übrigens bei mir stand ein G drauf und das heißt gewalttätig.
F: Hat jeder seinen Buchstaben?
U: Nein, nein, nur ganz bei besonderen, sonst ist normal die Akte. Jeder zehnte ungefähr hat irgendwie entweder das G drauf oder, nun haben nicht so viele das G drauf, da war ich der einzige, und dann wissen sie, daß sie nie alleine oder zu zweit bei mir drin, wenn was ist. Und bei den Homosexuellen war das H. Mit dreien in einer Zelle, also denn sind zwei zusammen, denn stoßen die nachts oder was weiß ich, was die machen, das ist natürlich Scheiße, weißt du. Hast denn auch manchmal, die meisten sind ja sowieso Asoziale im Knast, dusselig und erzählen, lügen, wenn sie das Maul aufmachen, dann willst schon sagen, halt die Fresse, wenn du ein halbes Jahr oder ein Jahr mit jemand auf der Bude liegst zusammen, auf so 'n engen Raum, das ist an und für sich eine Einzelzelle, da stehen bloß die Betten übereinander, weil sie keinen Platz hatten damals, und das geht so an die Nerven, ich bin, ich hab ja vier, über vier Jahr auf Einzelzelle zugebracht, aber immer auf eigenen Wunsch zum Schluß. Gleich, wenn ich jetzt so in'n Knast komme und legen sie mich mit welchen zusammen, sag ich, paß auf, ich bin gewalttätig, ich haue irgendeinen auf die Ohren, ja und da hat das auch mal nichts geholfen, ja, dann reißen sie sich mal ein bißchen zusammen, sonst kriegen sie 'ne Anzeige oder, und ich sage, im übrigen bin ich schwul, sage ich, wenn ich den also sehe, wenn der sich wäscht mit dem freien Oberkörper oder nackt, denn fick ihn den in'n Arsch, sag ich, damit du Bescheid weißt. Dann legen sie dich gleich alleine.
F: Wieviel Stunden mußtet ihr am Tag arbeiten?
U: Im Knast?
F: Ja.
U: Damals haben wir noch verdient einen Groschen am Tag. Da ist die Hälfte aber auf Rücklage gelegt worden. Ich glaube, jetzt verdienen sie eine Mark. Das ging auch nach Pensum. Tierische Arbeit gewesen an den Matten. Da mußtest du ein halber Artist sein, um dein Pensum zu schaffen. Nun hab ich immer meistens im Haus, aber jetzt zum Schluß vor allen Dingen, da haben sie immer gleich gefragt, was willst du denn arbeiten.
F: Und was hast du dann gearbeitet?
U: Hausarbeiten. So Essenausteilen und Schuberbohnern, kommst du überall hin, konntest ein bißchen Geschäfte machen.
F: Also zuletzt bekamst du 30 Mark im Monat?
U: Im Monat. Davon 15 Mark zur Verschreibung, was du einkaufen kannst, da kannst du, bis zu vier Paketen Tabak konnte man kaufen oder zu essen oder so was, hast so 'n bißchen Butter oder Margarine dazu gekauft und die anderen 15 Mark sind auf Rücklage. Die

kriegst du in dem Moment, wo du entlassen wirst, da händigen sie dir auch nur 50 Mark aus und das andre geht zur Gefangenenfürsorge, das kannst du denn nach 'ner Woche, gehst du dann hin und kriegst denn wieder 50, es gibt ja welche, die fünf, sechs Jahre abgerissen haben, die haben dann 400 bis 500 Mark, kriegen sie aber nur fünfzigmarksweise ausgezahlt. Weil sie Angst haben, daß du das verjubelst oder was.

F: Was geschah, als du das erste Mal aus dem Knast kamst?
U: Das war gewesen 59. Ach, ich hab Urlaub gehabt zwischendurch, und dann hatte ich noch zehn Monate Knast, da bin ich nicht wieder hingegangen vom Urlaub. Habe ich noch zehn Monate Knast dazugekriegt, acht, sechs und zehn Monate, war mein erster Knast, gleich so in einem Rutsch hab ich das abgemacht, zwischendurch Urlaub gehabt aber. 59 bin ich rausgekommen, habe ich denn Kellner gemacht hier gegenüber.
F: Hattest du einen Bewährungshelfer?
U: Nee, ich hab ja das erste Mal jetzt, ich hab nie Bewährung gehabt, nie, außer jetzt mal im letzten Knast, wo ich die 43 Monate hatte. Da haben sie mir im Urteil schon auf Grund des persönlichen Eindrucks in der Hauptverhandlung zwei Drittel zugesagt, aber unter zweckentsprechenden Auflagen. Nun habe ich aber nicht gewußt, was die damit meinen, und als ich jetzt zum Richter, zur richterlichen Belehrung komme, ja sagte er, sie haben St. Pauli-Verbot. Ich sage, was heißt das, St. Pauli-Verbot? Ja, sie dürfen nicht wohnen, nicht arbeiten, überhaupt nicht nach St. Pauli. Ich sage, wenn ich zum Volkspark-Stadion rausfahre, muß ich ja über die Reeperbahn fahren. Nee, da müssen sie außen rumfahren. Also ein generelles St. Pauli-Verbot hatte ich. Da bin ich am ersten Tag gleich erst mal raus, hatte ich unterschrieben, wenn du das jetzt nicht unterschreibst, kommste ja nicht raus, nicht. Der hätte mir die Auflage machen können, daß ich im Fummel draußen rumlaufen soll oder daß ich mir Weiberkleidung oder was anziehe, das hätte ich unterschrieben. Aber am ersten Tag bin ich gleich hingegangen zum Bewährungshelfer und hab gesagt, paß auf, ich marschier jetzt nach St. Pauli. Ach, sagt er, ich versteh ja schon, aber kommen Sie man morgen zu mir, dann reden wir morgen darüber. Bin ich am nächsten Tag hingegangen und sag, so, nun komme ich von St. Pauli, und dann gehe ich nachher auch wieder nach St. Pauli, reichen sie schon mal ein und machen sie alles rückgängig, die vierzehn Monate knack ich auch noch ab. Hab mich freiwillig gestellt und hab mein Scheißrest abgemacht.
F: Als du dann rauskamst, hattest du keine Auflage?
U: Nee, kannst ja nicht mehr. Habe ja alles abgerissen. Kann mir ja kein St. Pauli-Verbot geben, ich bin ja St. Paulianer. Es gibt welche,

die waren aus München oder was, die kriegen St. Pauli-Verbot. Oder zum Beispiel in der Polizeiaufsicht, wenn sie Polizeiaufsicht haben, dann können sie dir auch ein St. Pauli-Verbot geben. Aber das wird von der Polizeibehörde ausgestellt, dann kriegst du so 'nen Plan, in den und den Straßen, da darfst du nicht rein. Wenn du das machst, kannst du bis zu sechs Wochen Haft kriegen. Wenn sie dich denn greifen.
F: Also in welchen Fällen wird das gemacht?
U: Polizeiaufsicht? Ja, Zuhälter zum Beispiel kann Polizeiaufsicht kriegen und Diebe, Räuber oder irgendwas, überall wo es im Gesetz steht. Bei Körperverletzung nicht.
F: Wann hast du deine Frau kennengelernt?
U: Die jetzige?
F: Ja.
U: Drei Tage nachdem ich aus dem Knast kam.
F: Warst du schon verheiratet?
U: Nein. Bin ich jetzt seit Februar letzten Jahres mit zusammen.
F: Ihr habt euch getrennt?
U: Hatten wir mal, so ab und zu mal Trouble, Trouble gibts ja überall.
F: Bist jetzt wieder mit zusammen?
U: Ja.
F: Arbeitet sie?
U: Ja, ja.
F: Wo?
U: Hier im Puff.
F: Wie ist deine Konstitution, bist du oft krank?
U: Überhaupt nicht, einmal war ich im Krankenhaus, Blinddarm, weißt du, sonst überhaupt nichts.
F: Schläfst du gut?
U: Ja.
F: Wieviel Stunden Schlaf brauchst du am Tag?
U: Acht bis zehn Stunden schlaf ich, kann aber auch weniger, drei bis vier Stunden Schlaf, dann bin ich auch fit. Aber so, ich schlaf ziemlich lange, so acht bis zehn Stunden.
F: Nimmst keine Schlafmittel?
U: Nein.
F: Nimmst du Capta?
U: Je nachdem. Wenn ich, sagen wir mal, sauwenig geschlafen habe oder ich habe rumgesoffen, und muß an zu malochen fangen, denn nehme ich ein, zwei, aber es kommt ganz selten vor, alle drei, vier Wochen nehme ich mal so ein, zwei Stück.
F: Träumst du?
U: Ja. Logisch.
F: Selten oder oft?

U: Selten.
F: Träumst du farbig?
U: Hm, das ist 'ne Frage, farbig träumen. Ja.
F: Und hast du Träume, die immer wiederkommen?
U: Das ist immer was anderes, je nachdem. Bist du im Knast gerade eingeliefert, dann träumst du immer noch irgendwas von draußen, aber bist du jetzt rausgekommen aus dem Knast, denn ist meistens irgendwas vom Knast dabei. Aber da bin ich jetzt auch schon über, das war so die ersten zwei, drei Monate, da war immer irgendwas vom Knast dabei.
F: Hm. Hast du viel von der Schule geträumt?
U: Nee.
F: Im Augenblick trainierst du nicht?
U: Nein.
F: Du würdest dich als normal bezeichnen?
U: Ja.
F: Schläfst nie mit 'nem Mann?
U: Nein.
F: Hast nie daran gedacht?
U: Nein.
F: Hast du mal mit einer Fummeltante losgemacht?
U: Ja, nicht losgemacht direkt. Ich hab mal so eine mit nach Haus gebracht, aber da wußte ich, da ist meine Frau im Bett gewesen, meine damalige. Und die hieß, na ja, der Name ist ja auch unwichtig, die hieß jedenfalls genauso wie die, deswegen bin ich überhaupt darauf gekommen, ich denk, mal sehen, was die jetzt macht, war da auch voll sowieso, und die dachte, die kann alleine mit mir losmachen, war schon 46, hatte aber 'nen Schwanz gehabt, war nicht..
F: .. war nicht operiert?
U: Nein. Bin ich oben gewesen, kriegte sie 'nen Schreck, wollte sie gleich wieder raus, hab ich gesagt, warte mal, zieh dich mal aus schön, und sie saß im Bett ganz verschüchtert und wollte auch nichts sagen, ich sage, ausziehen, ficken tust du jetzt. Da hat er gesagt, nein, das mach ich nicht. Ausziehen, hat sie sich ausgezogen, und dann mit so 'n Halbsteifen hat sie denn versucht bei ihr, sie mochte ja nichts sagen, hatte an sich alles damals mitgemacht. Und das ging aber auch nicht richtig und hat ab und zu einen kleinen Klatsch gekriegt, aber sonst nicht.
F: Auf was für Frauen stehst du? Ältere, jüngere?
U: Ja, du, das ist ganz verschieden, mal hast du auf eine ältere Bock und mal 'ne junge, 'ne junge ist mir lieber.
F: Ganz junge auch?
U: So sechzehn, siebzehn, ja.
F: Wechselst du oft deine Frauen?

U: Ja. Mach ich ganz selten zweimal mit einer los.
F: Hast du nun täglich noch eine?
U: Das ist verschieden, je nachdem. Nicht daß du das Dings nachher hier meiner Frau vorspielst!
F: Stehst du auf Group-Sex und so was, Party?
U: Ja, ja, ja.
F: Machst du das ziemlich oft?
U: Doch, fast immer, an und für sich.
F: Immer mit mehreren zusammen?
U: Ja.
F: Da dürfte aber niemand dich anfassen?
U: Das man so alleine nich. Letztens hat Wolli denn mir mal, da haben wir auch so 'ne Studentin, da war so 'n Mannequin bei und ein Boxer, ein Bekannter, und . . hat da auch 'ne Frau mitgehabt, und denn hat er geleckt, und sie bläst mir einen, und Wolfgang denn gleich mit seinem Mund damit zu, weißt du, und dann wollte er mitblasen so halb, aber denn ist er auch gleich wieder ein bißchen weggegangen, irgendwie, obwohl ich angeknackt war, hat mich irgendwas gestört dabei.
F: Aber wenn du besoffen bist, dann umarmst du doch Kerls . .
U: Das ist was anderes . .
F: Was machst du am liebsten?
U: Ja, was mache ich am liebsten? Stoß gerne, leck gerne und so ein bißchen was anderes, Massageapparat und . .
F: Kommst du leicht an Mädchen ran?
U: Ich komm leicht ran, ja.
F: Haben die nun Angst vor dir, weil du so kräftig bist, spielt das eine Rolle?
U: Ja, bei welchen, die du kennst, die haben da Bock, vor allem die aus diesem Milieu, die haben da Bock drauf. Und 'ne Solide, wenn die mit mir hier durch die Freiheit geht und alles sagt: Guten Abend, guten Abend, denn haben die ja auch automatisch ein bißchen Bock, vor allem so 'n bißchen das, ich weiß nicht, was das ist, aber da hat 'ne Solide Bock drauf, wenn du so 'n Mannstyp bist, nicht. Das merke ich so, wenn ich irgendwie 'ne Barfrau in der Stadt mal was aufreiße, das geht an und für sich, das ist nicht schwierig.
F: Pflegst du dich sehr?
U: Ja.
F: Würdest du sagen, daß die Leute auf St. Pauli sauber sind oder ungepflegt?
U: Sauberer als der Schnitt. Auch die Frauen.
F: Ja?
U: Ja. Gerade die, na, das heißt, gerade die Frauen. Also auf St. Pauli, muß ich sagen, sind alle sauberer als die soliden irgendwo.

F: Und die Luden?
U: Auch, ja. Guck mal, ich zieh jeden Tag neue Unterwäsche an, neue Strümpfe oder neues Hemd an, ich ziehe nie ein Hemd zweimal an.
F: Badest du oft?
U: Jeden Tag zweimal, wenn ich ins Bett geh und wenn ich aufsteh.
F: Hast du Angst vor Geschlechtskrankheiten?
U: Einmal hab ich eine gestoßen, da wußte ich vorher, daß die 'nen Tripper hatte. Da haben wir auch mit 'nem Bekannten da in der Sahara, dessen Frau war dabei, ja wollten wir was machen, wir mußten was aufreißen, waren wir zu dritt. Also sie, ein Kumpel von mir und ich, jeder versuchte nun irgendeine anzumachen, sie hatte als erste eine gehabt, achtzehn, und wir rauf, denn hier ins Hotel gegangen und, ja, ich mach aber nicht, sagt sie, ich kann nicht. Ich sage, warum denn nicht? Sagt sie, ja, ich hab 'nen Tripper. Sag ich, ja, das hat doch damit nichts zu tun, sag ich, sind wir denn, nachdem wollten wir baden, war das Wasser kalt gewesen, ging kein heißes Wasser, und wir beide nackend wie wir sind, unten in die Bar gegangen, mach mal das Wasser warm, bei uns – ja, ich mach das gleich warm, komm, wollte uns dann rausschieben, das ganze Lokal war voll, ein Gejohle, nicht, der hatte fix 'ne Lampe, ich sag, nun laß uns erst mal einen trinken, ganz nackend an die Bar gestellt, einen ausgegeben und so, oja.
F: Hast du schon Tripper gehabt?
U: Vier-, fünfmal.
F: Syph noch nie?
U: Nee.
F: Machst du was, um dich vorzusehen?
U: Nee. Das heißt, wenn ich eine so weggeputzt hab und nehme an, daß die was haben könnte, dann marschier ich gleich zum Arzt und laß mir dann vorsichtshalber gleich 'ne Spritze geben.
F: Wie oft ungefähr?
U: Alle drei, vier Monate. Nach dem, gleich am nächsten Tag, nicht.
F: Stehst du nun ein bißchen drauf, eine Frau durch deine Körperkraft dazu zu kriegen? U: Ja, das, da bin ich der Typ. Das heißt, so auf der Straße irgendeine nicht, aber wenn ich mit irgendeiner so losmach jetzt, so küssen und da saufen und dann gehst mit ihr auf den Turm, und wenn sie dann anfängt sich zu zieren, denn gibts, das geht.
F: Würdest du auch mit ganz jungen gehen?
U: Ich glaub nicht. Das ist je nachdem, es gibt ja Vierzehnjährige, die – aber wenn ich wüßte, sie ist so jung, dann nicht.
F: Dann nicht. Würdest du aus Mitleid mit einer Frau gehen?
U: Nee.
F: Onanierst du viel?

U: Ja, was heißt onanieren. Wenn wir so 'ne Party machen, dann gerne, ja. Wenn ich welche sehe, daß die gerade am losmachen sind und so ein bißchen. Oder auch mal, wenn wir high sind, wenn wir geturnt haben, da alle zusammen, das mach ich gerne. Aber so alleine nicht.
F: Bist du je mit einer Frau für Geld gegangen?
U: Ja, hatte ich ja vorhin schon gesagt.
F: Nein, ich meine, daß die Frau dich bezahlt hat.
U: Ach so. Ja, du, ich war mal so vor Jahren mit einer zusammen, man kann so sagen, das war nur wegen Strom, die hatte ja überhaupt keinen Bock drauf, im Gegenteil, die hat immer nur rausgetan.
F: Würdest du mit einem Kerl für Geld gehen?
U: Nee.
F: Nie.
U: Für Geld, wieviel Geld?
F: Na, wenn er nun sehr viel rausreißt!
U: Wieviel, was heißt sehr viel?
F: Na ich weiß nicht, was ist viel für dich, 1000 Mark.
U: Nie.
F: Hast du Geld, so Scheine und Stücken, gern?
U: Doch, hab ich gern.
F: Wühlst da gern drin rum?
U: Du fragst mich wie so 'n Psychiater. Ja, ich habe ganz gerne Geld so in der Tasche, ein Knubbel immer.
F: Bist du sparsam?
U: An und für sich gar nicht, nein.
F: Verschwenderisch?
U: Ja.
F: Wieviel Geld möchtest du gerne haben?
U: So viel, daß ich vollkommen unabhängig wäre, daß ich so leben könnte, reisen könnte und nicht selbst arbeiten brauchte.
F: Und wieviel, glaubst du, brauchst du dazu?
U: Einmal im Lotto gewinnen.
F: Wieviel ist das?
U: 500 000.
F: Das würde reichen?
U: Ja.
F: Und was betrachtest du als dein Existenzminimum?
U: Was ich benötige?
F: Ja.
U: Ungefähr einen Hunderter am Tag.
F: Was würdest du tun, wenn du nun unermeßlich viel Geld hättest?
U: Tja – unermeßlich viel, denn, ich glaube, ich würde ein bißchen rumspinnen dann. Ich würde mir, glaub ich, drei, vier Frauen halten, viel reisen, und vor allen Dingen gute Frauen, Schauspielerin-

Und wieviel Geld möchten Sie gern haben? ...

...Einfachste Antwort: genügend. Aber was ist schon genug? «Der Reichtum gleicht dem Seewasser; je mehr man davon trinkt, desto durstiger wird man», schrieb Schopenhauer. Aufs Geld könnte man einen Trinkspruch Lessings ummünzen: «Zuviel kann man wohl haben, doch nie hat man genug.»

Trösten Sie sich mit Matthias Claudius:

Und all das Geld und all das Gut
Gewährt zwar viele Sachen;
Gesundheit, Schlaf und guten Mut,
Kann's aber doch nicht machen.

Pfandbrief und Kommunalobligation

Meistgekaufte deutsche Wertpapiere - hoher Zinsertrag - schon ab 100 DM bei allen Banken und Sparkassen

Verbriefte Sicherheit

nen oder so was, da hab ich Spaß dran.
F: Welche Schauspielerinnen?
U: Wo ich am meisten Bock drauf hätte. Ja, es gibt da mehrere. Brigitte Bardot, steh ich drauf, und die Elke Sommer und Sophia. So viel, daß man die greifen könnte, soviel möchte ich haben.
F: Leidest du darunter, im Puff zu arbeiten?
U: Nein.
F: Hast du ein starkes Ehrgefühl?
U: Ehrgefühl, ja.
F: Was geht gegen deine Ehre?
U: Jemand zu betrügen, einen Freund zu betrügen. Das geht gegen meine Ehre. Oder zum Beispiel jemanden verpfeifen bei der Schmiere, oder..
F: Beim Mord ist das was anderes?
U: Mord – ja, das ist je nachdem.
F: Wenns ein Freund ist, würdest du den verpfeifen?
U: Nee. Der könnte machen, was er will.
F: Rachsüchtig bist du?
U: Ja.
F: Nachtragend auch?
U: Ja, in gewissen Sachen ja. Aber sonst an und für sich nicht. Ja, hat einer wirklich was ganz Linkes mit mir gemacht, das vergeß ich ja nie.
F: Und wie würdest du dich rächen?
U: Tja, das ist je nachdem, was er gemacht hat. Na, was soll ich sagen, einer will meine Alte umbringen, das wäre ein Grund, um ihm in die Knie zu schießen oder was, tot sein dürfte er nicht, das müßte der immer wissen, die Augen auszutreten oder so was, das würde ich machen.
F: Möchtest du dich an deinen Brüdern rächen?
U: An meinen einen Bruder ja, mein Halbbruder, der catcht, in Dänemark ist er jetzt. Da werde ich einmal eines Tages, da werde ich ihn auf die Ohren hauen.
F: Hm. Und den Erzieher?
U: Ja, wenn ich den mal sehen würde, aber den würde ich nicht so, daß ich den jetzt umlegen will oder was, würde ich richtig mal unter die Füße nehmen.
F: Findest du viele Dinge als unanständig und unschicklich, unpassend?
U: Ja.
F: Bist du gerne passend angezogen, wenn du in ein gutes Restaurant gehst?
U: Du, da bin ich ja anders. Das finde ich, da kann jeder, wie ihm das gefällt, soll er das machen, oder wie es angebracht ist. Ich kann

schlecht ins Kasino gehen, so wie ich jetzt aussehe, so im Sporthemd. Und da kommst du ja auch gar nicht rein. Ich kann schlecht in Bluejeans, wollen mal sagen, zur Oper gehen, obwohl ichs nicht machen würde, aber ich würde sagen, das stört.
F: Lügst du oft?
U: Wenns sein muß, ja. Nicht oft, nein. Ich verabscheue das an und für sich, lügen. Überhaupt, denn würde ich lieber gar nichts sagen, so als wenn ich .. manchmal mußt dus ja. Aber tue ich nicht gerne, sag ich dir ganz ehrlich, irgendwie hab ich dann immer ein komisches Gefühl.
F: Hast du in diesem Interview viel gelogen?
U: Nee, überhaupt nichts.
F: Was möchtest du mal erreichen?
U: Daß ich unabhängig bin, finanziell, irgendwie. Ein, zwei Läden haben, in denen du Pacht kriegst, daß ich so monatlich, wollen wir mal sagen, zehn Mille überhab, die ich verleb, so zum Leben. Häuschen und, ach, ich möchte auch ganz gerne so Familie haben, zwei, drei Kinder, das möchte ich.
F: Möchtest mit deiner jetzigen Frau zusammenbleiben?
U: Ja.
F: Liebst du sie?
U: Ich weiß gar nicht, ob ich überhaupt richtig lieben kann.
F: Was würdest du Liebe nennen?
U: Tja, das ist schwierig zu erklären. Also ich glaube gar nicht, daß ich lieben kann, aber ich beneide wieder welche, die das können richtig. Ich möchte auch gerne geliebt werden.
F: Hast du schon mal jemanden sehr geliebt?
U: Überhaupt nicht. Ich hab mir schon manchmal Gedanken drüber gemacht, geliebt hab ich an und für sich noch nie. Gerne, wirklich gerne gehabt, aber so Liebe so. Vielleicht ist es wegen meiner Erziehung, so wie ich groß geworden bin und so, das ist doch alles nicht das richtige gewesen da. Die Heime – nee.
F: Aber du möchtest von deiner Frau Kinder haben?
U: Ja.
F: Was würdest du lieber haben, einen Jungen oder ein Mädchen?
U: Jungs, nur Jungs möchte ich haben, zwei, drei Stück.
F: Und wie würdest du die erziehen?
U: Nun ja, wie würde ich sie erziehen – so wie ich gerne sein möchte, würde ich versuchen, das aus ihnen zu machen. Aber wenn sie soweit sind, mit fünfzehn, sechzehn natürlich, wenn sie dann irgend, ich will mal sagen, er würde jetzt nicht mit Frauen aus Homosexualität oder so, würde ich ihn, würde ich da nicht irgendwie was unternehmen. Wenn er soweit ist, so alt.
F: Wenn er nun vom Mann verführt würde mit, sagen wir mal, mit

dreizehn Jahren, würdest du dagegen was unternehmen?
U: Ja.
F: Was würdest du dann tun?
U: Tja, was würde ich tun? Das wär dann wieder so was Ähnliches, wie wenn einer meine Frau umlegt. Würde ich irgendwie, daß er ein Krüppel wird.
F: Aber mit fünfzehn, sechzehn würdest du es nicht mehr?
U: Wenn er vergewaltigt werden würde, ja. Aber wenn er dann nichts dagegen hat, dann nicht.
F: Würdest du ihn politisch in einer gewissen Weise erziehen?
U: Nein.
F: Religiös?
U: Nein, auch nicht.
F: Glaubst du nicht an Gott?
U: Nein.
F: Hast nie geglaubt?
U: Nein.
F: Bist auch nie in der Kirche gewesen?
U: Ja, natürlich, im Knast. Um Leute zu sehen oder Bekannte zu sprechen oder was. Ich bin auch konfirmiert worden, im Heim dann, aber sonst.
F: Und wenn dein Sohn nun durchaus auf dem Kiez arbeiten wollte?
U: Dürfte er.
F: Aber würdest du nicht gerne sehen?
U: Doch, warum nicht.
F: Hast du Angstgefühle?
U: Ja, manchmal ja, vor allem, wenn ich getrunken hab 'ne Zeitlang, dann hab ich irgendwie ein Angstgefühl. Ich weiß auch nicht, wie das kommt, aber. Dann steck ich mir meistens immer einen Püster ein.
F: Im Dunkeln?
U: Nein, nein, so nicht. Nein, aber denn weiß ich nicht, was hast du da gemacht, was hast du da gemacht oder was, und nun passiert hier ja auch manchmal so was, nicht. Und denn hab ich irgendwie ein Angstgefühl, das kann ich gar nicht näher erklären, irgendwie. Und wovor, weiß ich auch nicht. Vor Knast zum Beispiel hab ich Angst.
F: Aber daß dich einer umlegt, davor hast du keine Angst?
U: Natürlich. Wenn ich weiß, der legt mich um, das ist doch ganz logisch.
F: Gibt es Leute, die hinter dir her sind?
U: Ich glaube nicht, nein.
F: Wie ist das auf St. Pauli, gibt es hier organisierte Banden?
U: Na, das ist Quatsch, es wird so viel in der Zeitung geschrieben, gibts nicht. Organisiert schon, man hat den Freund, den Freund, so zehn,

fünfzehn Mann sind wir hier, logisch, wenn da hier, will mal sagen, der irgendwo auf die Nase kriegt, denn marschier ich mit hin und denn bereinigt man das. Aber so organisierte Banden gibts nicht, gabs auch noch nicht.
F: Gibt es Abrechnungen, bei denen gefoltert wird?
U: Hm.
F: In welcher Weise?
U: Ja, indem man den systematisch auf die Ohren haut richtig, ihn wieder zu sich kommen läßt, wieder ein bißchen, das gibts mal.
F: Gibt es hier bezahlte Totschläger?
U: Ja.
F: Die das nur aus Beruf machen?
U: Nur nicht, aber auch.
F: Also man kann sehr leicht . .
U: Ich könnte dir heute abend fünf Stück bringen, wenn du denen zwei Mille in die Hand drückst und sagst, den mußt du umlegen, dann legen sie den um.
F: Wird das oft gemacht?
U: Nein.
F: Aber es werden oft Leute im Auftrag zusammengeschlagen?
U: Ja.
F: Und was wird dafür bezahlt?
U: Verschieden. 50 bis 500 schon, hab selbst schon paarmal das gemacht, früher vor allen Dingen. Ich war mal eine Zeitlang Leibwächter von – ich will den Namen nicht –, ein Neger ist das, als Leibwächter tätig gewesen. Da kriegte ich am Tag einen Halben. 63 war das. Da mußte ich aufpassen, daß da nichts, der wurde gesucht von mehreren auch, nicht.
F: Schämst du dich leicht?
U: Ja.
F: Wovor?
U: Ja, wovor schäme ich mich? Ich möchte jetzt nicht nackend über die Straße laufen. Ich schäm mich auch manchmal für andere. Wenn eine Frau sich irgendwas abkneift, wollen mal sagen was Linkes, oder ein guter Bekannter auch, denn schäm ich mich ein bißchen für den dann auch. Ist mir manchmal peinlicher als ihm selbst.
F: Ekelst du dich leicht?
U: Nein. Ich würde mich ekeln, wenn ich jetzt, wollen mal sagen, du würdest sagen, blas mir mal einen, da würde ich mich vor ekeln. Oder du kackst auf den Teller und sagst, nasch das mal weg.
F: Bist du nervös, mußt du mit was rumspielen, hast du Ticks?
U: Nicht daß ich wüßte.
F: Bist du taktvoll?
U: Ich glaube, nicht allzusehr.

F: Bist du treu?
U: Der Frau gegenüber, oder?
F: Einem Freund gegenüber.
U: Freund gegenüber, ja.
F: Hast du leicht Freunde?
U: Ja.
F: Viele?
U: Ja.
F: Wann ist jemand dein Freund?
U: Der ist mein Freund, wenn er, wollen mal sagen, es würde heißen, ich müßte ein Jahr in'n Knast oder er einen Monat und der würde für mich denn den Monat in'n Knast gehen, damit ich nicht das Jahr machen müßte, das würde ich für einen Freund ja auch machen. Ich hab schon einmal für einen anderen 21 Monate Knast abgemacht. 59, da hat er hier gegenüber in der Roxy eine Schlägerei gehabt, und da hat er einem die Backe so rausgetreten und der hat angegeben, daß ich einmal zugeschlagen hätte, er aber überhaupt nicht. Das habe ich direkt in dem Polizeibericht gelesen, daß er gesagt hat, ich hätte auch geschlagen, er aber nicht. Für ihn stand auch viel auf dem Spiel. Und da hab ich zwar gesagt, ich habs nicht gemacht, aber ich hab nicht gesagt, daß er das war, obwohl ich schon gelesen hab, daß er gesagt hat, ich hätte geschlagen. Trotzdem, ich hab die 21 Monate Knast bis auf den letzten Tag abgemacht. Und der hat mir einmal nur zu Weihnachten 'ne Karte geschickt. Den, wenn ich den mal in Barm treffen würde, der ist nicht mehr auf St. Pauli, dem würde ich was auf die Ohren hauen.
F: Wenn du dich prügelst, nimmst du jemand unter die Füße?
U: Das ist je nachdem. Ich brauche das ja so gut wie selten. Wenn ich einen vorn Kopp haue, dann kippt er um. Aber wenn das ein Guter ist, und ich rechnen müßte, daß der nur, wenn ich ihn ausknocke, und er kommt wieder zu sich, daß der weitermacht, dann würde ich auch die Pike reinhauen.
F: Gibt es viele Leute auf St. Pauli, die stärker sind als du?
U: Glaub nicht.
F: Bist du verschwiegen?
U: In gewissen Graden ja.
F: Traurig oder eher fröhlich?
U: Lieber fröhlich.
F: Lieber fröhlich. – Was ist deine liebste Farbe?
U: Meine liebste Farbe – hab ich eigentlich gar nicht. Rot hab ich gerne, ein schönes Grün, ein Grasgrün.
F: Du spielst doch gerne Schach.
U: Ja.
F: Und Skat?

U: Skat auch. Schach spiel ich sogar sehr gerne, ich glaub auch gut. Ich hab ein paarmal Knastmeister, so richtige Meisterschaft gemacht. Bei tausend Gefangenen im Knast konnten ja viele Schach spielen. Wenn sie vor allem öfter im Knast waren, weißt du. Ich glaube, ich kenn gar keinen hier auf St. Pauli, der besser Schach spielt als ich.

F: Spielen hier viele?

U: Ach ja, doch, soll man gar nicht denken.

F: Sind die Leute sehr abergläubisch auf St. Pauli?

U: Ja, ich hab selten so viele abergläubische Leute gesehen wie auf St. Pauli.

F: Bist du auch abergläubisch?

U: Ja, sehr. Zum Beispiel in der Kneipe darf kein offener Regenschirm sein, das bringt die Seuche. Oder Fahrkarte darfst du auf keinen Fall in den Aschenbecher schmeißen, das bringt die Seuche. Nelken im Laden bringen die Seuche. Und wenn ich da irgendeinen mit 'nem Puckel sehe, den faß ich grundsätzlich an den Puckel, das bringt Glück.

F: Und beim Spielen?

U: Ja, beim Spielen, da mußt du einmal um den Sessel gehen meinetwegen. Tu ich denn, obwohl mir mein Verstand sagt, es ist Quatsch, und trotzdem macht mans. Oder will einer ein anderes Kartenspiel, denn hab ich, wenn ich mit Wolli spiel, denn hab ich ihm schon Zettel untergelegt unter seinen Sitz: ich hab die Seuche, stand denn drauf. Ja, du wirst lachen, er hat auch da verloren, ungefähr 300. Hab ich ihm nachdem gezeigt, du Sau – als er das nächste Mal mit mir gespielt hat, hat er erst mal unter den Sessel geguckt.

F: Spielt ihr regelmäßig zusammen?

U: Ja, fast jeden Abend.

F: Kennst du Pflichten, hast du Pflichtgefühl?

U: Ja. Zum Beispiel, wenn meine Frau heute unter die Straßenbahn kommt, die würde ich zeit ihres Lebens würde ich die versorgen. Oder so was. Ich bin pflichtbewußt bei der Arbeit.

F: Arbeitest du gern?

U: Nee, das kann ich nicht sagen.

F: Bist du faul?

U: Auch nicht, irgendwas um die Ohren muß ich haben, ich hab auch immer gearbeitet, ich muß irgendwas zu tun haben. Aber, je nachdem was für Arbeit es ist. Oben bei uns, das mach ich ganz gerne.

F: Bist du hochmütig?

U: Glaube ich nicht.

F: Neidisch?

U: Neidisch auch nicht. Ein bißchen so, so ein bißchen Neid – nee, kann man nicht sagen.

F: Hast du Komplexe?

U: Ja.
F: Was für welche?
U: Na ja, welcher Mensch hat keine Komplexe. Du hast auch Komplexe, bestimmt.
F: Hast du Komplexe, daß du auf dem Kiez groß geworden bist?
U: Gar nicht, nein. Im Gegenteil. Warum sollte ich das?
F: Magst du Juden?
U: Juden? Ja, warum nicht?
F: Neger?
U: Auch.
F: Hast nichts gegen Neger?
U: Ja, mit Einschränkungen.
F: Und die sind?
U: Zum Beispiel, nun muß ich immer vom afrikanischen Neger sprechen, also der amerikanische Neger ist wieder was anderes. Obwohl ich auch nicht möchte, daß einer, wenn ich 'ne Tochter hätte, daß ein Neger mit ihr zusammen geht, das möchte ich nicht, daß sie einen Neger heiraten würde. Na ja, und diese afrikanischen Neger, die sind mir ein bißchen zu primitiv noch.
F: Hast du was gegen Gammler?
U: Solange sie keinen belästigen, nee, und die belästigen ja kaum welche – nee, hab ich nichts gegen.
F: Rocker?
U: Auch nicht. Bis auf wenn sie gewalttätig werden und wirklich da meinetwegen in irgendeinem Park Bänke umschmeißen oder was beschädigen, natürlich hab ich was gegen, gegen Rocker hab ich an und für sich was, ja, das ist so feiges Gesindel, die marschieren nur in Gruppen los und denn mit ihren Ketten oder, da hab ich was gegen.
F: Hast du was gegen Schwule?
U: Gar nichts, nee. Solange man mit mir nichts macht, wie gesagt. Ich hab überhaupt, auch gegen lesbische Frauen, überhaupt nichts.
F: Würdest du sagen, daß du ein guter Liebhaber bist?
U: Bei meiner Frau? Ich glaub ja.
F: Gehörst du zu den Großen von St. Pauli?
U: Tja, das ist aber 'ne Frage. Nun, mich kennen sie alle.
F: Geldlich noch nicht?
U: Geldlich nicht, leider.
F: Was verdienen die Großen von St. Pauli im Monat?
U: Ja, es gibt welche, die haben zwei Mille so am Tag.
F: Wie viele sind das?
U: Nicht allzu viele! Zehn vielleicht. Aber es gibt auch welche, die haben noch mehr als zwei Mille, nicht. Und, nun ja, mittelgroß, soviel verdiene ich ja auch wie die Mittelgroßen.

F: Was ist dir wichtiger: ein guter Freund oder eine Frau?
U: Ein guter Freund.
F: Was wärest du bereit, für einen guten Freund zu tun?
U: Tja, wenn man ganz hochgreift, einen Mord.
F: Ja. Ohne zu wissen warum?
U: Ja. Natürlich nicht, ohne zu wissen warum, er müßte sagen, das und das. Meinetwegen, der ist auf dem Weg zur Schmiere, der weiß was von meinem Freund und er könnte dafür lebenslänglich, wollen mal sagen, er hat einen umgelegt jetzt, und der würde zur Schmiere marschieren, da würde ich den umlegen, ja.
F: Machst du gerne Flachs?
U: Ja.
F: Hast du sehr gelitten, als du im Knast warst?
U: Ja, aber ich hab mich da an und für sich gut mit abgefunden.
F: Würde dir auch nicht allzuviel ausmachen, da wieder reinzugehen?
U: Doch.
F: Wie ist dein Verhältnis zu Tieren?
U: Ich bin unwahrscheinlich tierlieb.
F: Magst du alle Tiere?
U: Nee, nee, lange nicht.
F: Welche magst du nicht?
U: Ich mag zum Beispiel keine Spinnen oder Ratten.
F: Schlangen?
U: Eigentlich habe ich kaum welche kennengelernt, da hab ich an und für sich nichts gegen. Aber früher hatte ich irgendwie, na ja, angenehm, ich möchte keine in der Wohnung so haben, so..
F: Frösche, Kröten?
U: Mag ich auch nicht.
F: Paviane?
U: Auch nicht. Ich mag auch nicht an und für sich keine Katzen, da fühl ich mich nicht so, daß ich mich vor ekle, aber ich mag mir keine Katze anschaffen. Aber Hunde oder Pferde hab ich wahnsinnig gerne.
F: Du hast auch einen Hund?
U: Ich hab, weißt du ja.
F: Möchtest du gerne fremde Sprachen sprechen?
U: Ja.
F: Kannst du eine?
U: Englisch. Von der Schule und das, was man so braucht. Ich kann mich jederzeit mit einem Engländer unterhalten oder Zeitung lesen meinetwegen, aber nicht perfekt.
F: Was möchtest du sonst noch sprechen?
U: Alle Sprachen am liebsten.
F: Ich glaub, du kannst die Kesselflickersprache, nicht?

U: Die Kesselkloppersprache. Ja, die kann ich.
F: Wurde die bei euch zu Hause gesprochen?
U: Mein Vater schon. Also hauptsächlich die Hafenarbeiter, na ja, Kesselklopper, das sind die Kettelklopper, und so heißt die Sprache ja auch Kettelkloppersprache. Haben die früher schon vor dem Krieg gesprochen, die alten Hamburger, gerade hier auf St. Pauli.
F: Und unterhieltet ihr euch nun nur in dieser Sprache, oder?
U: Wenn ich mit 'nem Bekannten hier zusammen bin, mit irgendeinem, der vom Kiez ist, das sind meistens ja sowieso Hamburger. Ein Ausländer, was heißt ein Ausländer, ein Quittje, der von München kommt oder was, der versteht das nicht, der lernt das ja auch nicht. Vorbedingung ist ja, daß du Platt sprechen kannst dabei. Alle Buchstaben, und zwar keine Vokale, sondern alle andern, werden hinten drangesetzt, zum Beispiel bei Mors wird das M hinten rangesetzt und ein i dazu, also dann heißt es Orsmi. Spinner – Innerspi.
F: Lebst du gerne?
U: Ja.
F: Hast du an Selbstmord gedacht?
U: Nein. Hab ich noch nie – könnt ich mir vorstellen, wenn ich in lebenslänglichen Knast müßte und ich würde wissen, daß ich auch da nicht rauskomme, dann könnte ich mir vorstellen, daß ich mir den Püster an die Birne setzen würde und abdrück.
F: Hast du Angst vor dem Tod?
U: Vorm Tod nicht, aber vorm Sterben.
F: Hast du jemand sterben gesehen?
U: Doch. Ertrunken. Da war mal 'ne Frau ertrunken, die ist, in Alsterdorf war das gewesen, hab ich gesehen, wie die ertrunken ist.
F: Hast du Angst vor Toten?
U: Na, so 'n bißchen mulmiges Gefühl hat man ja automatisch.
F: Also nachts würdest du nicht über den Friedhof, allein?
U: Doch. Ja. Angst hab ich ja nicht vor. Aber man hat ja doch irgendwie ein komisches Gefühl. Ich möchte jetzt nicht mit dir hier sitzen, wenn da ein Toter läg, und mit dir jetzt so sprechen.
F: Was hältst du von alten Menschen? Glaubst du, daß sie einsam sind?
U: Es gibt viele, die einsam sind, ja.
F: Glaubst du, daß man ihnen helfen kann?
U: Ja, sollte man auch, finde ich ein bißchen, ja.
F: Bist du alten Leuten gegenüber besonders aufmerksam?
U: Ja. Kauf ich ein und sehe ich 'ne Frau, ein altes verhärmtes Mütterchen, denn ja, was kost das denn – ja soundsoviel – ja nee, dann lassen sie màn – dann, das hab ich schon ein paarmal gemacht, daß ich denn sag, hier lassen sie mal, das schreiben sie bei mir mit auf. Oder wenn ich so einen alten Mann, dem hab ich schon so manchmal für Bock einen Heiermann gegeben. Überhaupt so, wenn man eine gute

Tat macht, das ist vielleicht ein Aberglaube auch, aber ich meine immer, das zahlt sich zurück.
F: Was war dein angenehmstes Erlebnis?
U: Meinst du bei der Stoßerei oder?
F: Nee, so überhaupt.
U: Die angenehmsten Erlebnisse sind immer die, wenn ich aus dem Knast gekommen bin, das Rauskommen.
F: Und dein schlecklichstes Erlebnis?
U: Wenn du reingehst. Ich hab so viel erlebt. Als mein Vater gestorben war, würd ich sagen, daß das am schlimmsten war.
F: Warst du dabei?
U: Nein. Ich bin nach Hause gekommen. Sagt mein Bruder, Vater ist tot. Das war wohl das schlimmste.
F: Wie sollte ein Mann deiner Meinung nach sein?
U: Er soll Mann sein.
F: Was heißt das?
U: Stark, intelligent – und gut aussehen, ein bißchen wenigstens, also nicht gut, sondern nicht häßlich und männlich vor allen Dingen.
F: Und eine Frau?
U: Hübsch, das ist das wichtigste. Und wenns meine wäre, meine Frau, müßte sie auch ein bißchen intelligent sein. Nicht mehr als ich, aber etwas, daß sie nicht gerade beknackt ist. Sauber vor allen Dingen und auch ehrlich.
F: Was hältst du von der Polizei?
U: Gar nichts. Das muß sein, logisch muß sie sein. Aber so, na ja, was soll ich davon halten. Das ist dasselbe, wenn du mich fragst, was hältst du vom Richter.
F: Glaubst du, daß die Polizei auf St. Pauli bestochen wird?
U: Ja, natürlich.
F: Schlägt die Polizei bei Verhören?
U: Ja, das hab ich selbst noch nicht erlebt, aber auf jeden Fall unkorrekt sind sie. Nicht so korrekt, wie sie sein sollen.
F: Glaubst du, daß die Frauen in der Bundesrepublik gleichberechtigt sind?
U: Nein. Rein vom Gefühl her schon so ist die Frau, finde ich, nicht gleichberechtigt. Aber auch mit dem Unterhalt zum Beispiel.
F: Sollte sie gleichberechtigt sein?
U: Nein.
F: Warum nicht?
U: Das finde ich nicht.
F: Sollte der Mißbrauch von Minderjährigen bestraft werden?
U: Ja.
F: Nun hast du aber selbst gesagt, daß du auch auf sehr kleine Mädchen stehen könntest.

U: Sechzehn, siebzehn.
F: Na, die fallen ja im Gesetzbuch auch noch unter Minderjährige.
U: Na ja, auf Antrag. Es muß Gesetze geben. Dasselbe, ich fahr manchmal betrunken, trotzdem heiß ich das gut, wenn man das bestraft, wenn welche betrunken fahren. Trotzdem fahre ich manchmal betrunken. Da möchte ich gar nicht, daß so was aufgehoben wird. So 15 finde ich, das ist auch richtig, die Grenze.
F: Haben dich deine eigenen Gewalttaten bedrückt?
U: Nein. Ich habe nie was Linkes gemacht, ich hab nie einen alten Mann vorn Kopp gehauen oder irgendwas gemacht, wo ich mich schämen müßte.
F: Hast du nie jemanden für sein Leben geschädigt?
U: Ja, aber dann hatte der das auch verdient ein bißchen. Es war vielleicht manchmal ein bißchen mehr, als es hätte sein sollen, aber ich fühle mich eben überhaupt nicht schuldig.
F: Hast du nie im Suff provoziert?
U: Nee, das kann ich nicht sagen. Doch, früher ja, als Junge ja. Aber das bedrückt mich nicht, das macht jeder Halbstarke.
F: Können dich deine Mitmenschen gut leiden oder nicht?
U: Zum Teil ja.
F: Beschäftigt dich das sehr?
U: Gar nicht. Kann ich nicht sagen.
F: Wie sieht dein morgiger Tag aus, wann gehst du ins Bett.
U: Weiß ich noch nicht.
F: Und wann stehst du gewöhnlich auf?
U: Wenn ich wach werde.
F: Wann fängst du zu arbeiten an?
U: Nächste Woche wieder, ich arbeite jetzt eine über die andere Woche. Dann bin ich immer um vier auf der Arbeit und das geht bis morgens fünf, sechs, immer so zwölf bis vierzehn Stunden, fünfzehn Stunden.
F: Machst du dann noch los, oder gehst du gleich ins Bett?
U: Dann geh ich ins Bett, ja.

Interview Gunda

Fichte: Gunda, wie alt bist du?
Gunda: 26 Jahre.
F: Und womit verdienst du dein Geld?
G: Ja, womit? Momentan möchte ich es nicht ganz kraß sagen, ich habe eine Freundin, und die gibt mir hin und wieder etwas Geld.
F: Mit der bist du fest befreundet.
G: Ja.
F: Also du machst lesbische Prostitution?
G: So kann man das auch nennen, ja.
F: Kriegst du von ihr jeden Monat eine bestimmte Summe?
G: Nein, sie gibt mir jeden Tag, je nachdem, was sie vermutet, was ich brauche, nicht der Liebe entsprechend oder so, je nachdem, was ich brauche, sagt sie, das brauchst du zum Essen, und das sollst du zum Leben haben, nimm es. Es ist zwar unangenehm, es zu nehmen, aber sie steckt mir das in die Tasche und dann nehm ich es.
F: Deshalb bist du auch nicht gezwungen, anders zu arbeiten.
G: Eben.
F: Ist es eine ältere Frau?
G: Nein, das ist eine jüngere.
F: Hast du zu ihr nun irgendein Liebesverhältnis oder..
G: Ja, wir kennen uns jetzt ein halbes Jahr, und wir haben versucht, kameradschaftlich auseinanderzukommen, also zusammenzukommen, und aus dieser Kameradschaft wurde Ernst und allmählich entstand Liebe dadurch, glaube ich, von meiner Seite aus, von ihr, da sie im Puff ist, da sie das irgendwie so verlangt oder so haben muß, ich weiß es nicht, da ist sie eben darauf aus, einen Menschen zu besitzen, ihn zu bezahlen, ihn zu bedienen, mir ist es manchmal peinlich, aber was soll ich machen, ich mag das Geld nicht immer annehmen.
F: Hat dieses Mädchen einen Zuhälter?
G: Nein, hat sie nicht.
F: Bist du also derjenige, der sie wie ein Zuhälter morgens tröstet, wenn sie nach Hause kommt, der sie vielleicht auch ein bißchen beschützt und aufpaßt, daß alles klargeht?
G: Ja, so ungefähr kann man das auch nennen, ja, das kann so sein.
F: Du hast in letzter Zeit im Puff also in einem Mädchenwohnheim auch als Wirtschafter gearbeitet, und was hast du da im Monat verdient?
G: Ja, was habe ich da verdient? Das war nicht allzu hoch, das kam auf die Getränke drauf an und das meiste war natürlich Tipp von den

Mädels.

F: Einen Durchschnitt kannst du da nur schwer angeben?

G: Im Durchschnitt, 300 bis 400 Mark, am Tag, wollen wir mal sagen, vielleicht bis 200 Mark, 150, 180 bis 200.

F: Was mußtest du dafür machen?

G: Ja, dafür mußte ich die Getränke hinbringen ins Zimmer, Kaffee ausschenken, nett sein, lächeln, auch wenn es einem nicht danach ist.

F: Mußtest du auch Mädchen für den Puff besorgen oder gehörte das nicht dazu?

G: Nein, nein, das mußte ich auch, allerdings, ich sollte, da hat der Chef gesagt, ich sollte allerdings Mädchen irgendwie auftreiben, und da hat er zu mir gesagt, geh mal los, besorg mal paar, du bist Wirtschafter und als Wirtschafterin oder so, da muß du das irgendwie verantworten können, daß du Mädels bringst, die Türme sind leer, und das mußt du. Ich sage, Wolli, als Frau ist das schlimm, allzu schlimm nicht, aber schwer. Menschenskind, welches normale Mädchen gibt sich schon für ein anderes Mädel her. Und da sagt er, ja gut, und so, das ist schwer, und da habe ich gesagt, das kann ich nicht, und da hat er eben zu mir gesagt, ja, dann geht es eben nicht.

F: Hast du die Idee gehabt, daß du selbst auf den Strich gehst?

G: Ja, aber nur aus dem Grunde, weil ich meiner Freundin, mit der ich befreundet bin, zu beweisen, daß ich nicht zu schön, das nicht, aber sie hat es mir mal selbst wörtlich gesagt, daß ich zu schön und zu fein bin, um dieses auszuführen, und das möchte ich mal beweisen.

F: Du hast es also nur getan in diesem halben Jahr, als du schon mit deiner Freundin zusammen warst.

G: Ich habe es versucht, sicher, ich habe getrunken, ich habe Captagon genommen, ich wollte mich selbst davon überzeugen, daß ich das kann, und ich habe es mir eingeredet, habe zu Hause gesessen, habe Fernsehen geguckt, ich habe gar nichts gesehen, ich habe nur immer an Helga gedacht, und ich weiß nicht, ich konnte es nicht, ich habe es versucht, ich bringe es nicht fertig. Ich möchte es gerne, um mir mal zu beweisen, daß ich es auch kann, daß ich nicht von ihr leben muß.

F: Wirst du dich nun noch lange von ihr ernähren lassen, oder hast du die Absicht, jetzt in der nächsten Zeit selbst irgend etwas anderes zu tun?

G: Nun, ich habe vor, irgendwie etwas zu tun, damit ich beweisen kann, daß ich nicht von ihr abhängig bin, aber es ist schwer, weil man, ich habe schon viel erlebt, ich weiß nicht, ob ich das sagen kann, daß ich schon im Gefängnis war und sehr lange, und Menschen, die im Gefängnis waren, die nimmt man ungern auf, und das sind irgendwie Hemmungen von mir, ich weiß nicht. Wenn ich irgendwo hingehe und sage so und so, dann sträubt man sich irgendwie dagegen oder man versucht es und bis zu einem bestimmten Tag und dann hängt man doch wieder da.

F: Hast du jetzt im Moment noch andere Frauen, die dir etwas bezahlen, oder kennst du andere Frauen, die dir was bezahlen würden?

G: Ich kenne viele, ja, die würden darauf warten, daß ich komme, aber ich bevorzuge sie nicht, ich möchte das nicht, ich möchte wirklich nicht von anderen abhängig sein, um zu sagen, mein Gott, bei anderen zu prahlen in diesen gewissen Kreisen, mein Gott noch mal, ja, ich habe eine, die geht auf den Strich und so, ich möchte davon nicht abhängig sein, wirklich nicht. Es ist komisch, ich möchte wirklich allein was auf die Beine stellen, irgendwie was machen und, damit ich beweisen kann, ich kann auch, wirklich.

F: Wird das auf St. Pauli sein oder würde das sogar in einer ganz bürgerlichen Umgebung sein?

G: Ja, das kann ganz wo anders sein, das braucht nicht direkt Hamburg zu sein, nämlich Hamburg allein, da verfällt man immer wieder, da lernt man Typen kennen, die kann man auch mal gern haben, wenn es für ein oder zwei Tage ist, aber ich möchte doch wieder nach Kiel zurück zu meiner Mutter, ganz bürgerlich irgendwie etwas anfangen, was ich getan habe, es ist egal, wenn ich Büro scheuern muß oder als Tierpflegerin oder was, das ist uninteressant, irgendwie was.

F: In der nächsten Zeit?

G: O doch, ich glaube, ja, um nur meiner Freundin zu beweisen, daß ich anders kann.

F: Deine Freundin gibt dir also dasjenige, was du zum Leben brauchst. Du kannst dir von dem Geld ein Zimmer leisten. Du wohnst, glaube ich, in Untermiete . .

G: Ja . .

F: . . und du kannst dich ernähren, gehst mit ihr essen, sie bezahlt, und sie gibt dir Taschengeld.

G: Ja.

F: Ich nehme an, das wird so um die 50 Mark am Tag sein. Du sagtest, du hättest bis zu 200 Mark hier im, als Wirtschafterin verdient, dann hast du aufgehört, weil dich das vielleicht etwas angeödet hat, Mädchen aufzureißen.

G: Nervlich hat mich das kaputt gemacht . .

F: Was machst du mit deinem Geld, hast du ein Sparkonto?

G: Nein, das habe ich nicht, ich habe noch nie daran gedacht.

F: Wirst du mal etwas erben?

G: Ja, ich habe meine Oma, die ist verstorben, schon vor sechs Jahren, und die hat etwas Geld hinterlegt, das ist eine ganz schöne Summe, aber die hat zu ihrer eigenen Tochter, also zu meiner Mutter gesagt, wenn die Gunda einmal heiratet, dann soll sie das Geld haben, und da ich nicht heirate, weil ich das einfach nicht kann, ich möchte schon, aber ich kann es einfach nicht.

F: Und deshalb kommst du also an dieses Geld nicht ran.
G: Eben, so ist es.
F: Wenn deine Freundin nach Hause kommt, geht ihr dann zu dir?
G: Nein, das ist sehr selten. Meine Freundin, die fängt abends um elf an zu arbeiten und macht Schluß, dann rufe ich sie an und dann gehe ich zu ihr zum Schlafen.
F: Kochst du oder kocht sie?
G: Das kommt darauf an, wenn sie bei mir ist, dann kocht sie, oder ich mal wieder, aber dann hat sie immer was auszusetzen, ich kann nämlich nicht richtig kochen, ich kann lieber besser saubermachen.
F: Du würdest dich also nicht als gute Hausfrau bezeichnen.
G: Nein, das nicht, nein.
F: Was ißt du gerne?
G: Ja, das ist das einzige, was meine Freundin ewig zu bemäkeln hat. Ich esse gerne Erbsensuppe, ich esse gerne Eisbein mit Sauerkraut, Bauernfrühstück, Schweinebraten und Rotkohl. Egal, wo wir hingehen, wir gehen irgendwo essen, sie ißt Paprikaschoten oder wer weiß was oder Chinesisch irgendwo, aber ich esse Bauernfrühstück, Erbsensuppe, und das ist ewig das gleiche, und das langweilt mich dermaßen, weil sie nicht mal selbst kochen kann.
F: Also du wünschst dir eine Frau, die dich richtig bekocht wie einen Mann.
G: Ja.
F: Du wohnst im Moment in Untermiete, ist das nicht in deiner Situation hinderlich?
G: Ja, das ist nicht ganz richtig, aber irgendwie ist es doch schön, ich meine, man kann nicht tun, was man möchte, sicher, man kann sich gern haben, man kann alles tun, man kann sich gehenlassen, aber das ist doch nicht so schön, man möchte richtig frei sein, von allen Menschen nicht abhängig sein, abhängig zu sein und fragen, darf ich mal kochen, darf ich mal baden und Geld hinzulegen, das ist dumm.
F: Was bezahlst du an Miete?
G: 130 Mark.
F: Und wie würdest du wohnen mögen? In einer Wohnung, in einer Eigentumswohnung oder in einem eigenen Haus.
G: Nein, ich möchte außerhalb, einen kleinen Park ringsum und Wiesen und kleine Tierchen haben und wirklich so, ein bißchen ländlich meinetwegen, aber nicht jeden Tag Kuhstall ausmisten müssen oder was, das macht mir gar nichts aus, wirklich nichts, ich liebe das eben.
F: Gibst du viel Geld für Kleidung aus?
G: Nein, das nicht.

F: Also du hast keine großen Ansprüche, Kleider, neue Mäntel.
G: Nein, um Himmels willen, nein, nein.
F: Wie ziehst du dich am liebsten an?
G: Sportlich, lange Hosen, Pullover, Hemden..
F: Brauchst du viel Parfums?
G: Ja, aber keine weiblichen, nur Prestige, also männliche Parfums.
F: Und welche noch?
G: Prestige, Russisch Leder, Hatric, was es da alles gibt an Männersachen.
F: Schminkst du dich?
G: Nein.
F: Lehnst du auch strikt ab?
G: Ja, das mag ich nicht.
F: Gibst du Geld für Perücken oder für Haarfärben aus?
G: O nein, nein.
F: Für den Friseur?
G: Auch nicht.
F: Schneidest du selber die Haare?
G: Mach ich lieber selber, und wenn ich sie verschneide, ja.
F: Trinkst du viel Alkohol?
G: O ja, wenn ich Kummer habe, sehr viel.
F: Und was trinkst du?
G: Was man findet, Bier, Rum, Korn, alles, alles mögliche.
F: Und das trinkst du gern?
G: Nein, ich trinke das nicht gerne, aber ich trinke deswegen, um irgend etwas zu vertuschen.
F: Und was nennst du viel trinken?
G: Ja, was nenne ich viel trinken?
F: Wann glaubst du, du hast viel getrunken, wieviel Korn sind das?
G: Ja, fünfzehn, zwanzig Stück.
F: Was würdest du am liebsten trinken?
G: Am liebsten Whisky.
F: Sekt?
G: Oder Sekt auch, ja.
F: Rauchst du viel?
G: O ja.
F: Mit Filter, ohne Filter?
G: Mit und ohne, das ist egal, je nachdem, was man mir anbietet.
F: Und ziehst du blonde oder dunkle Zigaretten vor?
G: Das ist mir ganz egal. Mal Lux, mal Rote Hand.
F: Nimmst du Rauschgift?
G: O ja, ich habe es versucht, und ich finde das sehr schön, ich weiß nicht was, man fühlt sich frei, man fühlt sich enthemmt, also man fühlt sich nicht gehemmt, man hat keine Hemmungen, man hat gar

nichts, man gibt sich eben so, wie man ist. Ich meine, man spinnt sehr viel dabei, aber man findet sich schön.
F: Was hast du versucht?
G: Inwiefern versucht?
F: Marihuana oder Haschisch ..
G: Hasch.
F: Hasch, nie LSD.
G: Nein, noch nie.
F: Heroin oder Opium auch nicht?
G: Auch nicht, nein. Nur Hasch, ja.
F: Und das hat auf dich eine befreiende, beruhigende Wirkung.
G: Ja.
F: Hast du irgendwelche Nachwirkungen empfunden?
G: Nein, das nicht, ich habe nur, wie ich Hasch geraucht habe, habe ich das Verlangen gehabt, irgendwie meine Freundin anzufassen, und ich habe das Gefühl gehabt, wirklich das Verlangen, das feste, und habe mir vorgenommen, und ich konnte es einfach nicht schaffen, weil ich kaputt und schlapp war.
F: Hattest du das Gefühl, daß es deine Libido steigert oder daß es sie etwas bremst?
G: Nein, es hat gesteigert.
F: Glaubst du, daß man vom Haschisch abhängig werden kann?
G: Doch, ich glaub schon, doch ja.
F: Nimmst du es regelmäßig?
G: Nein, das ist sehr unregelmäßig, möchte ich sagen.
F: Bist du versichert?
G: Nein.
F: Auch keine Lebensversicherung?
G: Nein.
F: Auch nicht in der Krankenkasse?
G: Auch nicht.
F: Gibst du Geld für Schallplatten aus?
G: O ja.
F: Was sind deine liebsten Platten?
G: Die Rolling Stones, und so einzelne Sängerinnen, da gibt es nicht viel zu sagen.
F: Hast du auch klassische Musik gern?
G: O ja.
F: Was?
G: Beethoven, Mozart, das kommt immer auf die Stimmung drauf an, die man hat. Ich höre es ganz gern.
F: Wenn du jetzt auf eine einsame Insel sieben Platten mitnehmen dürftest, welche wären das?
G: Ja, das wär erst einmal klassische Musik, etwas Beat, da ist ja nur

eine Platte dabei, aber sonst nur klassische Musik.
F: Und Beethoven?
G: Beethoven, ja.
F: Mozart?
G: Mozart auch.
F: Und Bach?
G: Bach nicht, nein. Da gibt es noch einen, ich glaube Chopin.
F: Gehst du oft ins Kino?
G: O ja.
F: Und was siehst du dir da an?
G: Wildwestfilme.
F: Welche, die harten, die italienischen?
G: Die richtigen Knüller. Ja, nicht um daraus zu lernen, nur so, weil mich das irgendwie interessiert, wie die Menschen handeln.
F: Gehst du gern ins Theater?
G: O nein, das war ich noch nie in meinem Leben.
F: Du warst noch nie in deinem Leben im Theater?
G: Nein.
F: In der Oper?
G: Auch nicht.
F: Nie in deinem Leben?
G: Nein.
F: In einem Konzert?
G: Auch nicht.
F: Aber du interessierst dich doch sehr dafür?
G: Ich interessiere mich dafür, aber das sind meine Hemmungen, ich weiß nicht warum, aber anscheinend, weil ich Hosen trage, wie die Leute reagieren, wenn sie das sehen, die Dame trägt einen Anzug, hat einen Busen, das sind die Hemmungen, die gewissen, das kann ich nicht.
F: Wie lange hast du diese Hemmungen?
G: Ach, sehr lange, wie lange, ein paar Jahre schon.
F: Siehst du regelmäßig fern?
G: O ja.
F: Was interessiert dich da am meisten?
G: Ja, ich höre alles mögliche an, was kommt. Ich sehe mir jeden Film an, manchmal kann ich mich dafür begeistern, manchmal finde ich das langweilig, ist nicht interessant genug.
F: Hörst du auch politische Sendungen?
G: Nein.
F: Bist du in einem Verein?
G: Nein.
F: Auch nicht Sportverein, Ruderverein?
G: Auch nicht, nein. Das war ich früher als Kind mit dreizehn, vierzehn

Jahren.
F: FKK?
G: Auch nicht.
F: Reist du gerne?
G: Ja, ich möchte schon, aber das Geld dazu habe ich nicht momentan, und so rumschlawienern, das kann man auch nicht.
F: Bist du schon viel rumgekommen?
G: Ja, was heißt viel? Ich war in Frankfurt, ich war in München, ich war in Paris, ich hab die Leute kennengelernt, aber das heißt nicht viel rumgekommen.
F: Wo möchtest du gerne hinreisen?
G: Ich möchte mal nach Schweden, um wirklich frei zu sein, und alles tun, was man eben, zu was man Lust hat.
F: Spielst du Glücksspiele?
G: Nein.
F: Hast du irgendwelche Hobbys?
G: Ja, Hobbys habe ich schon, reiten, was ist noch, Kino gehen, schreiben, selbst Gedichte schreiben, zeichnen, malen, das ist das gleiche.
F: Hast du schon mal Männer bezahlt, das sie mit dir ins Bett gehen?
G: O nein.
F: Würdest du auch nicht tun?
G: Würde ich auch nicht tun, nein.
F: Was für Gedichte schreibst du?
G: Ja, das kann man auch als tragische Gedichte ausdeuten.
F: Sind sie gereimt?
G: Ja, zum Schlußeffekt reimt sich das immer.
F: Achtest du besonders auf den Rhythmus?
G: Nein, nicht, das ist manchmal kreuz und quer. Also je nachdem, was mir manchmal in den Kopf kommt, das schreibe ich alles nieder, und dann zum Schluß finde ich dasselbe sehr gut, andere Menschen denken, mein Gott, die ist verrückt, die hat nicht alle sieben Sinne beieinander, aber ich finde, das ist gut.
F: Was sind die Themen deiner Gedichte?
G: Na ja, das ist eigenartig, das kommt immer wieder auf die Liebe drauf raus.
F: Liebe unter Frauen?
G: Ja, Liebe unter Frauen.
F: Das sind keine fröhlichen Gedichte?
G: Nein, sehr traurig, möchte ich manchmal sagen, wirklich.
F: Warum sagst du: Das, was ich jetzt geschrieben habe, ist ein Gedicht?
G: Weil ich mir das vielleicht selbst einbilde, das ist vielleicht kein Gedicht, sondern eine kleine Niederschrift, die ich da schreibe, aber wenn ich mir das selber durchlese, dann bilde ich mir dabei so viel

ein, daß ich sage, das ist ein Gedicht, das müssen die Leute als ein Gedicht ansehen.
F: Kannst du eines deiner Gedichte auswendig?
G: Nein, leider nicht. Das schreibe ich nieder und denke mir weiter nichts dabei, nur wenn ich mir das selber wieder zur Hand nehme.
F: Eine Art Tagebuch?
G: So ungefähr.
F: Schreibst du sehr regelmäßig?
G: O ja.
F: Täglich?
G: Ja.
F: Liest du viel?
G: Ach nein, das kann ich nicht sagen, nein.
F: Liest du jeden Tag eine Zeitung.
G: Hin und wieder mal, und was steht schon in der Bild-Zeitung drin oder in der Morgenpost oder was, das interessiert mich alles nicht.
F: Was ist deine liebste Beschäftigung.
G: Meine liebste Beschäftigung ist spazierengehen, durch die Wälder streunen.
F: Alleine?
G: Alleine, ja, und wenn ich einen kleinen Hund dabei habe, ist es auch sehr schön.
F: Es ist dir lieber, alleine spazierenzugehen als mit einer sehr guten Freundin?
G: Ja, eine sehr gute Freundin, da kann man erzählen und machen und tun und zeigen und alleine ist es schöner, weil man da besser denken kann, und das ist wirklich schöner.
F: Wo und wann bist du geboren?
G: Ich bin am 18. 9. 42 in Wilhelmshaven, Kreis Sanderbusch, geboren.
F: Was war dein Vater?
G: Mein Vater war Oberstabsmaschinist bei der Marine früher, der ist 45 verstorben, und ich weiß weiter nichts über ihn.
F: Und deine Mutter?
G: Meine Mutter, die hat mich, wie ich neun Jahre alt war, hat sie mich zum erstenmal ins Heim geschickt, weil ich angeblich schwer erziehbar war, und das will mir nicht in den Kopf, daß ein Mensch mit neun Jahren schwer erziehbar ist, sie wollte mich anscheinend loswerden, und da bin ich ins Heim gekommen.
F: Bist du das einzige Kind?
G: Nein, ich habe noch zwei Geschwister.
F: Womit verdiente deine Mutter den Lebensunterhalt?
G: Ja, womit, sie war damals.. da muß ich mal überlegen.. war sie ja noch verheiratet, und wie sie Witwe war, da war ich ja schon im Heim, da hat sie regelmäßig den Heimaufenthalt bezahlt, hat sich

wenig um mich gekümmert, ich war ihr also vollkommen gleich, sie hat mich hin und wieder mal besucht.
F: Hattest du Kontakt zu deinen Geschwistern?
G: Nein, auch nicht.
F: Du bist dort wie lange geblieben?
G: Bis zu meinem neunzehnten Lebensjahr.
F: Zehn Jahre warst du in einem Heim für schwererziehbare Kinder.
G: Ja.
F: Hattest du in diesem Heim Schulbildung?
G: Ja, habe ich auch. Ich wurde nach dem neunten, warte mal, ich bin neun Jahre zur Volksschule gegangen, und da wurde ich entlassen, und bin dann in eine Heimlehre gekommen..
F: Ja, was hast du da gelernt?
G: Verkäuferin in einer Schlachterei, und das gefiel mir nicht dermaßen..
F: Lerntest du Verkäuferin?
G: Verkäuferin in einer Schlachterei.
F: Du lebtest aber noch in dem Heim.
G: Ja.
F: Und gingst zur Verkäuferinnenlehre..
G: .. in eine Schlachterei.
F: Das mochtest du nicht?
G: Nein, das mochte ich nicht, aus dem Grunde, weil man mir vorgehalten hat, vor anderen Kunden, daß ich aus dem Heim komme, daß ich unehrlich bin und so weiter und so fort, das ging mir allmählich über und deswegen bin ich da weggelaufen..
F: Mit wieviel Jahren?
G: Ja, wie alt war ich da, Moment mal, da muß ich überlegen.. Siebzehn, sechzehn.
F: Wohin?
G: Nach Frankfurt.
F: Und was hast du dann gemacht?
G: Ja, in Frankfurt habe ich Frauen kennengelernt, habe mit denen zusammen gelebt und habe mir eingebildet, das ist die große Liebe, habe von den Mädels gelebt, was sie mir zugesteckt haben, von da aus bin ich wieder nach Hamburg, und so ging es immer weiter.
F: Wie sind deine Erinnerungen an das Heim?
G: Ach, wiederum war das schön, weil man da, da hatte man Tanzabende, man hatte Klub-Abende, wo man machen konnte, was man wollte, schreiben, tanzen, egal, malen, das war manchmal schön. Aber dieses ewige Rumtreiben, man muß dies tun, man muß jenes tun, das fiel mir wirklich doch, das war schwer.
F: Wurdet ihr sehr hart angefaßt in dem Heim?
G: Nein, das nicht, wir wurden nur bestraft, wenn wir irgend etwas

nicht befolgt hatten.
F: Wie waren die Strafen?
G: Ach ja, wie waren die Strafen, man kam in Einzelhaft, man mußte alleine schlafen.
F: Einzelhaft, oder mußtest du nur alleine schlafen?
G: Ja, wirklich Einzelhaft, den ganzen Tag über, alleine schlafen, man bekam alleine das Essen, man bekam alles alleine.
F: Und du durftest mit niemandem sprechen?
G: Das durfte man auch nicht.
F: Und wie lange bist du in dieser Einzelhaft gewesen?
G: Na, vierzehn Tage.
F: Vierzehn Tage hintereinander.
G: Ja.
F: Und wie alt warst du, als du das erste Mal in Einzelhaft kamst?
G: Na, wie alt war ich da? Moment, muß ich überlegen.. Vierzehn glaube ich, ja vierzehn.
F: Seid ihr geschlagen worden?
G: Nein, das nicht, das kann ich nicht sagen, nein.
F: Wurde euch das Essen entzogen zur Strafe?
G: Ja, das war ungefähr so wie im Gefängnis, man bekam alle drei Tage, bekam man ein Federbett rein, eine Matratze und warmes Essen, das war eben die Strafe, das war die Zurückhaltung von allem anderen, man hörte keine Musik, man hörte gar nichts, man bekam nur sein Essen, durfte eine halbe Stunde spazierengehen, und das war alles.
F: Hast du dich gut mit den anderen Kindern in diesem Erziehungsheim verstanden?
G: Ach ja, das hab ich, ja.
F: Aber mit den Erzieherinnen weniger.
G: Mit den Erzieherinnen weniger, weil ich immer gegen den Strich ging. Ja, weil ich Revolten angefangen habe und immer angefangen habe zu stänkern, weil ich gesagt habe, das will mir nicht in den Kopf, daß man so behandelt wird, und deswegen habe ich die anderen immer angestiftet dazu, und deswegen wurde ich alleine gehalten.
F: Was empörte dich an der Behandlung am meisten?
G: Dieses ewige morgens, dieses Aufstehen nach der Uhr, dieses Waschen, antreten zur Freistunde sozusagen, bald wie im Gefängnis, antreten zum Waschen und dies mußt du tun und jenes mußt du tun, wasch mal ab und mach mal dies, das hat mich dermaßen aufgeregt, ich konnte das nicht.
F: Würdest du sagen, daß die Erzieherinnen sich trotzdem bemüht haben?
G: Ach doch, ja, das glaube ich schon, die haben sich sehr viel Mühe

gegeben, die wollen ja auch nur das Beste, aber was will man machen, wenn man es nicht verstehen will.

F: Aber du hast zu keiner Erzieherin ein engeres Verhältnis gehabt, hast dich mit keiner besonders gut verstanden?

G: Doch, mit einer ja, die war Turnlehrerin. Ich war damals vierzehn, das vergesse ich nie, das war komisch. Vierzehn Jahre, und ich habe die Frau jedesmal beim Turnen, habe ich sie heimlich beobachtet, sie hat mich angeguckt, ich mußte vorturnen, ich mußte den anderen Mädels zeigen, turnen machte mir übrigens damals Spaß mit vierzehn Jahren, und ich weiß nicht, wie das kam, eines Tages, Heidi, Praktikantin war sie damals noch, hatte Geburtstag, und da habe ich ihr einen Brief geschrieben, dann kam sie runter an meine Tür und klopfte und sagte, Gunda, hör mal, wenn meine Gäste gegangen sind, dann komm mal bitte hoch, nun bin ich dann eben rauf, habe mich mit ihr unterhalten und habe gesagt, was die ganzen Briefe sollen, die sie mir geschrieben hat, und da hat sie mir gesagt, hör mal, du hast mir geschrieben und da hab ich geantwortet, und da sage ich, ja, das ist richtig, und da hat sie gesagt, komm frag nicht lange, sondern leg dich mal hin, da hab ich mich hingelegt, und da hat sie mir drei Cognac eingeschenkt, und da fing sie allmählich an mit mir zu schmusen, und ich habe gewußt, daß ich diese Frau irgendwie vergöttere und verehre und habe es mir gefallen lassen und fand es irgendwie schön, na ja, bis es dazu kam, daß sie mir eben irgendwie zu nahe kam, und da war es passiert, und das kann man auch nicht wieder vergessen und weil ich die Frau irgendwie geliebt habe und ich weiß nicht warum, aber ich habe sie irgendwie geliebt. Na ja, nun bin ich nach drei Tagen, drei Tage lang hab ich es ausgehalten, hab die Frau angeguckt und hab es mit der Angst zu tun bekommen und bin weggelaufen nachher. Habe mich rumgetrieben in Frankfurt, München und so weiter und so fort.

F: Das war mit vierzehn?

G: Mit vierzehn. Ja.

F: Du bist also mehrere Male ausgebrochen?

G: Ja.

F: Und bist dann wieder eingefangen worden.

G: Ja.

F: Kriegtest du dann besonders harte Strafen?

G: Ja, Arrest habe ich bekommen.

F: Ja. Ist das Verhältnis zu dieser Frau rausgekommen?

G: Nein, nie. Die Frau hat davor gezittert, hat gesagt, bitte, Gunda, sage nie etwas, daß wir beide etwas getan haben, und ich habe gesagt: nein. Das war alleine schon, weil ich mich geschämt habe, irgendwie was zu sagen. Ich habe nie etwas erzählt, daß ich mit der Frau was zu tun gehabt habe.

F: Als du aus Frankfurt wieder zurückkamst in das Heim, ging das Verhältnis weiter?
G: Nein, ich bin nicht mehr in dieses Heim zurückgekommen, sondern bin woanders hingekommen, bin nach Schleswig gekommen, bin dort unter Beobachtung genommen, das war vollkommen ein Heim für nervenkranke Menschen.
F: Tatsache. Warum?
G: Diese Sache, weil ich angeblich mich zu Frauen hingezogen fühle, und deswegen wollte man mich beobachten.
F: Das war aber nicht von dieser Frau ausgegangen, das ..
G: .. nein, nein, das hatte die Doktorin, also da war eine Ärztin, die hat das schon lange vermutet, weil man gesagt hat, ich faß die Mädels unter den Rock usw. und da hat sie gesagt, da muß etwas nicht irgendwie normal sein, und da haben sie die Briefe bei mir gefunden von anderen Mädels, und seitdem haben sie gesagt, wenn sie kommt, dann bring sie dahin.
F: Du warst also in einer Nervenheilanstalt.
G: Ja, in Schleswig.
F: Und hat man versucht, dich also zu heilen?
G: Ja.
F: Das ist nicht geglückt?
G: Nein, ich habe keine Behandlung bekommen, ich habe keine Spritzen bekommen, ich habe gar nichts bekommen. Also ich habe da nur rumgesessen, habe den anderen Menschen zugeschaut und gar nichts. Das war nicht gerade schön, zwischen Vollidioten zu sitzen den ganzen Tag, am Tisch die Hände falten und nur zuschauen, das ist nicht schön, schrecklich. Aber dadurch habe ich dann auch Krankenschwestern kennengelernt, und dadurch verging mir die Zeit, die waren auch so eingestellt und wenn nicht, dann habe ich sie irgendwie dazu gebracht.
F: Ist dein Vater eine sehr wichtige Figur in deinem Leben?
G: Ja, das ist er schon, weil ich nicht weiß, wer er war, vor allen Dingen, weil ich nicht ehelich geboren bin, deswegen. Meine Mutter hat mir zwar immer gesagt, daß mein Vater ein Franzose war und daß es ein, wie sagt man dazu, ja nicht ein Verbrecher, sagt man nicht, aber daß es ein ziemlicher – ich komme jetzt nicht drauf..
F: Asozial, Rumtreiber..
G: Ja, so ungefähr.
F: Es war ein Kriegsgefangener?
G: Ja.
F: Deine Mutter hat deinen Vater nicht geliebt?
G: Nein, das nicht, nein.
F: Aber du hast ihn, hast dich sehr zu ihm hingezogen gefühlt?
G: Ja, weil er mir irgendwie gleichkommt, weil ich genauso bin wie er.

Ich bilde mir das jedenfalls ein.
F: Wann hast du das erste Mal gedacht, du wolltest so sein wie dein Vater?
G: Wie alt war ich da? Zwölf, mit zwölf Jahren bekam ich das raus, ich habe immer gedacht, daß ich ehelich geboren bin, bis ich zu meiner Mutter gesagt habe, Mutti, hör mal zu, so und so, die Magrit und der Hans, die werden bevorzugt von dir, die bekommen das größte Stück Fleisch, und ich sitze da und so weiter, und da hat sie gesagt, jetzt will ich dir mal was sagen, du bist nicht ehelich geboren, du bist unehelich, und ich liebe dich auch nicht, da habe ich gefragt, wieso, da hat sie mir das erzählt.
F: Da warst du zwölf Jahre alt.
G: Ja.
F: Hast du da noch bei deinen Eltern gewohnt.
G: Nein, ich war zu Hause, aus dem Heim, beurlaubt. Und da hat sie mir das erzählt, sonst hätte ich es noch nicht gewußt.
F: Hast du dich in deiner Kindheit sehr zu Männern hingezogen gefühlt?
G: Nein.
F: Sahst du viele Männer in der Zeit, als du in dem Heim warst?
G: Ja, sicher, wir waren mit kleinen Jungen zusammen, aber ich habe selten mit denen gespielt.
F: Du fühltest dich also schon immer zu Mädchen hingezogen.
G: Ja.
F: Wann hast du die frühesten sinnlichen oder erotischen und sexuellen Empfindungen gehabt?
G: Ach Gott, das war mit zehn Jahren, da haben wir Doktor gespielt, Jungs und Mädels zusammen in einer kleinen Höhle, die wir uns gebaut haben, und die Jungs, die habe ich zwar angeguckt, aber ich habe mit Mädchen lieber gespielt, ich habe Doktorin gespielt oder Doktor und habe die angefaßt, ich fand es schön, das gleiche Geschlecht zu haben wie ich. Deshalb, das fand ich gut.
F: Und diese Spiele haben sich fortgesetzt bis zu dem Erlebnis mit der Erzieherin.
G: Ja, da habe ich mich dermaßen darauf versteift, irgendwie mal ein Mädel kennenzulernen, die mich irgendwie lieb hat, und wirklich ..
F: Und die hast du aber nicht gefunden.
G: Nein, habe ich nicht, ich meine, als kleines Kind versucht man vieles, da ist einem noch nicht bewußt, daß man sich zu Frauen hingezogen fühlt.
F: Und wann hast du dein erstes sexuelles Erlebnis gehabt?
G: Das war mit vierzehn Jahren mit dieser Praktikantin.
F: Hast du je was mit einem Jungen versucht?
G: Nein, wie ich jung war nicht, aber mit zwanzig Jahren, da habe ich

früher viel verkehrt an der Küste, und da kamen drei Jungs, die waren immer sehr nett, die haben ausgegeben für mich, ein Bier oder je nachdem, was ich getrunken habe, und haben gesagt, wenn kein Mann dich kriegt, Gunda, aber wir kriegen dich. Da habe ich gesagt: nein. Ja, und bis der Tag kam, da haben sie mich alle drei niedergehauen und haben sich an mir vergangen. Stand auch in den Kieler Nachrichten, haben sich über mich lustig gemacht, haben mich nackend ausgezogen, an den Baum gebunden und gefesselt, und haben mich nachher so hängen lassen, und das werde ich nie vergessen, ich weiß auch nicht warum, dadurch ist mein Haß nicht größer geworden zu den Männern, wirklich nicht, aber ich kann es nicht vergessen, und dadurch habe ich ein Kind bekommen.

F: Du hattest aber schon in deiner Kindheit einen Haß auf Männer.
G: Irgendwie Haß kann man das nicht nennen, habe mich eben zu Frauen mehr hingezogen gefühlt, wirklich.
F: Aber du hast doch deinen Vater sehr geliebt, dein Vater war doch ein Mann?
G: Ja, ich weiß nicht, warum ich meinen Vater geliebt habe, vielleicht weil er genauso gedacht hat wie ich, ich habe nie das Gute gewollt, ich wollte immer nur das Böse.
F: Was nennst du das Böse?
G: Ja, das Böse, ich meine nicht, daß man mich irgendwie gut behandelt, aber ich meine, so, daß man mich irgendwie so behandelt, also wie zu sagen das schwarze Schaf in der Familie.
F: Das wolltest du, daß..
G: Das wollte ich, ja.
F: Erinnerst du dich an den Krieg?
G: Nein.
F: Nicht an Bombenangriffe?
G: Auch nicht, nein.
F: Erinnerst du dich an Abbildungen in den Zeitungen von Konzentrationslagern?
G: Ja, ich habe darüber gelesen, und dazu kann ich nicht viel sagen, nur das eine, das mich so was anekelt.
F: Was ist überhaupt deine früheste Erinnerung?
G: Meine früheste Erinnerung ist das, was ich auch nicht vergessen kann, wie ich fünf Jahre alt war, hat man versucht, mich unsittlich anzufassen, und zwar war das irgendwie ein Kutscher, der auf dem Wochenmarkt gefahren hat, und ich mochte gerne Tiere früher als Kind, und bin mitgefahren, ohne mir etwas dabei zu denken, und da hat er mich mal mitgelockt und versucht, mich anzufassen, er hat mich auf den Arm genommen, und hat versucht, mit der Hand mich irgendwie unsittlich anzufassen, aber da kamen andere Menschen zu, und dadurch ist es nicht gelungen. Es ist die furchtbarste Erinne-

rung an sich.
F: Was war daran so furchtbar?
G: Der Gedanke allein, daß es ein Mann war, der war zu mir wie ein Onkel, und da habe ich nie vermutet, daß er irgendwie was Böses mit mir vorhat, bestimmt nicht.
F: Würdest du sagen, daß du deine Erzieher in der Schule oder im Erziehungsheim haßt.
G: Nein, das kann ich nicht sagen, wirklich nicht.
F: Du sagtest, du seist im Gefängnis gewesen, wie kam das?
G: Im Gefängnis bin ich gewesen, weil ich, durch diese ganzen Heime habe ich viel gelernt, und ich kam nach Kiel, in die Unterwelt kann man es zwar nicht nennen, zwischen Menschen, das waren Gangster, das waren Zuhälter, das waren Polypen, und die haben mich irgendwie dazu gebracht, die haben gesagt, du bist nicht zu schade, du mußt das tun.
F: Und was mußtest du tun?
G: Ich habe eine Freundin gehabt, die ist mit Männern zusammen gegangen und hat angeschafft, und hat gesagt zu mir, hör mal zu, so und so, indem ich das mache, mit dem Mann, mußt du den bestehlen, und das habe ich getan. Dann haben wir uns zu Cliquen zusammengetan, wir haben Raubüberfälle verübt, Automaten geknackt, alles mögliche.
F: Nur Mädchen oder Mädchen und Jungen.
G: Nein, Mädchen und Jungen.
F: Mädchen und Jungen. Und hat es in dieser Welt nie Männer gegeben, die sich dir nähern wollten?
G: Doch, ja.
F: Das hast du immer abgewiesen?
G: Nein, nicht immer, weil ich endlich mal normal werden wollte, weil ich endlich mal wissen möchte, wohin ich gehöre, und ich hab es versucht, aber ich habe es nie geschafft.
F: Was hat dich daran so abgestoßen?
G: Es war furchtbar, die Männer waren lieb und nett, aber nach dem dritten Tag meinetwegen, da haben sie versucht, intim zu werden, und das kann ich nicht ab.
F: Und was konntest du daran nicht ab?
G: Die sollten Geduld mit mir haben, die sollten mich davon abbringen, irgendwie, mich zu Frauen hingezogen zu fühlen oder was, die sollten irgendwie versuchen, mich zu verstehen, aber nicht von heute auf morgen zu überstürzen, um mit mir ins Bett zu gehen, und mich zu lieben, davon halte ich nicht viel.
F: Ekelt dich der Körper eines Mannes.
G: Ja.
F: Was?

G: Überhaupt alles. Ich meine, wenn ein Mann nett und lieb ist und wenn er mich versteht, dann kann ich verstehen, dann kann ich ihn verstehen, und ich würde auch mit einem Mann ins Bett gehen, aber ich sage ganz ehrlich, nur um den Mann den Gefallen zu tun, damit er seine Befriedigung hat, ich würde nichts empfinden dabei.
F: Ekelst du dich vor ihm.
G: Nicht direkt ekeln, aber ich würde immer an eine Frau denken dabei.
F: Und was stößt dich bei einem Mann ab, der Geruch?
G: Nein, nicht der Geruch, dies Intime, wie er mich anfaßt. Es geht doch im allgemeinen darum, bei einem Mann, er geht mit einer Frau ins Bett, mal angenommen mit mir, man küßt sich und schmust und tut, und worauf kommt es hinaus, man hat intimen Verkehr, und dabei empfinde ich eben nichts. Das ist mir zu hoch, ich weiß nicht, ich kann da nicht gegen an. Das ist vielleicht nicht gut ausgedrückt, nicht gut ausgedeutet.
F: Bist du oft krank?
G: Seelisch, ja, aber nur wenn ich mit meiner Freundin Kummer hab oder Ärger.
F: Und wie äußert sich das?
G: Das ich vollkommen deprimiert bin, daß ich Fernsehen gucke und ich guck in die Bildröhre und sehe nichts, ich kann denken, ich kann lesen und ich kann überhaupt nichts regieren, also ich kann überhaupt nichts denken.
F: Du hast keine Kopfschmerzen, Migräne..
G: Nein, nein..
F: .. bist du allergisch?
G: Nein, nein.
F: Hast du sehr regelmäßig deine Tage?
G: Ja.
F: Schläfst du gut?
G: Ja.
F: Brauchst du viel Schlaf?
G: Nein.
F: Wieviel Stunden schläfst du durchschnittlich?
G: Na, fünf, sechs Stunden am Tag.
F: Du nimmst auch keine Medikamente, Aufputschmittel?
G: Ja, ich habe das, als ich als Wirtschafterin gearbeitet habe, habe ich Captargon genommen, weil ich das von anderen Mädchen kennengelernt habe, und wenn ich ins Bett gegangen bin, habe ich Vesparax genommen.. Zum Schlafen, das war so grundverkehrt.
F: Fühlst du dich den Männern körperlich überlegen.
G: Es kommt darauf an, wenn ich mit einem Mädel, die ich verteidigen möchte, ja, irgendwo hingehe und die wird belästigt, dann setze ich

mich dafür ein, und wenn ich dem Mann noch so unterlegen bin, ich versuche es jedenfalls, um nur das Mädel zu beschützen.

F: Prügelst du dich oft?
G: Ja, das kommt darauf an, wenn man mich provoziert, ja.
F: Aber du prügelst dich ganz gern?
G: Ach ja, doch.
F: Ist das eine Art Selbstbestätigung?
G: Nee, das möchte ich nicht sagen, ich möchte nur das Mädel verteidigen.
F: Hast du Abtreibungen hinter dir?
G: O nein.
F: Du hast ein Kind.
G: Ein Kind.
F: Wo lebt das?
G: In Dänemark bei meiner Tante.
F: Sportlich bist du, schwimmen kannst du sicher auch?
G: Ja.
F: Würdest du nun sagen, ich bin bisexuell oder würdest du sagen, ich bin lesbisch?
G: Bisexuell bin ich nicht, weil ich das weiß, ich bin nämlich schon dreizehn Jahre so veranlagt, ich habe versucht, durch Männer zu vergessen, daß ich Frauen gerne habe, aber ich habe es nicht geschafft, das ging so weit, bis zum Intimen mit dem Mann, dann habe ich immer wieder gesagt, das geht nicht, da habe ich einen Abschaum und Ekel empfunden, wie das soweit kam. Ich weiß, daß ich lesbisch bin und daß ich nur eine Frau gern haben kann.
F: Und du hast in der Pubertät auch nur an Frauen gedacht?
G: Ja, obwohl ich mit Jungens Doktor gespielt habe und alles mögliche, ich habe mir nichts dabei gedacht.
F: Hast du nun nicht mal versucht, mit Männern, wenn sie sich dir genähert haben, etwas anderes zu machen. Es gibt doch andere Spielformen, und glaubst du nicht, daß du dich auf diese Weise an Männer gewöhnen könntest?
G: Ach Gott, ich hab es versucht, aber ich fand keinen Reiz dabei, und ich habe nichts empfunden dafür, ich fand das langweilig und abscheulich.
F: Aber du hast es immer wieder versucht?
G: Ich hab es versucht, ja. Ich wollte mich selbst auf die Probe stellen, aber das gab genug Frauen, die darauf konnten, eben mich zu fesseln, da habe ich mich immer zu einer Frau zurückgezogen gefühlt.
F: Und du würdest es auch jetzt nicht weiterversuchen..
G: Nie, nein.
F: Was für Frauen interessieren dich, gleichaltrige, ältere?
G: Ältere auf gar keinen Fall, jüngere.

F: Wie alt?
G: Na ja, zwanzig, neunzehn.
F: Jünger nicht?
G: Nein.
F: Und sind es Mädchen, die sehr maskulin wirken?
G: Nein, sie müssen sehr feminin sein, weil ich mir einbilde, selbst den maskulinen Teil zu spielen.
F: Wenn du mit einer Frau ins Bett gehst, was machst du dann mit ihr?
G: Ja, was mach ich? Alles mögliche, wir küssen uns, wir schmusen, wir tun alles mögliche, und dann versuche ich ihren Mann zu spielen, ja, obwohl ich kein Glied habe, ich mache es eben anders.
F: Wie machst du es?
G: Ja, wie mache ich das? Was gibt es schon unter einer Liebe, schmusen, lieb sein, zärtlich sein, eine Frau küssen am ganzen Körper, und soll man es noch deutlicher sagen?
F: Und nimmst du irgendwelche Hilfsmittel, um den Mann zu spielen?
G: Nein. Gegenstände liebe ich nicht, weil mich das ewig an einen Mann erinnert.
F: Aber warum spielst du eine männliche Rolle, das ist doch ein Widerspruch.
G: Ja, ich weiß es auch nicht warum. Genausogut wie ich meine Freundin jetzt habe, wir versuchen das mit einem Gummi von Beate Uhse, mit so einem Gummischwanz und mit dem Finger, und wenn ich merke, meine Freundin empfindet was dafür, dann werde ich gemein, brutal und sage, du empfindest was für einen Mann, genau wenn das Glied rein- und rausgeht, das ist genau das gleiche Empfinden, dann sagt sie zu mir, nein, das ist nicht wahr, ich sage, Helga, doch, das ist doch wahr, das ärgert mich dann, ich weiß nicht, was man als Lesbianerin noch tun soll. Im Grunde genommen endet alles an einem Mann, ein Kuß, das Zärtlichsein, das Küssen, die französische Liebe, alles das erinnert doch an einem Mann.
F: Wenn du mit dem Mund bei deiner Freundin was machst, dann ist es ja ein Frauenmund.
G: Ja, aber weiß man, ob die Freundin die Gedanken hat, das tut ein Mann? Das weiß man auch nicht. Jedenfalls verabscheue ich die Dinge irgendwie, eine Kerze oder ein von Beate Uhse so ein Gummiding zu benutzen oder irgendwie was, ich meine, ich selbst, ich gebe es ehrlich zu, stehe eben nun mal da rauf, 'ne Kerze zu benutzen, einen harten Gegenstand zu benutzen, ich denke nicht dabei an einen Mann, wenn meine Freundin das tut, wirklich nicht, und habe es auch bei ihr schon getan, und sie liebt es auch, sie gibt sich sehr darin auf, und mittendrin kommt mir die Wut, und dann denke ich, mein Gott, so empfindet sie auch bei einem Mann, aber das kommt nur dadurch, weil sie im Bordell ist, daß ich die Erinnerung hab.

F: Wie würdest du es am liebsten mit einer Freundin tun?
G: Ja, mein Gott, was soll man tun, man kann mit einer Frau schmusen, man kann sie lieben, man kann sie zärtlich streicheln am Unterkörper, man kann mit der Zunge am ganzen Körper längsgleiten, man kann alles tun, aber wenn eine Frau mit Männern zu viel Erfahrung hat, ich glaube doch, daß sie dann denkt, das kann auch ein Mann sein.
F: Und du bist ständig mißtrauisch?
G: Ja.
F: Und du hättest es am liebsten, wenn du bei ihr völlig die Erinnerung an einen Mann auslöschen könntest?
G: Ja, das stimmt.
F: Hast du eine Zeitlang geglaubt, du könntest das bei deiner Freundin?
G: Nein, nie, weil ich wußte, sie ist in einem Bordell.
F: Du bist eifersüchtig auf die Freier?
G: Ja.
F: Die Mädchen hassen die Freier doch, verabscheuen die Freier.
G: Das ist nicht gesagt.
F: Hat deine Freundin Freier gehabt, mit denen sie richtig losgemacht hat?
G: Das weiß ich nicht, das kann ich nicht beurteilen, aber warum schreibt ein Mädel sich Adressen auf von Männern.
F: Du glaubst also nicht, daß deine Freundin sich nur für Frauen interessiert?
G: Nein, denn sie ist noch verheiratet und möchte sich gerne scheiden lassen.
F: Um mit dir zusammen zu leben?
G: Nein, sie war schon immer lesbisch, aber bevor sie ihren Mann kennengelernt hat, war sie auch schon lesbisch, hat auch eine Weile schon angeschafft, und trotzdem hat sie ihn geheiratet, obwohl sie schon zwei Jahre angeschafft hat, hat sie ihn geheiratet, und das verstehe ich nicht ganz, wenn ein Mädel lesbisch ist, heiratet sie nicht, entweder steht sie auf Frauen oder auf Männer.
F: Sie kann ja auf beiden stehen.
G: Ja, dann ist sie bisexuell, das tut mir leid, und das versuche ich zu ergründen..
F: Ist das nun ein immer wieder auftretendes Problem bei den Lesbierinnen?
G: Das ist es, ja. Wenn man einen Menschen wirklich lieb hat, ein Mädel, dann möchte man das auch für sich ganz allein haben und nicht das Gefühl haben, daß man den Menschen teilen muß.
F: Glaubst du nun, daß die Liebe zwischen Mann und Frau eigentlich das natürliche ist.

G: Ja, ich glaube schon, ich glaube auch, daß es sehr schön sein kann zwischen Mann und Frau, aber ich selber kann mich eben nicht dafür begeistern.
F: Könntest du dir denken, daß es irgendeinen Mann gibt, der dich vielleicht doch wieder normal macht?
G: Nein, ich hab es versucht, ich schaffe es nicht, ich möchte es auch gar nicht.
F: Du würdest es jetzt auch nicht mehr wünschen?
G: Nein.
F: Du empfindest aber trotzdem deine Liebe als der normalen Liebe, wie du sagst, unterlegen?
G: Manchmal schon, ja.
F: Warum?
G: Ich weiß nicht, weil es nicht ganz normal ist, glaube ich. Das wird ja auch nicht bestraft, aber wie viele Menschen gibt es, die sich darüber mokieren, die sagen, das ist nicht ganz richtig, und irgendwie fühle ich mich manchmal gehemmt deswegen.
F: Hättest du lieber bestraft werden wollen?
G: Nein.
F: Es war also angenehm und erleichternd für dich, daß es also nie ein Vergehen war, wenn du mit einem Mädchen schliefst?
G: Richtig.
F: Man macht sich in der Gesellschaft, in der du lebst, über deine Veranlagung lustig.
G: Ja, und das tut manchmal sehr weh, aber man denkt nicht weiter, man denkt eben an sich, man denkt, Hauptsache, man ist glücklich.
F: Wo treffen sich Lesbierinnen, es gibt doch sicherlich Lokale, und gibt es nun wie bei männlichen Homosexuellen auch Parks oder Toiletten oder den Bahnhof, wo reißt eine Lesbierin ihre Freundinnen auf?
G: Ja, wo? Das kann am Bahnhof sein, das kann in einer Gaststätte sein, die vollkommen normal ist und wo gemischtes Publikum kommt, es kann auf einer Toilette sein, wo man die Dame anspricht und sagt, leihen sie mir mal Ihren Kamm, und man merkt irgendwie, man hat Interesse, dann tauscht man Adressen aus oder ruft sich an gegenseitig, und das kommt so nach und nach.
F: Gibt es in Hamburg außer den Lokalen noch andere allgemein bekannte Treffpunkte für Lesbierinnen?
G: Ja, gewisse Gaststätten, dieser Frauenklub zum Beispiel.
F: Ja, aber sonst nichts?
G: Sonst nichts, nein, und ich habe was anderes noch nicht kennengelernt.
F: Gibt es gewisse Länder, in die Lesbierinnen besonders gerne reisen, weil sie dort leichter Kontakt mit den Frauen bekommen?

G: Da habe ich leider keine Ahnung von, weil ich da noch nicht war, ich weiß es nicht.
F: Es gibt viel lesbischen Strich?
G: Ja.
F: Aber nicht so viel wie den männlichen homosexuellen Strich?
G: Dazu kann ich nichts sagen.
F: Ist es sehr oft bei euch, daß man sich ein Mädchen nur mal für eine Nacht oder für eine halbe Stunde holt?
G: Das gibt es schon, daß Geschäftsfrauen in ein Lokal kommen und ein Mädel kennenlernt und es mitnimmt und es bezahlt für die Nacht und am nächsten Tag ist es vergessen, wenn es gut war dann holen sie es noch mal.
F: Und was wird für eine solche Nacht bezahlt?
G: Ich glaube 100 Mark.
F: Kommen Erpressungen unter Lesbierinnen vor?
G: Das gibt es auch. Wenn sich eine Lesbierin verliebt in eine verheiratete Frau, die droht dann eben damit, wenn sie merkt, sie wird verabscheut oder sie wird nicht mehr beachtet von dem Typ, daß sie irgendwie droht und sagt, ihr Ehemann könnte mal so und so, das gibt es. Ich meine, ich habe es nur gehört, ich habe es noch nie versucht selber.
F: Was meinst du, ihr Ehemann könnte so und so..
G: Ich meine, wenn die Frau verheiratet ist, ja, und der Ehemann weiß nichts davon, daß die Frau lesbische Beziehungen hat zu einem Mädel und sie bezahlt dafür, daß sie versucht, ihm das Geschäft kaputtzumachen oder die Ehe, das sie dadurch versucht, die Frau zu drohen.
F: Aber es gibt keine Mädchen, die von Erpressung leben?
G: Ich weiß nicht, das habe ich selber noch nicht durchgemacht.
F: Gibt es viele lesbische Transvetiten?
G: O ja, ich glaube schon.
F: Ist dir jemals der Gedanke gekommen, daß es schön wäre, durch eine Operation in einen Mann verwandelt zu werden?
G: Ja, den Gedanken hatte ich selber schon mal, als Frau operiert zu werden, aber ich glaube ganz genau, wenn ich ein Mann wäre, daß ich dann irgendwie homosexuell wäre.
F: Warum glaubst du das?
G: Als Frau fühle ich mich zu Frauen hingezogen, und als Mann, ich glaube nicht, daß ich dann normal wäre.
F: Gibt es schon Operationen, die an Frauen vorgenommen werden, um..
G: Ich weiß es nicht, ich kann es nicht hundertprozentig sagen, aber ich glaube, wenn eine Frau ein Zwitter ist, dann kann sie umoperiert werden.

F: Sonst nicht?
G: Sonst nicht.
F: Also ihr laßt euch nicht die Brüste wegmachen?
G: Das geht auch, sicher.
F: Das geht, und wird es häufig gemacht?
G: Das weiß ich nicht, das ist mir fern, das weiß ich nicht.
F: Wenn du mit einer Freundin zusammen bist, was findest du am schönsten?
G: Ich finde am schönsten, wenn man diskutiert und sich über alles mögliche unterhält.
F: Würdest du nun sagen, daß dich deine Veranlagung erfüllt, fühlst du dich ausgeglichen?
G: Manchmal ja, wenn man in dem Moment wirklich glücklich ist, ja, wenn man sich lieb hat, dann ja.
F: Aber das ist selten?
G: Das ist selten, weil das meistens eine Stunde später widerrufen wird.
F: Gibt es viel Eifersucht zwischen euch?
G: O ja. Zwischen Frauen ist es sehr schlimm, die Eifersucht.
F: Und das führt oft zu Selbstmordversuch und..
G: Ja, genau..
F: .. und Mordanschlägen..
G: Ja.
F: Oft?
G: Doch.
F: Hast du sehr viele Frauen in deinem Leben gehabt?
G: Ich habe sehr viele gehabt, aber ich habe mir immer eingebildet, daß ich die Frauen geliebt habe, aber jetzt zu meiner Freundin, die ich jetzt habe, weiß ich wirklich, was Liebe ist, aber die will das nicht wahrhaben.
F: Was nennst du sehr viel?
G: Ja, was nenne ich sehr viel? Die Zahl kann ich gar nicht nennen, es sind ungefähr dreißig.
F: Dreißig in dreizehn Jahren. Du warst also mit jedem Mädchen recht lange zusammen.
G: Recht lange nicht, und wenn es nur drei oder vier Tage waren.
F: Aber mehr als dreißig Liebhaberinnen hast du nicht gehabt?
G: Nee. Ich fand es eben schön, ich habe mir immer eingebildet, die Frau zu lieben, aber jetzt weiß ich wirklich, was Liebe ist, wirklich, das ist so furchtbar.
F: Was ist jetzt wichtiger für dich, wenn du mit einem Mädchen zusammen bist, ist es wichtiger, daß du deine Befriedigung hast, oder macht es dir am meisten Spaß zu sehen, wie das Mädchen befriedigt wird?
G: Nein, es macht mir Spaß, die Frau zu befriedigen.

F: Hast du sadistische Neigungen?
G: O ja.
F: Welcher Art?
G: Ich quäle ganz gern ein Mädchen, ich quäle sie dermaßen, daß sie alleine, von alleine zu mir sagt, bitte komm, oder es gibt so perverse Arten, ich steh nicht drauf, aber ich merke, daß ich eigentlich darauf stehe, wenn die Frau mir das zeigt, daß sie sagt, peitsch mich aus oder schlag mich oder schneide mich oder tue weiß was für mich oder fessle mich oder, ich finde das schön.
F: Und deine Freundin hat dir da noch viel beigebracht?
G: Nein, das nicht, ich habe das selbst gelesen und ich habe gesagt, Mensch, dafür müßtest du auch was empfinden, und bei meiner Freundin habe ich das eben versucht, und es war schön für mich.
F: Und auch für sie?
G: Für sie auch, ja.
F: Was habt ihr gemacht?
G: Wir machen alles mögliche. Was gibt es zwischen zwei Frauen, die küssen sich, die schmusen, die fassen sich gegenseitig an und lieben sich auf französisch, und es gibt so viele schöne Sachen.. Man kann sich verschiedentlich hinlegen, man kann alles mögliche probieren, bis man auf dem Fußboden liegt, die eine Person ist ganz abgetreten, dann nimmt man die Peitsche und peitscht sie so ganz sachte, und wenn sie dann sagt, mehr, dann macht man mehr, und dann fesselt man sie, und legt sich zum anderen Ende und sagt, komm mir entgegen, ich fühl mich als Seerobbe oder ich fühl mich als wer weiß was, du mußt mich im Arm nehmen, und sie muß dann robben, das ist so schön der Anblick, den finde ich so herrlich, wenn sie dann so gefesselt über den Teppich robbt und nicht vorwärts kommt, und dann versucht, irgendwie da anzukommen, wo sie mich liebhaben will, also das finde ich so herrlich. Meine Freundin hat dermaßen Angst vor Rasierklingen, aber ich habe mal versucht, um sie damit zu halten, habe ich mal versucht, sie zu schneiden. Ich hab es auch getan. Ich find es irgendwie schön, ich möchte ihr damit nicht weh tun, aber ich find es schön.
F: Und du hieltst sie dadurch?
G: Ja, sie hat Angst dadurch, vielleicht wollte ich das auch irgendwie, ich wollte das, daß sie bei mir bleibt.
F: Durch diese Angst hältst du sie fest?
G: Jetzt nicht mehr, jetzt ist es ja aus zwischen uns, aber ich weiß nicht, ich glaub es zwar nicht ganz, aber dadurch habe ich sie gehalten, genau wie ich ihr eine Pistole vor den Kopf gesetzt habe, obwohl sie nicht geladen war, ich habe gesagt, ich schieße ab, aber aus Spaß, ja, und sie hat dermaßen Angst gehabt, und sie hat gesagt, Mucki, was möchtest du, was willst du, ich tue alles für dich, da habe ich gesagt,

das ist Quatsch, Helga, ich habe nur so gemacht und so.
F: Ist es oft in lesbischen Bindungen, daß die eine Frau die andere durch Angst und durch Grausamkeit zu halten versucht?
G: Ja, das gibt es. Wenn man den Menschen wirklich lieb hat, dann versucht man ihn zu halten durch alles mögliche, wenn es keinen Sinn hat, zärtlich zu sprechen oder lieb zu sein, dann versucht man es eben durch Gewalttätigkeit, durch robuste Art.
F: Und Gewalttätigkeiten erreichen bei Frauen das meiste?
G: Ja, weil sie Angst haben, und ich glaube, das ist nicht schön, aus Angst mit einem Mädel zusammen zu leben, weil man Angst hat vor dem Sterben, das ist nicht schön.
F: Würdest du nun auch gerne geschlagen und geschnitten werden?
G: Geschnitten nicht, aber ich kann mich einmal entsinnen, daß ich verlangt habe, als ich vollkommen in Ekstase war, daß ich verlangt habe, daß meine Freundin mich schlägt, und die stand vor mir auf dem Bett und hat mich geschlagen wie einen Hund, und ich habe gewinselt wie ein Hund, und sie hat mich geschlagen und hat sich dermaßen daran hochgezogen, daß sie bald verrückt geworden ist, bis ich gesagt habe, jetzt ist Schluß.
F: Wenn du jetzt jemanden schlägst oder ihn mit Rasierklingen schneidest, ist es die Verletzung, ist es das Blut, was du allmählich siehst, den Schmerz, den du erzeugst oder geht es dir darum, die Mächtigere zu sein, geht es dir darum, den anderen zu erniedrigen?
G: Bei mir ist es das, den anderen Menschen die Angst einzujagen. Ich möchte, daß sich der Mensch ängstigt, daß er irgendwie Respekt vor mir hat, daß er mich nicht ins Lächerliche zieht, daß er Respekt vor mir hat.
F: Würdest du nun selbst gerne eine Frau haben, die dich so ängstigt, daß du vor ihr Respekt hast?
G: Nein, dazu bin ich irgendwie, nee, das möchte ich nicht.
F: Könntest du jemanden umbringen?
G: O ja.
F: Hast du oft daran gedacht?
G: Das nicht sehr oft, aber momentan ist es bei mir sehr schwierig, weil ich dieses Mädel wirklich liebe, und man kann, wenn man ein halbes Jahr zusammen ist, nicht Schluß machen von heute auf morgen, nur weil ich das nicht verstehe, weil meine Freundin im Puff ist, daß mich das dermaßen nervt, daß wir deswegen immer Streit bekommen, und ich drohe ihr manchmal, ich sage ihr das nicht direkt, aber ich drohe manchmal.
F: Womit?
G: Daß ich sie umbringen will.
F: Aber würdest du nicht im letzten Moment vielleicht denken: ich bring mich selbst um?

G: Das schon, ich mach mir so Gedanken, ich leg mir regelrecht Pläne zusammen, wie mach ich das, ich möchte das Mädel nicht umbringen, ich möchte sie davor bewahren, daß sie hier im Bordell ist, und das ist so furchtbar, ich weiß nicht, ich habe nur den Gedanken, sie davon abzubringen, und wenn sie das nicht will, und wenn sie mich dermaßen vor den Kopf stößt, und ich liebe sie, dann bin ich dazu fähig, sie umzubringen, wirklich.
F: Du hast wenig Angst?
G: Ich habe wenig Angst, ja.
F: Du gehst hier in diese Bordelle rein, wo sehr kräftige Wirtschafter im Moment arbeiten..
G: .. das interessiert mich nicht.
F: Du rennst auch die Türen ein.
G: Ja.
F: .. und würdest dich also zur Not auch mit den sehr kräftigen Gestalten prügeln, um sie hier rauszuholen.
G: Ja, man kann mich ruhig zusammenschlagen, aber ich habe meine Genugtuung da auch dran, um ihr zu zeigen, daß ich auch anders kann.
F: Siehst du gerne Verkehrsunfälle?
G: Nein.
F: Du hast in einer Schlachterei gelernt, hat dir das Spaß gemacht?
G: Sicher, ich sehe gerne Blut, zum Beispiel wenn ich mich mit einem Menschen schlage, nicht mit einer Frau, mit einem Mann, und ich sehe Blut, dann zieh ich mich dermaßen dran hoch, und werd noch verrückter, und dann kann ich mich überhaupt nicht mehr und hau dermaßen zu, bis er dann wirklich am Boden liegt und nicht mehr kann.
F: Würdest du ihn auch unter die Füße nehmen?
G: O ja.
F: Hast du es schon getan?
G: O ja.
F: Bist du schon unter die Füße genommen worden?
G: Nein.
F: Hast du je von den KZ-Wärterinnen gelesen?
G: Nein.
F: Das hat dich auch nie interessiert, also was im KZ an Grausamkeiten geschehen ist?
G: Irgendwie ja, doch. Und ich frage mich heute, ob das nicht eine Genugtuung war für diese Menschen.
F: Für welche, die es erlitten..
G: Nein, nicht die es erlitten haben, sondern die das getan haben.
F: Und würdest du fähig sein, ähnliche Dinge zu tun?
G: Nein, nein, das nicht, nein.

F: Wenn du dir jetzt eine ganz extreme Situation vorstellst!
G: Ach ja, ich glaube, ich kann mir vorstellen, wenn ich Menschen wirklich hasse, daß ich dermaßen irgendwie weh tun kann und mich irgendwie daran hochziehe, wenn ich sehe, daß sie leiden, das ja.
F: Du könntest also auch sogar jemanden foltern?
G: Ja, bis zu einem gewissen Grade, ja.
F: Bis zu welchem?
G: Wenn ich merke, daß der Mensch wirklich nicht mehr kann und wenn er um Gnade fleht, dann..
F: Das wäre das entscheidende, er muß um Gnade flehen.
G: Ja, der muß betteln und muß sagen, laß mich bitte, dann ist es gut.
F: Und das tust du auch bei deinen Freundinnen?
G: Ich quäle meine Freundin, weiß ich ja, aber ich meine es nicht so, daß ist nur eine Affekthandlung, aber wenn sie einmal ihren Dickkopf durchsetzen würde und einmal sagen würde, Gunda, bitte sei vernünftig, vergib mir, aber nein, sie bohrt immer weiter, und das kann ich ab bei meiner Freundin, ich kann sie dermaßen quälen, daß sie Tränen in den Augen hat, bis sie zu mir sagt, bitte sei vernünftig.
F: Könntest du sie quälen, bis Blut fließt?
G: Ich weiß nicht, wie das Blut fließen soll, aber ich glaube, daß ich sie fesseln könnte und festbinden könnte, daß sie sich nicht bewegt und daß ich sie mit Rasierklingen mal kurz schneiden könnte, da sie sowieso Angst hat vor Rasierklingen, und wenn sie dann bitten würde, laß mich, dann würde ich hören. Ich warte nur darauf, daß sie zu mir sagt, bitte laß mich.
F: Hast du dir oft solche Folterszenen vorgestellt?
G: Ach ja, ich träume sogar manchmal davon.
F: Mit deiner Freundin?
G: Das nicht unbedingt meine Freunde sind, auch andere Menschen, andere Frauen, von denen ich dann träume, die ich quäle und die mich dann im letzten Moment bitten, mein Gott, ich habe schon manchmal geträumt, ein Vampir zu sein, das ist irrsinnig.
F: Wie quälst du diese Frauen in deinen Träumen?
G: Na ja, daß ich sie eben festbinde in Eisenbetten und daß ich sie dermaßen seelisch kaputtmache, all das, an dem räche ich mich, was sie mit mir getan haben in all der Zeit, und dann versuche ich eben, mich zu rechtfertigen und tu ihn eben dermaßen Böses an, und wenn ich merke, daß sie Tränen in den Augen haben und mich bitten, laß nach, dann hör ich auf.
F: Und wenn sie das nun nicht sagen, würdest du dann..
G: Dann wäre ich fähig, dann würde ich dazu fähig sein, sie ganz umzubringen.
F: Pflegst du dich sehr?
G: Ach doch, ja, doch, das tue ich schon.

F: Sind die Mädchen, mit denen du geschlafen hast, sehr dreckig?
G: Nein, sie sind sauber.
F: In euren Kreisen ist man sauber?
G: Ja.
F: Hast du Angst vor Geschlechtskrankheiten?
G: O ja.
F: Hast du schon mal welche gehabt?
G: Nein.
F: Sind Geschlechtskrankheiten unter Lesbierinnen sehr verbreitet?
G: Ich weiß es nicht, ich bin dreizehn Jahre so veranlagt, ich habe es noch nie gehabt.
F: Würdest du nun aus purem Mitleid mit einem Mann oder mit einer Frau ins Bett gehen?
G: O ja, ich glaube schon, wenn ich einen Mann interessant finde, und wenn er mir einiges bieten könnte, ich meine so, wenn ich mit ihm irgendwo hingehe, und er weiß sich zu beweisen und zu behaupten und ich glaube schon, daß ich mit einem Mann ins Bett gehen könnte, um nur dem Mann den Gefallen zu tun, daß er seine Befriedigung hat, ich selber würde nichts empfinden dabei.
F: Und mit einer Frau auch?
G: Mit einer Frau nur dann, wenn ich irgendwie Gefallen daran finde.
F: Also wenn eine abstoßende Frau für dich käme, ich glaube alte Frauen sind nicht sehr anziehend für dich..
G: O nein.
F: .. und sie würde nun wirklich auf den Knien vor dir flehen.
G: .. nein .. könnt ich nicht..
F: .. würdest nie mit ihr ins Bett gehen.
G: Nein, könnt ich nicht.
F: Für Geld würdest du mit einer Frau gehen?
G: Auch nicht, nein.
F: Eine Frau, die dich abstößt, würdest du nie befriedigen können für Geld.
G: Nein, nein.
F: Auch wenn sie dir sehr sehr viel Geld bietet.
G: Auch nicht.
F: 50 000 Mark.
G: Auch nicht. Ich weiß nicht, ich würde es vielleicht tun, wenn ich in Geldnot wäre, ja, ich würde mich aber dermaßen ekeln und würde es tun und würde denken, hoffentlich ist es schnell vorbei, hoffentlich ist die Frau schnell befriedigt und fertig.
F: Und das wäre auch bei einem Mann der Fall?
G: Ja, das kann auch sein.
F: Hast du, als du klein warst, oft daran gedacht, daß deine Eltern miteinander geschlechtlich verkehrt haben.

G: Ach Gott, als Kind, Menschenskinder, mit neun Jahren kam ich ins Heim, da hat man viel erzählt, aber ich habe schon als kleines Kind, wie alt war ich da, sieben, bin ich mit der Taschenlampe bei meinem Onkel ins Bett gekrochen, er hat gemacht, als wenn er geschlafen hat, und ich hab ihn beleuchtet, habe alles angeguckt, das ganze Geschlechtsteil, ich habe gedacht, mein Gott, warum hast du nicht so was, warum er nur, ich habe mir aber nichts weiter dabei gedacht.
F: Hast du dich als Kind schon als Mann verkleidet?
G: Ja, bei Gesellschaftsspielen zum Beispiel habe ich mich als Mann verkleidet.
F: Hat es dich sehr geärgert, als du mit einemmal merktest, als die kleinen Jungs im Stehen pinkeln können?..
G: Ja, ja, richtig, ich wollte auch immer im Stehen pinkeln, hab es versucht, hab die Hand hingehalten, und das ging immer daneben, das ging immer in die Hose.
F: Und von dem Moment an hast du dich schon für Mädchen interessiert, wolltest du da den kleinen Jungen imitieren?
G: Nein, nein, ich weiß nicht, wie ich das jetzt sagen soll, aber als kleines Mädchen schon, wenn ich von meiner Tante einen Kuß bekam, habe ich mich gescheut gefühlt, habe Angst bekommen, und dann im Heim habe ich das gemerkt, zu Mädchen habe ich mich hingezogen gefühlt, die Gefühle waren da, bis es eben passierte, wie ich vierzehn war, mit der Praktikantin, da habe ich das wirklich gewußt, daß ich mit Mädchen irgendwie besser zusammenkomme wie mit Männern.
F: Und hast du nie den Gedanken gehabt, ich will jetzt selbst der Mann sein, ich will der sein, der so tut, als hätte er so ein Ding?
G: Vielleicht schon, aber dann muß es unbewußt gewesen sein.
F: Und du hast auch nie daran gedacht, ich will so sein wie mein Vater?
G: Manchmal habe ich mir das gewünscht, da hab ich mir wirklich gewünscht, so zu sein wie mein Vater, so robust, so zum Beispiel, wie er meine Mutter genommen hat, er hat sie dazu gezwungen, mit ihm intimen Verkehr zu haben, ja.
F: Das hat sie dir oft erzählt.
G: Das hat sie mir einmal erzählt, ein einziges Mal. Er hat sie über eine Mauer gelegt, hat gesagt, wenn du nicht willst, dann knall ich dich ab, und da hab ich es mir gewünscht, du mußt genauso robust werden wie dein Vater, genauso brutal und gemein.
F: Und hast du dir oft dieses Überdiemauerlegen vorgestellt?
G: Ja, ich hab es sehr früh gesehen.
F: Wann hat deine Mutter dir das erzählt?
G: Mensch, wie alt war ich da? Das hab ich doch vorhin schon gesagt, das weiß ich jetzt gar nicht.
F: Zwölf.

G: Ja, das kann sein.
F: Nicht früher?
G: Nein.
F: Und wann hast du deinem Onkel das Geschlechtsteil abgeleuchtet?
G: Ja, da war ich zwölf.
F: Und hast du dir je vorgestellt, daß du das Geschlechtsteil deines Vaters hättest?
G: Ja, ich hab zwar in den Spiegel geguckt, ich habe geguckt, und da war nichts, und da habe ich gedacht, das kann nicht wahr sein, und trotzdem merkte ich eben, daß meine Empfindung zu einer Frau eben irgendwie schön war.
F: Onanierst du viel?
G: Ach ja.
F: Findest du das schön, oder hast du ein schlechtes Gewissen, wenn du es tust?
G: Nein, ich finde es schön, zum Beispiel wenn ich das mache, dann denke ich an meine Freundin, daß sie das persönlich tut. Ich onaniere und steck mir irgendwie einen Gegenstand rein, obwohl ich darauf nicht stehe, aber ich denke in dem Moment, das ist meine Freundin, daß sie das mit dem Finger macht, und dann empfinde ich sehr viel.
F: Wie ist deine Einstellung zum Geld?
G: Ach Gott, zum Geld, ich brauche nicht viel zum Leben, ich würde mit 5 Mark am Tag auskommen.
F: Bist du sparsam?
G: O ja, wenn ich Geld habe, ja.
F: Wieviel Geld möchtest du haben?
G: Wieviel Geld? Ich möchte so viel Geld haben, um meine Freundin aus dem Bordell rauszuholen, um mit ihr glücklich zu leben.
F: Wieviel müßte das sein?
G: Das müßte soviel sein, um ihr alles recht zu tun, was sie will.
F: Eine Summe.
G: Wie soll man das sagen, das ist schwer, 80 000..
F: Hast Geld selbst sehr gerne, Geldscheine, Geldstücke.
G: Ja, ich habe Geld sehr gerne, aber nicht, um damit rumzuprahlen, was ich bin oder was ich habe, sondern um einem Menschen einen Gefallen zu tun, um ihm zu helfen. Wenn einer zu mir kommen würde und würde sagen, ich brauche Geld, dann würde ich ihm geben, ohne weiteres.
F: Und faßt du Geld gerne an, wühlst du gerne in Geldhaufen?
G: Wenn ich es habe, ja. Ich zähle es manchmal und denke, es wird mehr und mehr.
F: Schmeißt du es auch in der Luft rum oder..
G: So ungefähr ja, wenn ich lustig bin, ja.

F: Bist du oft lustig?
G: Ach ja, wenn ich was getrunken habe, ja.
F: Was würdest du tun, wenn du unermeßlich viel Geld hättest?
G: Dann würde ich verrückt spielen, glaube ich.
F: Ja, und was wäre das?
G: Sämtliche Menschen ausnutzen, ihnen Geld schenken und alles mögliche tun, richtig irrsinnig frei leben.
F: Hast du mal den Gedanken gehabt, daß du ein ganz normales Mädchen mit Geld lesbisch machen möchtest, nur um dich an dem Mädchen zu rächen?
G: Das gibt es, ja, das habe ich auch schon gedacht, wenn ich jetzt Geld hätte, dann möchte ich irgendwie so ein normales Mädchen mal kennenlernen und sie durch Geschenke und so irgendwie dazu bringen, um mir hörig zu werden sozusagen, wirklich.
F: Hast du ein sehr stark ausgeprägtes Ehrgefühl?
G: Ach, Ehrgefühl, ach nee, das nicht unbedingt, aber wenn man mich verletzt, dann kann ich mich auch wehren.
F: Was verletzt dich?
G: Was verletzt mich? Wenn man zum Beispiel sagt, daß ich dumm bin und ich bin irgendwie dumm, das weiß ich selber, oder man sagt, ich bin primitiv oder ich habe keine Ahnung von nix, und das finde ich gemein.
F: Oder wenn man sagt, du bist lesbisch?
G: Doch, das auch, das verletzt mich irgendwie.
F: Wer hat dir eingeredet, daß du dumm seiest?
G: Das ist seitdem ich mit meiner Freundin zusammen bin, und die sagt viel zu mir, du bist dumm, du kannst dich nicht vor Menschen behaupten, dann sag ich, liebe Helga, ich bin im Heim groß geworden, ich bin aus dem Gefängnis gekommen, das sind gewisse Hemmungen, Minderwertigkeitskomplexe, die ich habe, und das begreifst du nicht.
F: Tut sie das, um sich an dir zu rächen?
G: Das kann ich mir schon denken, ja.
F: Und wie rächst du dich an ihr?
G: Indem ich ihr weh tue, indem ich ihr vorwerfe, daß sie im Bordell ist, und wenn sie mich liebt, so wie sie schreibt, und wie sie sagt, dann kann sie auch anders, dann kann sie eine normale Arbeit annehmen, und dann sagt sie zu mir, nee, du, mit 5 Mark kann ich nicht leben am Tag. Wenn man wirklich glücklich ist und man bildet sich das ein, glücklich zu sein, dann kann man das auch, auch mit 5 Mark.
F: Du könntest das?
G: Ich könnte das. Hauptsache, der Mensch hat mich lieb, und ich habe den Menschen lieb, wirklich.
F: Bist du sehr rachsüchtig?

G: Ja, nur dann, wenn ich das Mädel irgendwie liebe und verstehe und die würde mich dermaßen verletzen, dann könnte ich gemein werden, aber das ist Momentsache, das wird schnell vergehen wieder bei mir.
F: Du bist nicht nachtragend?
G: Ach, nein, das nicht.
F: Du vergißt Beleidgungen?
G: Ja.
F: Gibt es viele Dinge, die du als unanständig empfindest, unpassend?
G: Ja, ich weiß nicht, ob das ganz richtig ist, wenn ich das sage, daß ich Sittlichkeitsverbrecher, das finde ich sehr fies und sehr gemein, aber sonst alles mögliche finde ich gut.
F: Lügst du oft?
G: Ach, so eine kleine Notlüge, ja.
F: Aber in dem Interview hast du nicht gelogen?
G: Nein.
F: Verehrst du deine Mutter?
G: Ja, hin und wieder ja.
F: Soll man den Eltern gegenber ehrerbietig sein?
G: Nein, nicht unbedingt.
F: Was erstrebst du im Leben?
G: Ja, was soll ich erstreben? Ich möchte einen Menschen wirklich finden, den ich lieb habe, der nicht für mich sorgt, sondern für den ich sorgen kann, indem ich arbeite und vernünftig bin und alles mögliche tue, aber das langt meistens nicht. Die Menschen wollen mehr und mehr und mehr und noch mehr.
F: Hast du Schuldgefühle, ein schlechtes Gewissen?
G: Nein, momentan nicht.
F: Bereust du viele Dinge in deinem Leben?
G: O ja, wenn ich aus Streit und wenn ich eine Affekthandlung begehe, dann ja.
F: Schämst du dich leicht?
G: Schämen? Wenn mich einer dermaßen beleidigt, ja, dann ja.
F: Würdest du dich gerne ausziehen, würdest du gerne an den FKK-Strand gehen?
G: Nein, da habe ich Hemmungen, warum weiß ich nicht, vielleicht, weil ich so veranlagt bin.
F: Aber du findest deinen Körper schön?
G: Nein, finde ich nicht schön.
F: Ekelst du dich leicht?
G: Ja.
F: Vor Fröschen, Schlangen und Mäusen?
G: Fröschen und Schlangen nicht, nein, aber vor Menschen, wenn sie Pickeln im Gesicht haben, wenn sie eklige Manieren an sich haben,

ja.
F: Was sind eklige Manieren für dich?
G: Ach, wenn sie essen, und dabei schmatzen und der Saft läuft ihnen runter an der Seite, all so was.
F: Kennst du ein Verantwortungsgefühl, für deine Freundin zum Beispiel?
G: Ja, wenn ich merke, daß sie bedroht wird und wenn ich ihr helfen muß, wenn ich ihr beistehen muß, dann tu ich das, und ich möchte ihr auch so helfen ohne Geld, kameradschaftlich, wirklich, das sieht sie aber nicht ein.
F: Bist du sehr nervös?
G: Ich habe gerne Musik um mich, auch gerne sehr viel Ablenkung.
F: Würdest du sagen, daß du taktlos seiest oder hast du ein Taktgefühl?
G: Manchmal schon, es kann auch vorkommen, daß ich taktlos bin.
F: Bist du treu?
G: O ja, wenn ich einen Menschen wirklich liebe und mir das wirklich einbilde, den Menschen zu lieben, dann bin ich treu, habe ich keinen Gedanken, mit jemand anders zu gehen, weil ich das bei meiner eigenen Freundin finde, was ich bei den anderen Menschen suche.
F: Und du könntest also jahrelang mit der gleichen Freundin zusammen leben.
G: Ja.
F: Bist du verschwiegen?
G: O ja, nur wenn ich das interessant finde, daß man über meine Freundin was sagt, dann gebe ich meinen Kommentar dazu.
F: Würdest du sagen, du bist ein trauriger Mensch oder ein fröhlicher?
G: Das kommt darauf an, mal traurig, mal fröhlich.
F: Was ist deine liebste Farbe?
G: Meine liebste Farbe ist, ja was ist es? Türkis.
F: Bist du neidisch?
G: O ja.
F: Auf was?
G: Wenn ich zum Beispiel mit meiner Freundin durch die Straße gehe, und ich merke, daß sie bewundert wird, dann bin ich neidisch.
F: Bist du hochmütig?
G: Nein.
F: Bist du ängstlich?
G: Ja, manchmal ja, wenn ich irgendwie Filme sehe, die mich besonders beeindruckt haben, obwohl das alles Spinnkram ist, dann bin ich ängstlich.
F: Warst du als Kind ängstlich, in einem dunklen Zimmer alleine zu sein?
G: Ja.
F: sehr?

G: Ja.
F: Wann fing das an?
G: Ach, sehr früh eigentlich, mit sieben Jahren, weil ich da mal was erlebt habe, wovor ich ewig noch Angst haben würde .. wenn einer ins Zimmer reinkommen würde. Es war mein eigener Bruder, der ins Zimmer reinkam, sein Geschlechtsteil raushängen hatte und hat zu mir gesagt, schau mal, Gunda, was ich hier habe ..
F: .. das war mit sieben Jahren?
G: Da war ich sieben Jahre, und da hab ich gesagt, Heinz, was hast du denn da, hast du dich gestoßen, ich wußte nicht, was das ist, und da hat er bei mir versucht so und so, und davor habe ich wahnsinnige Angst.
F: .. Das erste Mal mit diesem Mann ..
G: .. der mich unsittlich anfassen wollte, mit fünf Jahren.
F: Und dann kam dein Bruder ..
G: .. dann mein Bruder und dann mit zwanzig Jahren die drei Männer, die mich dazu gebracht haben ..
F: .. und daher hast du auch ein Kind?
G: Ja.
F: Liebst du dieses Kind?
G: Ja, ich liebe das Kind, obwohl meine Mutter zu mir gesagt hat, tu es weg, mach eine Abtreibung, aber warum soll ich eine Abtreibung machen, das Kind kann doch nichts zu.
F: Fandest du es ganz schön, so erniedrigt zu werden?
G: Nein, das allerdings nicht, man hätte es auch anders versuchen können.
F: Aber fühltest du dich dabei vielleicht ein bißchen an die Situation deiner Mutter erinnert, über der Mauer?
G: Nein, in diesem Moment habe ich nicht daran gedacht.
F: Hast du ein Pflichtgefühl? Deinem Kind gegenüber?
G: Das schon, ich habe meinen Sohn jetzt fünf Jahre nicht gesehen, aber hin und wieder, wenn ich alleine bin, dann denke ich daran und denke, was tut er, was macht er, aber ich weiß, daß ich mich nicht sorgen brauche, weil meine Tante sehr darauf achtet.
F: Hast du Komplexe?
G: Ja, ich habe sehr viele Minderwertigkeitskomplexe.
F: Und warum?
G: Ich weiß nicht, weil ich im Heim groß geworden bin, weil ich das nicht verstehe, irgendwie mit Menschen umzugehen, wenn ich mit meiner Freundin irgendwie ins Lokal gehe und ein Mann guckt, dann habe ich dermaßen Komplexe, daß ich nicht reden kann, das ist komisch, ich versteh es selbst nicht.
F: Du hast es doch sehr leicht, Mädchen anzumachen.
G: Das schon, aber bei mir fehlt irgendwie was, weiß ich nicht.

F: Würdest du nun sagen, daß du in den lesbischen Kreisen im Moment eines der begehrtesten Mädchen bist?
G: Ach nein.
F: Glaubst du, daß du sehr hübsch bist?
G: Nein, auch nicht.
F: Magst du Juden?
G: Juden, warum nicht, das sind genau solche Menschen wie wir.
F: Neger?
G: Auch, ja.
F: Hast du was gegen die Gammler und gegen die Rocker?
G: O nein, das finde ich sehr interessant zum Beispiel.
F: Würdest du da mitmachen?
G: O, natürlich.
F: Was hältst du von männlichen Homosexuellen?
G: Einesteils kann ich sagen, das finde ich sehr interessant, weil man mit diesen Menschen über alles mögliche diskutieren kann.
F: Gehst du oft in homosexuelle Bars?
G: O ja.
F: Was für Freunde hast du?
G: Ja, das sind im allgemeinen, das sind sehr brutale und sehr gemeine Typen, und warum ich mir diese Typen halte, weiß ich auch nicht, vielleicht um von denen zu lernen.
F: Sind das Schwule hauptsächlich?
G: Ja, hin und wieder, ja
F: Was nennst du gemeine und brutale Typen?
G: Gemeine und brutale Typen, das sind die, die Mädels aushalten und schlagen und alles mögliche tun. Die Homosexuellen bevorzuge ich doch, weil man sich mit denen wirklich sehr nett unterhalten kann und weil das auch hin und wieder gute Kameraden sind.
F: Hast du viele Freunde?
G: Nein, in der Beziehung sind es ja viele, die ich kenne, aber Freunde sind es wenige.
F: Und hast du Freundschaften zu Frauen, die du nicht sexuell begehrst.
G: Ja.
F: Würdest du lieber einem Mann oder einer Frau vertrauen?
G: Nein, ich glaube der Frau.
F: Wie stellst du dir nun die Erziehung deines Kindes vor?
G: Mein Kind, ich weiß nur, daß es in guten Händen ist und daß ich mir Gedanken darüber mache, aber was es wird, ich möchte nur eins, daß mein Kind homosexuell wird.
F: Ist es ein Junge oder ein Mädchen?
G: Ein Junge.
F: Und du möchtest, daß er nur mit Männern ..

G: Will ich, ja.
F: Warum?
G: Weil ich selbst das Gefühl habe, daß ich, wenn ich Mann wäre, so sehr, ich wünsche, daß das mein Junge mit Männern geht, weil ich das nicht anders tu, weil ich die normalen Menschen irgendwie hasse, nicht, aber weil ich sie verabscheue.
F: Du hättest also nichts dagegen, wenn dein Junge mit dreizehn Jahren von einem Mann verführt wird.
G: Nein, wirklich nicht, ich würde auch nie eine Anzeige machen.
F: Du würdest es ihm sogar raten?
G: Ja.
F: Und es unterstützen?
G: Ja.
F: Glaubst du nicht, daß dein Sohn ein sehr schweres Leben haben würde als Homosexueller?
G: Ja, das ist klar, aber es gibt Momente zwischen Frauen und Männern, wo man glücklich ist, daß kann ein halbes Jahr dauern, vier Monate oder drei, man fühlt sich glücklich, und dann kommt ein Niederschlag und dann kommt der nächste, und die Menschen, die so veranlagt sind, die finden immer weiter, wirklich, immer weiter.
F: Hast du irgendwelche politischen Vorstellungen, die du deinem Sohn übermitteln möchtest.
G: Nein.
F: Würdest du ihn religiös erziehen?
G: Nein, auch nicht.
F: Glaubst du an Gott?
G: Ach, doch, ja, hin und wieder, dann bete ich schon mal, wenn ich sehr verzweifelt bin, dann bete ich.
F: Bist du katholisch oder evangelisch?
G: Nein, evangelisch.
F: Aber das ist für dich ohne Bedeutung?
G: Ja.
F: Und wie stellst du dir Gott vor?
G: Ach, Gott, Menschenskind, man ist manchesmal so verzweifelt und man betet und wartet auf Hoffnung und es geschieht nichts, aber trotzdem glaube ich an Gott. Als kleines Kind, da habe ich meine Hände gefaltet und habe reingeschaut und habe gedacht, darin steht der Jesus oder der liebe Gott, aber heute nicht mehr, da habe ich direkt eine Figur gesehen, die in meinen Händen stand, ganz klein, wie ein kleiner Schlumpf, so klein, aber heute nicht mehr. Aber trotzdem glaube ich dran.
F: Ist Gott für dich männlich oder geschlechtslos?
G: Nein, geschlechtslos, weil er für Frauen, für Tiere, für alles sorgt.
F: Und du erzählst, wenn du betest, von deinem Liebeskummer zum

Beispiel.

G: Auch, ja, von allem, was mich bedrückt.
F: Auch vom Quälen.
G: Auch.
F: Und du glaubst, er versteht dich?
G: Doch, er muß mich verstehen.
F: Du glaubst auch, daß er das nicht verdammt, was du tust.
G: Vielleicht ist er mir böse, aber es dauert nicht lange, er würde mir auch wieder vergeben.
F: Was glaubst du, müßte er dir vergeben?
G: Zum Beispiel, wenn ich einen Menschen mißhandle und wenn ich ihn, nicht prügle, wenn ich mich gemein benehme, dem Menschen gegenüber, und wenn ich ihn darum bitte, daß er mir deswegen verzeihen soll, dann muß er das doch bestärken, dann muß er vergeben.
F: Arbeitest du gerne?
G: Ja. Ich möchte so gerne arbeiten, ich möchte zum Beispiel – jetzt komme ich wieder auf meine Freundin zu sprechen – ich möchte arbeiten, um meiner Freundin zu beweisen, daß ich nicht von ihr abhängig bin, und das ist so schlimm, wenn man im Gefängnis war, ich habe nie sehr viel gearbeitet, nie.
F: Kriegtest du gut zu essen, im Gefängnis?
G: Nein.
F: Wie war das Gefängnisessen.
G: Furchtbar. Jeden Tag, ich meine, jeden Tag gab es etwas anderes, aber jede Woche hat sich das wiederholt, immer das gleiche.
F: Hast du etwas lernen können?
G: Auch nicht, nein.
F: Konntest du lesen?
G: Lesen konnt ich.
F: Was hast du im Gefängnis..
G: Vierzehn Tage saß ich ohne einem Buch, ohne alles, ohne Arbeit.
F: In Einzelhaft.
G: Ja, in Einzelhaft, weil bei mir in der Akte ein großes L stand.
F: Und was heißt dieses L?
G: Lesbisch.
F: Und ihr hattet männliche Wärter oder weibliche?
G: Weibliche.
F: Haben die dich sehr gequält?
G: Ja.
F: Wie, körperlich oder?
G: Das kam mir schon sehr sadistisch vor, bei diesen Typen.
F: Wo warst du im Gefängnis?
G: In Lübeck, in Kiel, in Frankfurt und in München.
F: Wie lange im ganzen?

G: Zwei Jahre und vier Monate.
F: Und wie bist du gequält worden?
G: Das kam mir sadistisch vor, die haben mich dermaßen provoziert und haben sich lustig gemacht über mich, da wirst du behandelt, da wirst du morgens geweckt, bekamst zu essen, dann wurde die Tür zugeknallt, in der Freistunde mußtest du antreten, wurdest du durchsucht, ob du keinen Brief hattest, keine Zigarette zum Schmuggeln, gar nichts, dermaßen tierisch, wie ein Tier wurdest du dort behandelt.
F: Bist du geschlagen worden?
G: Ja, auch.
F: Oft?
G: Ja, wenn ich Strafen begangen habe, dann kam ich in Arrest, da habe ich sehr oft gesessen, sehr häufig. Da kamst du rein, in die Glocke zum Beispiel, das ist ein kleiner Raum, acht Meter hoch, da ist so eine Durchlüftung, oder wie heißt das? Durchlüftung, ja, und auf dem Fußboden so ein kleines Brett, wo du drauf schläfst und ein Wasserschlauch, und in einer Ecke mußt du ducken. So, und wenn du da krakeelt hast und rumgeschrien hast, dann kamen die Wärter rein mit dem Wasserschlauch, haben dich bespritzt, und wenn du dann nicht gehorcht hast, hast du Schläge bekommen mit der Peitsche, du wurdest behandelt wie ein Vieh.
F: Hat es bei euch im Gefängnis sogenannte Rollkommandos gegeben?
G: Was ist das?
F: Daß du von drei oder vier Männern geschlagen wurdest.
G: Ich bin so, daß ich mich gegen einen Mann wehren kann, wenn ich gemein bin, dann wehre ich mich gegen zwei.
F: Du bist also nie von mehreren geschlagen worden?
G: Nee, von mehreren nicht, aber einmal standen sechs da in meiner Zelle, wo ich in der Glocke war, da haben mich drei festgehalten, und der vierte hat zugehauen, und das werde ich nie vergessen, und ich habe versucht, Anzeige zu machen, aber das ging nicht.
F: Möchtest du noch einiges aus dem täglichen Leben mit deiner Freundin erzählen.
G: Ja, das ist sehr schwierig, aber ich versuche es trotzdem. Wenn ich es gut mit meiner Freundin meine und sie fühlt sich müde und ich sage ihr irgendwas Liebes, was Nettes, dann findet sie das langweilig, blubbert mich an und sagt, nerv nicht so, verschwinde, geh mir aus den Augen, ich kann dich nicht sehen, es ist egal, was es ist, und ich komm abends, wenn sie Feierabend gemacht hat, dann erzählt sie mir von alleine, den Gast hab ich gehabt, so und so viel Geld habe ich verdient, obwohl ich sie nicht danach gefragt habe, aber sie erzählt mir wirklich alles frei und offen, wenn ich eine kleine Rand-

bemerkung mache, dann ist sie dermaßen eingeschnappt und macht mir Vorwürfe, wie kannst du nur so, du schickst mich auf den Strich, du lebst von meinem Geld, und das begreife ich nicht. Es kann die kleinste Möglichkeit sein, ich kann irgendwas sagen in Ruhe, das ist dann verkehrt, sie schreit mich dermaßen an, sie ist dermaßen mit den Nerven fertig, daß sie das gar nicht versteht. Aber ich kann es so gut meinen, wie ich will, sie will es nicht begreifen, was soll man da tun. Da kommt man allmählich dazu, einen Menschen dermaßen in die Enge zu treiben und irgendwie bös zu kommen, vielleicht will sie das, ich weiß es nicht, das ist so gemein von ihr. Ich meine das wirklich gut, und sie will es nicht wahrhaben, aber innerlich weiß sie, daß ich es wirklich gut meine mit ihr, obwohl ich kein Geld habe, obwohl ich von ihrem Geld lebe momentan, trotzdem meine ich das gut, das will sie nicht wahrhaben, tut mir auch leid. Mein Gott, in den dreizehn Jahren, wo ich so bin, habe ich viele Frauen kennengelernt und ich habe mir jedesmal eingebildet, die Frau zu lieben, mit der ich zusammen bin, aber jetzt weiß ich wirklich, was Liebe ist. Es kommt auch vieles durch das Intime, was man hat, wirklich. Mit der Helga kann ich machen, was ich will im Intimen, die kann ich nun auf den Kopf stellen, die findet das gut, und das kann man bei einfachen Mädchen nicht, da kann man nur das eine französische Lieben oder mit dem Finger oder Küssen und bei der Helga kann man alles mögliche machen, das finde ich gut, wirklich, vielleicht fesselt mich das auch, das Intime, ob ich sie nun auspeitsche, ob ich sie schlage, ob ich sie kneife oder was, es ist egal, sie findet es gut, wenn sie in Ekstase ist, das findet sie herrlich. Ich selbst finde das auch gut, komisch. Ich finde es schön, wenn ein Mädchen in Ekstase ist, wenn man mit ihnen machen kann, was man will, wenn man sie festbinden kann am Bett, wenn man irgendwie auspeitschen kann, nicht toll, etwas, wenn man ihn quälen kann, bis er nicht mehr kann, bis er bettelt, bitte hab mich lieb, ganz vernünftig und ganz sanft, hab mich lieb, das finde ich so schön. Wenn ein Mensch darum bittet um die Liebe, wenn er bettelt, wirklich, das finde ich schick, viel nicht, aber das ist eine Genugtuung für mich. Wenn meine Freundin bei sich selber onaniert, und ich spüre die Berührung oder die Bewegung, die sie bei sich selber macht, da werde ich dermaßen durch wuschisch, daß ich vollkommen über sie stürzen kann und sie mit meinen Liebkosungen zerdrücken kann, das finde ich so schön. Es gibt so irrsinnige Sachen, sämtliche Stellungen, die gibt es auch unter Männern und Frauen, aber unter Frauen, das ist so schön, die leichte Bewegung, die man spürt, wenn eine Frau sich selbst befriedigt vorm Spiegel, das ist schön, ich habe es wirklich in all den Jahren, wo ich so bin, kannte ich nur das eine, fingern, französische Liebe, aber nun dieses Abartige, sämtliche Stellungen und alles nur Übliche, Seifenmassage, ich find es schön.

F: Und das hat dir Helga beigebracht?

G: Nein, das hat Helga mir nicht beigebracht, wir haben es zusammen gemacht. Ich habe zu ihr gesagt, ich möchte das mal versuchen, das fand sie schick, daß sie sich dermaßen dran hochgezogen, ach Mensch, es gab Eigenartiges, sie stand auf dem Bett und hat mich ausgepeitscht, weil ich das verlangt habe, ich habe noch nie eine Schläge verlangt, noch nie in meinem ganzen Leben, bestimmt nicht. Ich habe so zu ihr gesagt, bitte peitsch mich, und sie hat mich ausgepeitscht, ich lag auf dem Bauch und sie hat mich gepeitscht, das war schick irgendwie, es hat weh getan, aber es war schön, und sie war dermaßen in Ekstase, daß sie gar nicht gewußt hat, daß sie im Bett gestanden hat und mich gepeitscht hat. Ich war auch weggetreten, aber jetzt weiß ich das wieder, das ist so schön. Mit einer Frau kann man viel erleben, bestimmt, wenn man zusammenpaßt, im Intimen, im Sexuellen.

F: Ja, warum habt ihr dann immer soviel Trouble zusammen?

G: Soviel Trouble, weil ich dermaßen eifersüchtig bin, weil sie hier im Bordell ist. Wie ich hier als Wirtschafterin gearbeitet habe, habe ich gedacht, Mensch, schon wieder ein Gast, mit dem macht sie wer weiß was, habe ich immer gedacht, sie hat Verkehr, sie hat alles mögliche mit dem. Allein der Gedanke, sie zieht sich aus und steht nackend vor den Männern, das hat mich dermaßen, das hat mich nicht angeekelt, aber das hat mich verrückt gemacht.

F: Du bist hinterher dann ins Zimmer?

G: Nee, konnte ich ja nicht, nein, das habe ich nicht getan, aber wenn sie rauskam nach einer Viertelstunde oder zehn Minuten, hab ich sie dermaßen komisch angeguckt, und wenn Feierabend war, hab ich mit ihr geschimpft. Menschenskinder, das ist ja ihr Geld, was sie verdient und alles mögliche das, sie empfindet ja nichts dabei und sie muß es eben. Ich versteh das nicht, daß ein Mensch, wenn er lesbisch ist, daß er das kann, ich bewundere sie, daß sie das kann, wirklich, es ist schwer.

F: Machst du nun gerne Spaß, Flachs, flachst du viel rum?

G: Doch, ich bin sehr lustig, es kommt darauf an, was für Menschen das sind.

F: Liebst du die Freiheit?

G: Irgendwie liebe ich die Freiheit, wiederum liebe ich das mit einem Menschen gebunden zu sein fest.

F: Wenn sie nun eifersüchtig wäre auf dich und jeden deiner Schritte überwachen würde, das fändest du gut?

G: Nee, das würde ich nicht gut finden, aber dadurch wüßte ich, daß das Mädel mich eventuell liebt. Aber das ist ja gerade andersherum, ich überwache sie nicht direkt, aber ich frage, was hast du getan, und

sie antwortet mir von allein, mit dem habe ich dies gemacht, mit dem habe ich jenes gemacht.
F: Magst du Tiere gern?
G: O ja, ich bin sehr tierlieb.
F: Was sind deine liebsten Tiere?
G: Hunde, Katzen, alles, sämtliche Tiere.
F: Möchtest du gerne fremde Sprachen sprechen?
G: Ja, Französisch zum Beispiel und Englisch.
F: Lebst du gerne?
G: Ja.
F: Hast du oft an Selbstmord gedacht?
G: Ja.
F: Schon sehr früh?
G: Ja, sehr oft, wenn meine Mutter mich enttäuscht hat und wenn sie gesagt hat, ich liebe dich nicht, du bist ein abgestoßenes Kind, dann habe ich vorgehabt, mich umzubringen.
F: Hast du es mal versucht?
G: Ja. Wenn ich einen Menschen liebe, zum Beispiel meine Freundin jetzt, und sie sagt, es ist Schluß, es ist aus, dann bin ich zu allem fähig, ich bin sogar fähig, den Menschen umzubringen, mich dann auch.
F: Was hältst du von Selbstmördern?
G: Man sagt im allgemeinen, daß sie gemein sind und feige, das ist nicht wahr, das ist eine gewisse Affekthandlung, wo sie nicht wissen, was sie tun, sie möchten das gerne und sie tun es auch manchmal, aber meistens im letzten Moment besinnen sie sich und tun es nicht, weil sie denken, das hat keinen Sinn.
F: Würdest du einen vom Selbstmord abhalten?
G: Ja, sehr gern, weil ich selbst den Gedanken immer habe.
F: Wie würdest du Selbstmord begehen?
G: Ich würde mich erschießen oder Schlaftabletten nehmen.
F: Und denkst du bei den Schlaftabletten daran, daß man dich vielleicht noch findet?
G: Nein. Bei mir in meinem Zimmer, wo ich lebe, denn meine Wirtin kommt nie rein, nur wenn ich sage, sie soll mich wecken, aber sie kommt nie rein. Wenn man Schlaftabletten nimmt, dann soll man das so tun, daß kein Mensch einen findet.
F: Ja, würdest du dich nicht freuen, wenn du Selbstmord begangen hast und deine Freundin würde dich wieder aufwecken?
G: Ich meine, ich nehme nun die Schlaftabletten und ich hoffe darauf, daß sie in dem Moment anruft und mich verlangt, aber wenn ich nicht ans Telefon komme, daß sie kommt, sicher, aber wenn ich mir fest vornehme zu sterben, dann möchte ich es auch.
F: Hast du deiner Freundin schon mal gesagt, daß du Selbstmord begehen würdest?

G: Ja, davor hat sie Angst. Sie sagt, du drohst mir mit deinen Selbstmordversuchen, und ich sag: Helga, nicht. Aber sie selber hatte Tabletten geschluckt, hat gesagt, ich liebe dich und bleib bei mir, wenn du gehst, nehme ich mehr Tabletten, aber das darf ich ihr alles nicht sagen.
F: Aber warum behandelt sie dich so schlecht.
G: Ich weiß nicht warum, weil sie durch ihren eigenen Ehemann so behandelt wurde, wahrscheinlich.
F: Und du glaubst, daß sie sich entschieden hat zur lesbischen Liebe.
G: Ich weiß es nicht, ich glaube sogar, daß sie für einen Mann was empfindet, nämlich wenn ich sie befriedigen möchte, und wenn ich sie intim anfasse und das mit dem Finger mache, dann empfindet sie dabei, und ich weiß ganz genau, wenn man nämlich empfindet, wenn man das mit dem Finger macht, daß man bei einem Mann auch was empfindet. Das kann sie mir nicht abnehmen.
F: Hast du Angst vor dem Tod?
G: Nein.
F: Macht es dir was aus, bei Sterbenden zu sitzen?
G: Nein.
F: Hast du das schon gemacht?
G: Ja.
F: Hast du Angst vor Toten?
G: Nein.
F: Gehst du auch nachts über den Friedhof?
G: Nein.
F: Davor hast du Angst?
G: Davor habe ich Angst.
F: Warum?
G: Weil ich denke, daß es Scheintote gibt.
F: Hast du so was schon erlebt?
G: Nein, das nicht, aber ich habe gehört.
F: Was hältst du von alten Menschen?
G: Ach Gott, alte Menschen, die finde ich interessant, die können gut erzählen aus dem Leben. Habe Mitleid mit alten Menschen.
F: Wann sagst du von jemandem, von einem Mann oder einer Frau, daß sie dein Freund ist?
G: Wann, das ist sehr schwierig, mir kann kein Mensch helfen, wenn ich am Ende bin, mir können Menschen helfen, wenn ich obenauf bin, es sind trotzdem meine Freunde, es sind immer meine Freunde.
F: Was würdest du für einen Freund alles tun?
G: Alles mögliche. Wenn ich ihn wirklich lieb haben würde, dann würde ich alles tun, was er von mir verlangt, nicht daß ich ihm hörig bin oder was, aber ich würde alles tun.
F: Würde ein Mensch auch dein Freund sein, wenn er einen Mord

begangen hat?
G: O ja! Dann grade! Weil ich selbst dazu fähig wäre, also, weil ich selbst dazu fähig sein würde, wenn ein Mensch einen Mord begangen hätte, dann sucht er Schutz, vielleicht begeht er noch einen Mord, und noch einen und noch einen, vielleicht selbst an mir, aber ich würde ihm helfen, obwohl ich irgendwie Angst haben würde, aber ich würde ihm helfen, weil ich selbst das tun könnte.
F: Unter jeder Bedingung, auch wenn es ein Raubmord ist?
G: Auch dann.
F: Und wenn es ein Mord an deinem Kind wäre?
G: Dann nicht.
F: Was ist da der Unterschied?
G: Mein Gott, Mord. Warum morden Menschen, warum denn. Vielleicht finden sie Genugtuung daran, vielleicht ist es eine Affekthandlung, vielleicht ist es wer weiß was, aber an einem Kind versteh ich das nicht, weil das im Grunde genommen Sittlichkeitsverbrecher sind, die davon eine Genugtuung haben, ein Kind irgendwie zu vergewaltigen, nee, das verstehe ich nicht. Aber so Mord..
F: Und du glaubst, auch das Gesetz müßte einschreiten gegen Sittlichkeitsverbrecher.
G: Ja.
F: Was sollte man da tun?
G: Ja, was soll man da tun? Wenn ich da irgendwie in einem höheren Amt sitzen würde, ich würde die Sittlichkeitsverbrecher kastrieren, die würde ich Stück für Stück würde ich denen den Pimmel abhakken.
F: Und wenn es Frauen sind?
G: Und wenn es Frauen sind, dann würde ich irgendwie versuchen, die Triebe zu nehmen.
F: Was war dein angenehmstes Erlebnis?
G: Mein angenehmstes Erlebnis? O, das kann ich nicht sagen.
F: Dein unangenehmstes?
G: Mein unangenehmstes, das war, wo die drei Männer mich überfallen haben.
F: Nicht als der Mann versucht hat, sich an dir zu vergehen?
G: Mit fünf Jahren? Das weiß ich nicht mehr, das hat mir meine Mutter erzählt, das weiß ich nicht, aber ich weiß nur die drei Männer da, das vergesse ich nie, wie Tiere wie Raubtiere waren die.
F: Wie sollte ein Mann deiner Meinung nach sein?
G: Ein Mann, der müßte mich verstehen und müßte versuchen, mich zu nehmen, müßte Geduld mit mir haben, sehr viel Geduld. Ich weiß, wenn ein Mann mit mir Geduld hat, daß ich das nie schaffen würde, nie, auch wenn ich es selber möchte, ich würde es nie schaffen.
F: Sollte ein Mann deinem Vater ähnlich sein?

G: Obwohl ich meinen Vater irgendwie verehrt habe, ich glaube nicht, nein.
F: Hast du nie daran gedacht, mit deinem Vater irgendwelche zärtlichen Handlungen..
G: Ich wollte mal nach Frankreich, um mit meinem Vater Kontakte aufzunehmen, dann habe ich aber gehört von meiner Mutter, daß mein Vater verstorben ist.
F: Und wie muß eine Frau sein, um dir zu gefallen?
G: So wie meine jetzige Freundin, die muß tolerant sein, sich durchzusetzen wissen, mich zu nehmen wissen, die verletzt mich, die lügt mich, die schmeißt mich weg, alles, das tut weh, aber trotzdem, ich liebe sie, obwohl sie mich nicht liebt, aber ich liebe sie.
F: Wie hast du sie kennengelernt?
G: Ich habe sie in St. Pauli kennengelernt, wo ich an der Bar stand. Nun war es ganz nett und liebte ich, mit einem Händedruck fing alles an, es war schön, und so nach und nach entstand alles, der Streit, weil sie im Bordell ist, konnte ich nicht verstehen, daß sie mit Männern ins Bett ging, obwohl das ihr Geld war, sie empfindet nichts dafür, sagt sie mir, aber ich kann es trotzdem nicht verstehen. Wenn ich einen Menschen habe, dann möchte ich den für mich alleine haben.
F: Was hältst du von der Polizei in Deutschland.
G: Ach Gott, dein Freund, dein Helfer, sie können manchmal sehr nett sein, aber manchmal sehr unangenehm.
F: Glaubst du, das die Frau in der Bundesrepublik gleichberechtigt ist?
G: Nein.
F: Warum nicht?
G: Das kann ich nicht beantworten.
F: Glaubst du, daß die Polizei in Deutschland foltert?
G: Das ist auch, möcht ich nichts sagen.
F: Foltert nicht, schlägt?
G: Das kommt darauf an.
F: Glaubst du, daß deine Mitmenschen dich gut leiden können oder glaubst du, daß sie dich nicht ausstehen können?
G: Nein, ich glaube, daß ich verhaßt bin im allgemeinen.
F: Warum?
G: Weil ich ein komischer Typ bin, weil ich undurchsichtig bin wahrscheinlich.
F: Gunda, wir haben uns jetzt fast zwei Stunden unterhalten, wir sitzen hier im Puff, im Zimmer von Mauli, an der Wand hängt ein Fell mit einem Pferd, gegenüber hängt eine Lithographie von Hausner, es ist schummrige Beleuchtung, man kann kaum was sehen, das Radio war gelegentlich an, es ist hier ganz ordentlich und ganz bürgerlich eingerichtet, es liegt eine Spitzendecke auf dem Tisch, und ich habe dich nun dauernd gefragt. Hast du es gerne gegeben, dieses

Interview?
G: Ja.
F: Und du hast dich nicht gefühlt wie bei einer Vernehmung oder..
G: ..nein, nein, ganz und gar nicht, ich habe richtig frei und offen geantwortet, wenn ich konnte.
F: Wie wird dein morgiger Tag aussehen?
G: Ja, wie? Ich werde ins Bett gehen und werde aufstehen, werde mir Gedanken machen um meine Freundin, weil das nun eben Schluß ist, weil es aus ist.
F: Wann gehst du ins Bett?
G: Ja, ich weiß es noch nicht.
F: Du wirst nichts tun, du wirst vielleicht wenig essen..
G: ..gar nichts essen, rauchen und trinken..
F: ..und hoffen, daß sie anruft.
G: Ja, warten.

Interview Jonny

Fichte: Johnny, wie alt bist du?
Johnny: 21.
F: 21. Womit verdienst du dein Geld?
J: Ich geh auf den Strich.
F: Was heißt das?
J: Ja, ich gehe in die Lokale, in die Homosexuellenlokale rein und guck mich da nach einem Mann um, der mir was bezahlt dafür, daß ich mit ihm ins Bett gehe.
F: Gibt es noch andere Treffpunkte?
J: Nein, ich gehe nur in die Lokale rein oder in den Bahnhof, Hauptbahnhof.
F: Gibt es keine Kinos?
J: Ja, ein Kino auch, aber ich mein, das weiß ich bloß, daß es das Kino gibt, und ich bin auch in dem Kino, aber nur um Filme anzusehen.
F: Und aufklappen gehst du auch nicht.
J: Nee, geh ich auch nicht.
F: Und in Parks?
J: Auch nicht, da halte ich nichts von.
F: Wie lange gehst du schon auf den Strich?
J: Ungefähr drei Monate.
F: Und wie lange jeden Tag? Wieviel Stunden?
J: Wieviel Stunden, das ist nicht viel. Bis ich so ungefähr 40 bis 50 Mark zusammenhabe. Ein- bis zweimal, mehr nicht.
F: Du kriegst also jedesmal 20, 30 Mark. Und wie lange mußt du nun durchschnittlich dafür stehen, am Bahnhof, bis du deine zwei Freier gefunden hast?
J: Oh, das ist lange, fünf bis sechs Stunden ungefähr.
F: Was verlangen die Freier von dir?
J: Ja, die meisten, die meisten wollen mich nur dazu haben, also da brauch ich fast gar nichts machen.
F: Was heißt das?
J: Ja, ein bißchen den Schwanz in die Hand nehmen, ein bißchen rumreiben und so, und die werden dann fertig, und die blasen ja auch und so.
F: Mehr wird nicht verlangt?
J: Nee, im Durchschnitt nicht. Es gibt auch welche, die verlangen dann mehr, aber das habe ich bis jetzt noch nicht gemacht, das bringe ich noch nicht fertig.
F: Was?
J: Ich würde nicht blasen, das würde ich nicht machen.

F: Und was würdest du sonst nicht machen?
J: Ich würde mir auch, also, keinen reinhauen lassen.
F: Und du würdest auch keinen ficken?
J: Doch, das würde ich machen.
F: Für 20 Mark?
J: Habe ich noch nie gemacht, also doch, ich hab es schon einmal gemacht, so ein paarmal, aber das ist dann ein ganz spezieller Freund von mir.
F: Hast du nun auch Freier, die mit dir die ganze Nacht zusammen sein wollen?
J: Die fragen mich dann, die mich dann nach Hause nehmen, die fragen mich dann, ob ich hier schlafen will oder so, und das ist ja ganz logisch, ich habe keine Wohnung, habe kein Zimmer, und dann sage ich ja, ich will hier schlafen.
F: Da geht dann aber nicht die ganze Nacht, das ist nur einmal, und dann..
J: Ja, das ist nur einmal und dann schlafen.
F: Die meisten gehen in Absteigen oder nehmen die meisten dich mit nach Hause?
J: Die meisten nehmen mich mit nach Hause.
F: Wieviel Freier hast du in diesen drei Monaten gehabt?
J: O, sagen wir mal zwanzig Stück.
F: Hast du Freier, die immer wieder zu dir kommen?
J: Ja.
F: Wie ist nun dein Verhältnis zur Polizei? Hast du den Berberschein schon bekommen.
J: Ja, den Berberschein habe ich schon den zweiten.
F: Und wenn du nun noch einen bekommst?
J: Ja, dazu wird es nicht kommen, weil ich ins Gefängnis komme.
F: Weswegen?
J: Wegen Stadtstreicherei.
F: Wie lange?
J: Das kann bis zu zwei Monaten kann es da geben.
F: Hast du diesen Berberschein von der Kriminalpolizei ausgestellt bekommen..
J: Die Sittenpolizei war das.
F: In Zivil oder..
J: In Zivil; die haben mich mitgenommen und haben alles überprüft, also es ist nichts gegen mich vorgelegen, aber ich hatte keine Wohnung, keine Arbeit, nichts, und da haben sie mir den Berberschein ausgeschrieben.
F: Warum gehst du auf den Strich?
J: Weil es dann leichter ist, zu Geld zu kommen.
F: Gäbe es nichts anderes?

J: Doch, ich will aufs Schiff gehen, sonst will ich nichts machen.
F: Hast du schon ein Schiff gefunden?
J: Ja, aber erst in zwei Monaten kann ich da rauf, das kommt zurück wieder von Südamerika, dann kann ich drauf.
F: Aha, und diese zwei Monate willst du also weiter auf den Strich gehen.
J: Ja.
F: Bist du vor den drei Monaten schon mal auf den Strich gegangen?
J: Nein.
F: Nun gibt es doch Gelegenheitsarbeit?
J: Nee, würde ich nicht machen.
F: Warum nicht?
J: Das könnte ich unten, wo ich herkomme, da auch machen. Ich bin nur nach Hamburg gekommen, um aufs Schiff zu gehen. Und da ist noch ein anderer Grund. Mein Freund, der mich mitgebracht hatte von Süddeutschland, der ist homosexuell, der hat mich da reingebracht.
F: Hast du Mädchen, die für dich auf den Strich gehen?
J: Nein, zur Zeit nicht.
F: Hast du das schon mal gehabt?
J: Ja.
F: Hier in Hamburg?
J: Nein, in Stuttgart. In Hamburg auch schon, aber das sind dann die, die schwarz auf den Strich gehen, nicht registriert sind und nicht .. das ist eine gefährliche Sache.
F: Läßt du dir von Frauen auch Geld geben?
J: Ja. Hatte ich nur eine bisher auf, die wird nie wieder kommen. Die steht auf lecken, und die bezahlt dann dafür.
F: Was waren die absonderlichsten Erlebnisse in diesen drei Monaten mit den Freiern?
J: O, das ist gut. Ja, da war der eine, den hab ich am Bahnhof getroffen, ja ich bin da so an einem Schließfach gestanden, da ist der an mir vorbeigerast, kann man sagen, im Eilschritt, und flüstert mir zu, ich soll mitkommen. Na ja, da bin ich hinterhergelaufen, das ist ja logisch. Dann sind wir so durch die Stadt gelaufen, das war so elf Uhr nachts, in irgendso einer Hausnische hat er angehalten und hat gesagt, ich soll ihm die Schuhe ausziehen und die Strümpfe, das hab ich gemacht. Und ich hatte vorher schon von dem gehört, habe ich gleich in den Schuh reingegriffen, und da waren 20 Mark drin. Die habe ich rausgenommen und habe sie eingesteckt. Jetzt hat er zu mir gesagt, du kriegst noch mal 50 Mark, wenn du mir die ganzen Kleider ausziehst und wegschmeißt. Habe ich auch gemacht. Habe die Kleider weggeschmissen, in die Elbe rein, und dann ist er rumgerannt, er ist der Gammlerkönig. Ich bin auf der Straße gestanden

und habe gelacht, ich konnte nicht mehr, ich habe den ausgelacht, ja, dann bin ich gegangen, da hab ich den machen lassen, und ich hatte 70 Mark verdient, innerhalb von einer Viertelstunde.

F: Hast du Leute schlagen müssen?

J: Ja, ich mußte mal, o, ich mußte mal einen sehr zusammenschlagen. Der ist mit mir in ein Hochhaus reingegangen, in einen Aufzug, und mitten drin hat er den Aufzug angehalten und verlangte von mir, ich solle jetzt verprügeln und solle ihn beklauen. Ja, ich hab ihn verprügelt, ich hab zu ihm was gesagt, er muß erst mir eine geben, oder er muß mich irgendwie ärgern, daß ich auch zuschlagen könnte, sonst kann ich nicht zuschlagen, wenn einer nur sagt, gib mir eine, schlag mal zu, das kann ich nicht. Ja, und da hab ich gesagt, er soll mir mit der Faust eine ins Gesicht reinschlagen, und da hat er mir eine reingehauen, und da habe ich zurückgeschlagen, da habe ich ihn verprügelt und ihm dann die Brieftasche weggenommen, da waren 380 Mark drin.

F: Das wollte er.

J: Das wollte er, er wollte beklaut werden.

F: Und hat dann auch nicht geschrien?

J: Nein, aber er hat die Polizei angerufen, das gehörte auch dazu. Und ich bin dann abgehauen. Und ich weiß nicht, was daraus geworden ist, er hat ja meinen Namen nicht gewußt und nichts.

F: Haben die Freier, wenn du mit ihnen gehst, immer sehr viel Geld bei sich?

J: Nein, die haben nur so viel Geld bei sich, wie sie brauchen.

F: Hast du bei anderen Freiern, mit denen du zu Hause warst, sehr wertvolle Gegenstände gesehen oder viel Geld?

J: O ja, viel. Schon bei vielen. Der eine hatte Sachen dabei so von ägyptischen Gräbern und so, der hat eine Wohnung eingerichtet gehabt, ich kann den Wert nicht schätzen, aber mit etlichen zig tausend Mark, was da alles drin war, und dann hat er noch einen ganzen Packen Hundert-Mark-Scheine, also das waren auch so mindestens 5000 bis 6000 Mark.

F: Hast du daran gedacht, ihm die wegzunehmen?

J: Ich hatte den Gedanken dazu, ja, aber ich habe es wieder verworfen.

F: Warum?

J: Ich dachte nur so. Er hat mich gut bezahlt, und da kann ich immer wiederkommen, vielleicht krieg ich das nächste Mal mehr, denk ich, und da war ich viel zu weitsichtig. Ich würde da nie einen beklauen.

F: Du hast auch nie jemand . .

J: Nee, hab ich nicht.

F: Ist dir der Gedanke gekommen, wenn einer nun so viel Geld hat, daß du den zusammenschlagen könntest oder umbringen könntest wegen des Geldes.

J: Nein, umbringen würde ich keinen. Ich meine, wenn jetzt einer für meine Verhältnisse so viel Geld dabei hält, sagen wir 20 000 bis 30 000 Mark, ich glaube schon, daß ich dem eine geben könnte, geben würde, daß er umfallen würde, aber nicht tot sein würde, so mit der Faust eine aufs Kinn hauen oder so.
F: Bis jetzt hast du aber keinen deiner Freier beklaut.
J: Nein, keinen einzigen. Wenn ich aber wissen würde, daß das ein reicher Mann wäre, ein Bonze, der vielleicht 50 000 Mark mit einer Handbewegung abtut, den würde ich beklauen, 100%.
F: Du sagtest, du wärst hier raufgekommen mit einem Kumpel. Seid ihr noch zusammen?
J: Nein.
F: Wo ist der Kumpel jetzt?
J: Weiß ich nicht, der ist abgehauen.
F: Habt ihr euch verkracht?
J: Was heißt verkracht haben wir uns nicht, aber er wollte mit mir ins Bett gehen, und das wollte ich nicht.
F: Aber du wußtest doch, daß er homosexuell war.
J: Nee, das habe ich erst an dem Abend erfahren, an dem Abend, wo er mit mir ins Bett wollte. Ja, da waren wir zusammen zu dritt mit einem im Hotelzimmer, und als der dann wieder weg war, da haben wir uns schlafen gelegt. Und die Betten waren getrennt, das eine stand in dem Eck und das andere im anderen Eck. Auf einmal ruft er rüber, ich solle zu ihm herüberkommen, ja ich bin aufgestanden und bin rübergegangen, er sagt, ich soll mich zu ihm ins Bett legen, ja, da hab ich ihn gefragt, ob er beknackt ist, oder ob er nicht mehr ganz recht sei, er sagte, nee, ich solle doch auch mal mit ihm was machen, denke ich, nee, du, da habe ich keine Böcke drauf. Da sagt er, dann komme ich eben heut nacht zu dir, wenn du schläfst, da hab ich ganz freizügig gesagt, wenn du zwei blaue Augen dir holen willst, dann kannst du ja kommen. Weil ich das nicht mache, ich mach das nicht.
F: Mit deinen Freund wirst du nie ins Bett gehen?
J: Nee, mit einem, mit dem ich rumgezogen bin hier, sei es in Süddeutschland oder hier, mit dem ich rumziehe, mit dem ich das Geld zusammenschnurre, also Leute fragen, ob sie nicht mal 50 Pfennig haben oder so, wenn es einem dreckig geht, mit dem geh ich nicht ins Bett, da schäme ich mich, da geniere ich mich.
F: Und ihr habt euch früher geholfen: wenn es dem einen schlechtging, und der andere hatte Geld, dann teiltet ihr das Geld?
J: Genau, ja, er hat am Anfang besser angeschafft wie ich. Und zum Schluß war es dann so, daß er nur noch zu mir kam und Geld wollte, weil er nichts mehr fertigbrachte.
F: Hattest du nicht einen Freier, der mit dir rumgereist ist?

J: Ja, der ist nach Kopenhagen mit mir gefahren.
F: Mußtest du mit dem jede Nacht zusammen schlafen?
J: Ja, schlafen schon, nur wir haben nicht jede Nacht was miteinander gehabt.
F: Was mußtest du da machen?
J: Ja, ich will so sagen, daß war ein normaler Homosexueller, der hatte keine Extravaganzen.
F: Was nennst du normal homosexuell?
J: Nur abwichsen, sonst nichts. Ja, und der hat auch zu mir gesagt, wenn ich Mädchen treffen würde und so, die könnte ich ruhig mitnehmen auf das Hotelzimmer und so, das habe ich auch gemacht.
F: Wollen die Freier küssen?
J: Ja, so ziemlich alle, das mag ich nicht.
F: Du hast noch nie einen Freier geküßt?
J: Ja, so einen normalen Kuß, so einen richtigen Kuß, wie ich eine Frau küssen würde, nie.
F: Gibt es auch Freier, die dafür bezahlen, daß du dich nun mit ihnen hinsetzt und redest.
J: Ja, das gibt es auch.
F: Was bezahlen die?
J: Also ich habs, das höchste war bis jetzt 20 Mark, was ich von einem bekommen hatte.
F: Sind das ältere oder jüngere?
J: Das sind meistens ältere Leute.
F: Was sind es überhaupt altersmäßig für Typen, die mit dir ins Bett gehen?
J: Das sind alle Altersgruppen.
F: Auch junge.
J: Der jüngste, der war sogar ein Jahr jünger als ich, der war zwanzig.
F: Und hat bezahlt wie die andere.
J: Der hat mir 80 Mark gegeben.
F: Und warum gab er dir so viel?
J: Weiß ich nicht.
F: Was mußtest du machen?
J: Was muß ich da machen, im Auto haben wir das gemacht, im Auto. Ja, das war so, ja: ich mußte ihn streicheln, so ganz sachte über den Rücken und über den Bauch fahren und unten rum, also immer bloß ganz sachte streicheln, der hat sich dabei einen gewichst. Von dem habe ich 80 Mark gekriegt.
F: Was hast du im letzten Monat durchschnittlich verdient?
J: Wenn ich alles zusammenrechne im letzten Monat, na, ich denk schon, daß ich so auf 1000 Mark kommen werde.
F: Hast du ein Bankkonto?
J: Nee.

F: Also du hast davon nichts zurückgelegt?
J: Nein.
F: Machst du eine Steuererklärung?
J: Nee.
F: Wofür gibst du nun dein Geld aus? Was ißt du?
J: Ich esse fast nur kalt. Pommes frites, mal ein paar Brötchen, und wenn ich mal wenig, ganz wenig Geld habe, daß ich vielleicht nur 5 Mark habe oder so, dann geh ich am Bahnhof hin, kauf mir so ein Mohnbrot, das kostet eine Mark, und einen halben Liter Milch dazu, das reicht mir ein Weilchen wieder.
F: Du ißt unregelmäßig?
J: Sehr unregelmäßig.
F: Wie oft am Tage ungefähr?
J: Einmal, meistens einmal.
F: Hast du Hunger?
J: Nee.
F: Im Moment nicht; aber hast du überhaupt Hunger kennengelernt, diese drei Monate?
J: Ja, aber sehr wenig.
F: Hast du manchmal an einem Tag nichts gegessen?
J: Ja, schon drei bis vier Tage nichts gegessen.
F: Was hast du dann zu dir genommen? Getrunken, Wasser getrunken?
J: Ja, nur Wasser getrunken.
F: Tabletten genommen?
J: Ja, und Tabletten genommen, sehr viel Tabletten.
F: Was für Tabletten?
J: Captagon.
F: Wieviel?
J: Manchmal bis zu zehn Stück am Tag.
F: Nur um den Hunger zu überwinden oder auch um die Müdigkeit zu überwinden?
J: Die Müdigkeit und den Hunger, die sind gegen die Müdigkeit und gegen Hunger.
F: Wo wohnst du?
J: Nirgends. Ich habe kein Zimmer und keine Wohnung.
F: Wo schläfst du?
J: Meistens bei Freiern, die mich mitnehmen.
F: Bei den Freiern in der Privatwohnung.
J: Ja.
F: Und auch im Hotel.
J: Im Hotel, ja.
F: Hat es viele Tage gegeben, an denen du keinen Freier hattest?
J: Ja, viele, in den drei Monaten na, sagen wir zehn Tage.

F: Was hast du in den zehn Tagen gemacht.
J: Ja, da bin ich halt rumgerauscht, die ganze Nacht.
F: Bahnhof?
J: Bahnhof, meistens nicht am Bahnhof, immer auf St. Pauli oder auf St. Georg.
F: In Parks?
J: Nee, so rumgelaufen, auf St. Pauli, da sieht man zuviel, da vergißt man bißchen die Müdigkeit, da guckt man mal da hin, da guckt man mal da rein, da kriegt man mal da ein Freibier oder da ein Freibier, von denen, die man kennt, und da kommt man durch.
F: Und an diesen Tagen hast du auch soviel Captagon genommen?
J: Ja. Das waren aber nur die Tage, die ich nicht geschlafen habe, wenn ich nichts gegessen habe, wo ich kein Geld hatte, an denen mich das ganze angekotzt hat, mit den Freiern wegzugehen. Da konnte ich es einfach nicht.
F: Also du hättest einen Freier gehabt, du wolltest aber mit keinem gehen?
J: Ja.
F: Wie möchtest du gerne wohnen, würdest du am liebsten eine Eigentumswohnung haben oder willst du gern ein Haus haben?
J: Nee, ich würde eine Zwei-Zimmer-Wohnung mit einem Bad vorziehen.
F: Wie ziehst du dich an, hast du große . .
J: Nee, ich bin nicht anspruchsvoll, ganz einfach angezogen.
F: Du interessierst dich auch nicht für Mode?
J: Doch, sehr für Mode, ja. Ich mag nicht wie ein Stenz rumlaufen, so als Snob rumlaufen.
F: Würdest du als Hippie rumlaufen?
J: Nein, auch nicht.
F: Also keine bunten Ketten?
J: Nein, nein. Nur ab und zu doch, wenn ich mal von einem Mädchen eine Kette geschenkt gekriegt habe, dann zieh ich sie auch an. Sonst nicht, aber meistens verschenke ich sie dann wieder.
F: Trinkst du gerne?
J: Nein, ich bin kein Trinker. Vier Bier höchstens, vier bis fünf, dann will ich nicht mehr.
F: Kein Schnaps?
J: Ja. Nur Rum.
F: Aber auch nicht viel?
J: Da kann ich eine ganze Flasche trinken, macht mir nichts aus.
F: Versuchen viele Freier, dich besoffen zu machen?
J: Nein, versuchen die meisten gar nicht, mal hier, aber die schaffen es dann nicht, ich weiß, wann ich genug habe, dann höre ich auf, dann will ich einfach nicht mehr.

F: Zeigen dir viele Freier pornographische Bilder?
J: Ja. Müssen sie ja zeigen, die meisten.
F: Warum?
J: Weil ich sonst gar keinen hochkriege.
F: Wieviel ungefähr zeigen dir? Die Hälfte?
J: Na, sagen wir 80%.
F: Und das sind Bilder von Mädchen und Jungen.
J: Mädchen und Jungen, sonst wird so was gar nichts nützen bei mir.
F: Nimmst du Rauschgift?
J: Hab ich auch schon genommen, ja. Ich finde das gut, nicht die schweren Rauschgifte, sondern Haschisch, da wird man nicht süchtig von, und das ist gut. Ich meine, wenn man mal nicht geschlafen hat paar Nächte lang und eine Hasch-Pfeife raucht oder zwei, dann ist man wieder voll da.
F: In diesen drei Monaten hast du wie oft geraucht?
J: Nee, in den drei Monaten, was hab ich geraucht, wenn ich es mal in Gramm ausdrücken darf, vielleicht 25 Gramm.
F: Hattest du vorher schon geraucht?
J: Nein.
F: Wer hat dir das beigebracht?
J: Ja, da war ich bei so einer Kommune da, auf so einem Hausboot, und ich wollte da nicht zurückziehen, ich hab denen zugeguckt, wie sies machen, und da hab ich so getan, wie wenn ich schon sehr oft das auch genommen hätte. Obwohl das Zeug bei mir im Anfang überhaupt nicht gewirkt hatte.
F: Und wann hat es angefangen zu wirken?
J: Nach dem zweiten-, drittenmal erst.
F: Und da fandest du es gut?
J: Ja, ich fand es sehr gut sogar.
F: Bist du versichert?
J: Nein.
F: Hast auch keine Altersversorgung?
J: Nein, gar nichts.
F: Liest du viel?
J: Ja.
F: Was?
J: Ich lese am liebsten Kriegsbücher und die, ich meine die Bücher von Gefangenenlagern und so, so KZ und so Sachen, die las ich gerne, sehr gerne sogar.
F: Warum gerade über Gefangenenlager und KZ?
J: Ich meine, weil ich selbst schön Gefangener war. Ich war im Gefängnis.
F: Liest du Zeitungen regelmäßig?
J: Nein. Manchmal die Morgenpost und dann auch mal, dann hol ich

mir die Süddeutsche Zeitung, die Stuttgarter Zeitung mal, guck da mal rein, mal informieren, was da unten alles los ist.
F: Also mehr den lokalen Teil?
J: Ja, ja.
F: Interessierst du dich für Politik?
J: Nein, überhaupt nicht.
F: Hörst du gerne Platten?
J: Ja, sehr gerne.
F: Was sind deine liebsten Platten?
J: Also ich hör zur Zeit am liebsten Soul, Soul-Platten, und den ganz, ganz harten Beat, und da gibt es ja zur Zeit nur eine Kapelle, die den harten Beat schlägt, das sind die Equals, das ist auch meine Lieblingsplatte.
F: Klassische Musik gar nicht?
J: Nee. Ja, ich hör mal gern zwischenrein eine Operette, und es gibt auch eine Operette, die ich sehr gern mag, «Die Fledermaus», die mag ich sehr gerne. Aber sonst, Opern und so nix, mag ich nicht.
F: Gehst du gern ins Kino?
J: Ja, sehr gern. Gruselfilme.
F: Horrorfilme?
J: Horrorfilme, ja.
F: Western?
J: Auch, ja, aber nur gute Western, also um es auszudrücken, wo es viele Tote gibt. Ja. Mit Giuliano Gemma und van Clef, die hab ich am liebsten. Ich habe, diese Woche ist Horro-Woche gewesen in so 'm Kino, da ist jeden Tag ein anderer Gruselfilm gelaufen, die habe ich alle angeguckt.
F: Bist du da eingeladen von Freiern?
J: Nee, da geh ich selbst hin, da muß ich alleine sein, da kann ich niemand dabei gebrauchen.
F: Auch keine Frau?
J: Doch, nee, ich nehme keine Frau mit, weil ich genau weiß, wenn da mal ein Mädchen alleine drinsitzt, wenn das ein richtiger Gruselschocker ist, und ich setz mich vielleicht drei oder vier Sitze neben sie hin, dann kommt sie ganz von alleine her. Ja, hab ich schon oft erlebt.
F: Gehst du oft ins Theater?
J: Nein, da war ich noch nie, im Theater.
F: Würdest du gern mal . .
J: Ich wollte so gern ins Ohnsorg-Theater rein mal gehen.
F: Warst du mal in der Oper?
J: Nein, o je, nein. Da würde ich auch nicht reingehen, weil ich da kein Wort von verstehen würde. Ich habe im Gefängnis, also mittwochs und donnerstags ist da Operntag gewesen, Opernabend, da habe

ich immer abgeschaltet. Was hab ich davon, die Musik ist für mich viel zu schwer, die Musik, und dann versteh ich überhaupt kein Wort, was die da singen, meistens sind es ja italienische Opern, und ich kann ja kein Italienisch.

F: Siehst du viel fern?
J: Zur Zeit nicht. Früher, wie ich verlobt war, da hab ich jeden Abend fern gesehen.
F: Bist du im Sportverein?
J: Nein, nicht mehr.
F: Warst aber.
J: Ja, bin sehr aktiver Sportler.
F: In welchem Verband?
J: Ich war zuerst im Boxverein und hab da siebzehn Kämpfe gemacht.
F: Als Amateurboxer.
J: Als Amateurboxer, also Junior.
F: Welche Gewichtsklasse?
J: Weltergewicht, da hab ich noch nicht so viel gewogen wie jetzt, und ich hatte sechzehn Kämpfe gewonnen und beim siebzehnten Kampf da hat es mich erwischt, da hab ich aufgehört, das heißt, ich wäre sowieso rausgeflogen.
F: Warum?
J: Ich hatte viele Schlägereien immer, war ein sehr wilder Junge, und dann hab ich auf 'nem Rummelplatz, da ist so «Homanns Boxbude» so, da holt er die Leute rauf, gegen den zu boxen, und gibt 50 Mark, wenn sie mit K.O. gewinnen. Und da hab ich ein paarmal geboxt, und hab da immer gewonnen, und da hat mich mal einer verraten, und ich hab das nur gemacht, ich hatte eine Verlobte, und die stand darauf, daß ich zeigen sollte, was ich kann, und auch so, wenn wir in den Kneipen waren, und sie hat überall Aufsehen erregt, weil die ganz Klasse ausgesehen hat und eine ganz Bombenfigur hatte, das war also ziemlich das schönste Mädchen, das in der ganzen Stadt war, also wo ich war damals, und jeder war neidisch auf mich, daß ich sie hatte, ja und da ist das Gepöbel angegangen, das ist ja logisch. Nun hatte ich also mehr Schlägereien, als mir lieb waren. Nun bin ich halt, der Trainer hat gesagt, also du machst bei uns nicht mehr lange, und da hab ich von selbst aufgehört.
F: Was waren das für Schlägereien?
J: Also ich habe immer fair geboxt, aber Schlägerei nie. Mit einem Schlagring haben sie mir einen halben Zahn weggehauen und da unten das Kinn eingeschlagen, habe ich eine Narbe, und dann habe ich mich auch umgestellt. Also wenn mir heute einer Schläge androhen würde, ich würde da gar nicht mehr lange fackeln.
F: Was würdest du dann machen?
J: Ich würde ihn nur bei den Ohren packen, und würde ihm das Nasen-

bein brechen, mit dem Kopf, mit der Stirn, das wäre alles.
F: Mehr nicht?
J: Nee. Ich würde ihn nicht verprügeln anständig, ich würde ihm nur einen Denkzettel geben. Ja.
F: Bist du viel gereist?
J: Ja, in den letzten drei Monaten, ja da war ich schon mal in Schweden und Norwegen, aber alleine, also mit einem Kumpel zusammen war ich da in Schweden oben.
F: Reist du gerne?
J: Ja, mach ich gerne, sehr gern.
F: Wo möchtest du gerne hin?
J: Wo ich gerne hin wollte, nach Japan.
F: Nach Japan, warum?
J: Ich will die japanischen Frauen kennenlernen, so wie sie wirklich sind, nicht wie sie sich hier anstellen in Deutschland, ich hab schon paar kennengelernt hier, aber ich glaub nicht, daß sie sich so benehmen, wie sie sich drüben benehmen werden.
F: Gibst du viel Geld fürs Ficken aus?
J: Überhaupt nichts.
F: Bezahlst also nie Frauen.
J: Nie.
F: Gehst nie in den Puff?
J: Nein. Ich kenne Frauen vom Puff hier, aber da würde ich nie hingehen und bezahlen für.
F: Verspielst du Geld?
J: Nein.
F: Hast nie gespielt?
J: Kein Pfennig. Doch, einmal habe ich gespielt, aber da war ich noch jung, da war ich sechzehn, da hatte ich 3000 Mark gewonnen.
F: Dann hast du aufgehört?
J: Beim Pokerspiel.
F: Was hast du für Hobbys?
J: Mein einziges Hobby ist Fußballspielen. Ich meine, ich kann alle Sportarten, ich kann so ziemlich alle, nur Hockeyspielen kann ich nicht.
F: Hast du Bodybuilding gemacht?
J: Ja, aber nicht lange, ich hab es aufgegeben, war mir zuviel.
F: Was ist deine liebste Beschäftigung?
J: Meine liebste Beschäftigung? Ficken.
F: Du hast doch eine Zeitlang gemalt?
J: Ja, aber nur im Knast.
F: Dort hast du angefangen?
J: Dort habe ich angefangen, und auch wieder aufgehört, ja.
F: Wann bist du geboren?

J: Am 3. 8. 47
F: Und wo?
J: In Pforzheim.
F: Wie verlief deine Kindheit, was machen deine Eltern?
J: Meine Eltern wurden geschieden, da war ich zweieinhalb Jahre alt, dann kam ich ins Kinderheim, weil meine Mutter keine Wohnung hatte, und mein Bruder kam auch mit rein, aber nach einem dreiviertel Jahr ist mein Bruder wieder rausgekommen.
F: Zu deiner Mutter.
J: Zu meiner Mutter, die hatte da eine kleine Wohnung gekriegt und da konnte sie ihn nur nehmen, angeblich, ich wußte es ja nicht, ja. Ich bin dann 1959 wieder rausgekommen. Da hat mich mein Vater rausgeholt.
F: Was war dein Vater von Beruf?
J: Juwelenfasser.
F: Und deine Mutter?
J: Die ist Arbeiterin, die ist arbeitengegangen so. Ja, mein Vater hat mich rausgeholt, und der hatte damals schon wieder fünf Kinder. Er hat noch mal geheiratet, und das war nix, das .. ich bin leidenschaftlicher Fußballspieler gewesen, und wenn wir beim Fußballspiel waren, nachmittags nach der Schule, ja da bin ich halt erst um acht Uhr heimgekommen im Sommer, wenn schönes Wetter geblieben ist, nun da kriegte ich Schläge, alles von meinem Vater, und meinem Stiefbruder damals, der ist drei Jahre jünger wie ich, ich durfte dem nichts tun, und das hat der ausgenutzt, da hat der mir das ganze Gesicht verkratzt gehabt und alle, dann hab ich dem anständig Prügel gegeben, und da hat mich mein Vater wieder ins Heim getan. In ein anderes, in Pforzheim in ein Heim, ja, und dann ist meine Mutter eines Tages gekommen und hat gefragt, ob ich nicht zu ihr kommen wollte, da hab ich gesagt, ja, das ist mir egal. Komm ich halt. Und ich habe aber erst, wo ich sechzehn war, erfahren, daß meine Mutter gezwungenermaßen mich rausgeholt hat, wenn sie mich nicht rausgeholt hätte, hätte sie keine Vier-Zimmer-Wohnung gekriegt. Das sie die kriegt, hat sie mich rausgeholt.
F: Das war 64?
J: Nein, Moment, nein, nein, ich bin nach einem halben Jahr, da ist meine Mutter erst gekommen, und hat mich rausgeholt, na, da war ich in der 5. Klasse, 6. Klasse, zwölf Jahre, da war ich zwölf Jahre alt.
F: 1960.
J: Ja, da war ich zwölf Jahre alt. Ja, da bin ich da in die Schule gegangen, bin ich in der Schule rausgeflogen. Ich konnte mich nicht zurechtfinden. Ich war wohl gut in der Schule, aber ich konnte mich einfach nicht zurechtfinden, jeden Tag hatte ich eine Keilerei in der Schule.

F: Warum?
J: Ich weiß auch nicht. Bei uns im Heim, da war das so, da war es das Normalste in der Welt, daß sich da geprügelt wurde. Der Stärkere hat recht, der Stärkere hat doch immer recht, und da haben sie mich, das ist doch logisch, wenn man irgendwo hinkommt, in eine neue Klasse, da wird man getestet, das ist doch klar, vom Stärksten der Klasse, und da hab ich den verprügelt, und dann sind sie von der 8. Klasse runtergekommen, um mich zu prügeln, und so habe ich mich halt durchschlagen müssen, bin ich rausgeflogen aus der Schule.
F: Warst du gern in der Schule?
J: Ja, ich habe ein paar Fächer, die ich gern mochte, das war Physik, Rechtschreibung und Zeichnen, mochte ich sehr gerne, und Turnen, also Sport. Sport ist ja meine Leidenschaft schon immer gewesen. Bin ich rausgeflogen in der Schule, in eine andere Schule gekommen, da bin ich wieder rausgeflogen, ja, dann bin ich wieder in die andere Schule zurückgekommen, und da habe ich es dann zu Ende gemacht da.
F: Bis fünfzehn?
J: Vierzehn, mit vierzehn bin ich raus.
F: Was hast du dann gemacht?
J: Und dann, ich wollte Ingenieur werden, ich wollte auf die höhere Schule gehen, und das wollte meine Mutter nicht, die hat zu mir gesagt, du gehst dahin, wo ich sage, und da mußte ich Werkzeugmacher werden.
F: Das hast du nicht gern?
J: Nee, ja, ich hasse den Beruf, weil ich ihn gezwungenermaßen gelernt habe, ich mag das nicht machen.
F: Hast aber die Ausbildung bis zu Ende..
J: Ich hab zu Ende gemacht.
F: Bist du Geselle oder bist du Meister?
J: Ich bin Geselle.
F: Wie lange hast du gelernt?
J: Ich habe dreieinhalb Jahre gelernt. Aber nicht immer bei der gleichen Firma, ich war im Erziehungsheim zwischendrein.
F: Wie lange?
J: Zehn Monate. Hab dort weitergelernt. Ja, das war so, zum Schluß war ich in Fremdlehre, nennt man das, ich hab dort gewohnt und auch gelernt, und gearbeitet, und da hab ich, da war in der Nähe so ein Ferienheim, da sind von Berlin Mädchen und Jungs hingekommen, die waren alle älter, so achtzehn oder neunzehn, und da hatte ich ein Mädchen von, ich meine, da hatte ich alle vierzehn Tage ein Mädchen von denen, alle vierzehn Tage haben die gewechselt, und die habe ich geliebt, und die wollte mich mitnehmen nach Berlin, und hatte mir ja 700 Mark gegeben, daß ich nach Berlin fahren

konnte, und für die erste Zeit, wo ich schlafen konnte, und das hat mein Chef rausgekriegt und hat gleich das Jugendamt angerufen, und da haben die mich da weggeholt. Und dann sagte der vom Jugendamt zu mir, entweder du gehst jetzt gleich ins Erziehungsheim oder du gehst in das Kinderheim, wo du früher warst und machst dort deine Lehre zu Ende. Ja, habe ich gesagt, dann gehe ich lieber in das Kinderheim, ist ja logisch, arbeite dort und mache meine Lehre zu Ende. Sie sind gut gewesen, die haben da im Kinderheim so einen Fernsehraum, und da war ich drin gesessen, ich habe jeden Abend Fernsehen geguckt, und da war ein Mädchen mit, die war in der Küche, die war fünfzehn damals, und da meint die zu mir, ich soll ihr eine Zigarette geben, ich sagte ihr, du weißt ja, daß du da nicht rauchen darfst, im Fernsehraum, und dann hat sie gesagt, also ich geh raus, kommst du nach, gibst mir draußen eine Zigarette, na ist gut, ich gehe raus, sie ist erst rausgegangen, dann gehe ich raus, und habe ich sie erst suchen müssen, war sie in der Scheune, ja, da wußte ich Bescheid, ich hab es ja mit dreizehn Jahren gelernt, und ich muß das ja wissen, was jetzt los war. Ja, und dann habe ich die da gefickt, auf der Ladepritsche vom Wagen, ein paarmal, also ein paar Tage lang, und dann hab ich gesagt, ja so geht das nicht weiter, das mache ich nicht mehr, ich möchte das auch im Bett machen, und da habe ich mir eine Leiter zurechtgebastelt, da habe ich eine zehn Meter Leiter abgesägt, und hab sie so gesägt, daß sie genau zum Fenstersims hinaufgepaßt hat, zu der ihrem Zimmer, und die Leiter ist ganz genau ins Zimmer reingegangen, die konnte ich reinziehen. Die haben zu zweit auf dem Zimmer geschlafen, zwei Mädchen, die eine war sechzehn und die da war fünfzehn, und da sind wir halt zu zweit rauf, mein Kumpel und ich, und das haben wir so vier Wochen gemacht, jeden Tag, also jede Nacht, und dann ist das rausgekommen. Da ist der Heimleiter eines Mittags zu mir gekommen und hat gesagt, also du kannst auf morgen früh sechs Uhr deine Sachen packen, kommst ins Erziehungsheim. Ja, dachte ich, du kannst lange reden. Ich habe meinen Personalausweis, meinen Führerschein hatte ich einstecken, meinen Klasse-IV-Führerschein, hab mich angezogen, nichts mehr weggeräumt, zu meinem Kumpel «Auf Wiedersehen» gesagt, und dann bin ich abgehauen. Ja, und da bin ich zu meinem Vater gegangen, erst zu meiner Mutter, und die hatte natürlich nichts anderes zu tun gehabt, wie gleich ans Telefon rennen, um das Jugendheim anzurufen, nee, mach das nicht, dann bin ich da auch weg, da bin ich sogar aus dem vierten Stock bin ich raus aus dem Haus. Im vierten Stock auf einen anderen Balkon gesprungen und dann bin ich abgehauen. Bin ich zu meinem Vater gegangen, der hat mich vier Tage versteckt.
F: Mit deinem Vater hast du dich gut verstanden?

J: Ja, habe ich mich immer gut verstanden. Mein Vater ist so ungefähr derselbe Typ wie ich. Ich habe vieles von meinem Vater geerbt. Und dann hat er gesagt, also, wenn du noch länger hierbleibst, dann krieg ich Schwierigkeiten, dann hätte er Schwierigkeiten gekriegt vom Jugendamt, da hab ich gesagt, also gut, ich geh selbst aufs Jugendamt. Bin ich runtergegangen aufs Jugendamt, und hab gesagt, also hier bin ich, also könnt ihr mich ruhig ins Erziehungsheim tun, macht mir nichts mehr aus. Mein Vater hat mir noch 100 Mark mitgegeben, und dann hat der mich ins Erziehungsheim gebracht, mit dem Zug. Ich könnte ja tausendmal abhauen unterwegs, hätte ich gekonnt, aber ich wollte nicht, ich hatte keine Böcke. Da war ich in dem Erziehungsheim, und das hat mir gleich gestunken von Anfang an. Da das ganze Wesen und was da los war, da bin ich gleich nach drei Tagen wieder abgehauen, haben mich wieder geschnappt und dann war ich daraufgekommen, einen Kilometer weg, war ein Mädchenerziehungsheim, und als ich das wußte, da hat mir das ganze Erziehungsheim Spaß gemacht, weil ich da jede zweite Nacht ausgestiegen bin und ins Mädchenerziehungsheim rüber bin.

F: Was hat dir erst in dem Erziehungsheim so gestunken?

J: Das war so, morgens austreten, Arbeitseinteilung, Landwirtschaft habe ich da gearbeitet, am Anfang, und dann arbeiten wie ein Pferd, wie 'n Pferd, von morgens um sechs bis abends um sieben, elf Stunden. Also ich konnte abends nicht mehr, ich war das nicht gewöhnt, und dann die Erzieher dort, also wir hatten einen Erzieher, der war ganz in Ordnung, aber dann die jungen, überhaupt die jungen Erzieher da, das waren ganz große Schweine, die haben einen nur schikaniert, sonst gar nichts.

F: Wie?

J: Bin ich hingegangen, hab so einen Jungen gefragt, hören sie mal, also, zu dem mußte man Bruder sagen, Bruder Bosch oder Macke oder so zum Beispiel. Bruder, haben Sie mal ein Kartenspiel für uns, und ich wußte, der hatte paar Kartenspiele, oder ein Skatspiel, also nach Feierabend, ich habe keine Kartenspiele, könnt ihr euch kaufen im Einkauf, und sag ich, hören Sie mal, wir haben neun Mark Einkauf im Monat, was sollen wir da Kartenspiele kaufen, daß man gerade zu kratzen hat, daß man mit dem Tabak klarkommt, ja das ist eure Sache, da ist mir der Gaul durchgegangen, da hab ich halt zugeschlagen.

F: Ihr habt morgens um sechs angefangen zu arbeiten, bis abends um sieben?

J: Bis abends um sieben.

F: Wieviel Pausen zwischendurch?

J: Um neun Uhr war eine Viertelstunde Vesper, und dann mittags eine

Stunde.
F: Und nachmittags keine Pause?
J: Nichts, keine Pause.
F: Und was kriegtet ihr für Lohn?
J: Neun Mark im Monat.
F: Nichts sonst, nichts gutgeschrieben?
J: Nein, nichts.
F: Ihr habt in dem Erziehungsheim zwölf Stunden am Tag für neun Mark im Monat gearbeitet, und du warst wie alt?
J: Da war ich siebzehn, knapp siebzehn.
F: Und wie lange hast du in dem Erziehungsheim..
J: Zehn Monate.
F: In welchem Jahr war das?
J: Das war von 64 auf 65.
F: Dieses Erziehungsheim gibt es noch?
J: Das ist jetzt noch da.
F: Wie heißt das?
J: Das will ich nicht sagen.
F: Und dort arbeiten die Jungs heute noch unter den gleichen Bedingungen?
J: Das weiß ich nicht, ob es die gleichen Bedingungen sind.
F: Wie ging das weiter?
J: Ja, da haben wir im Winter, ganz im Anfang, wo ich dabei war, Bäume fällen im Wald, da gab es ja sonst in der Landwirtschaft nichts zu tun, also, daß die mal Sägen gekauft hätten, wir mußten die dicksten Bäume umhauen mit den Äxten, so wie sie es früher in Kanada gemacht haben, die Holzfäller, mit der Axt Bäume umhauen, also das war das höchste da. Und dann hatte ichs ziemlich gut, ich bin rausgekommen, ich bin nicht mehr auf Außenkommando gewesen, ich war im Stall, im Kuhstall, und dort hatte ich es ziemlich gut. Ich mußte um vier Uhr aufstehen, hatte um sieben Feierabend, morgens, und mußte nachmittags um vier wieder mit anfangen bis abends um sieben. Da hatte ich es gut, und dann habe ich gesagt, also hören Sie mal, ich möchte meine Lehre zu Ende machen, ich möchte in die Schlosserei oder so wo hin, daß ich da ein Lehrverhältnis anfangen kann wieder.
F: Und hast du deine Lehre dort zu Ende machen können?
J: Ja.
F: Mit Gesellenprüfung?
J: Ich hab die Gesellenprüfung, aber die hab ich nicht da gemacht, weil in Bayern ist die Gesellenprüfung schwieriger, als bei uns in Baden-Württemberg, die hab ich in Pforzheim gemacht, die Gesellenprüfung.
F: Wie war die Verpflegung in dem Erziehungsheim?

J: Also ich würde sagen für Norddeutsche wäre die Verpflegung gut gewesen, weil es jeden Tag Kartoffeln gegeben hat, aber für einen Süddeutschen nicht. Ich esse am liebsten Reis und Nudeln.

F: Das gab es nicht?

J: Das gab es kaum.

F: Wie oft gab es Fleisch?

J: Fleisch nur Sonntags.

F: Was gab es zu den Kartoffeln?

J: Ja, so eine blöde Soße da, ich habe mal zugeguckt, wie die sie gemacht haben, die war weiß, die Soße, normal weiß, und dann haben sie so ein Pulver reingetan, daß sie braun wurde. Ich weiß auch nicht, wie die das gemacht haben.

F: Salat dazu.

J: Und manchmal Roter Rübensalat oder so was. Jeden Morgen Haferflocken, jeden Morgen, da gab es keine Ausnahme, Haferflocken und Kakao oder Magermilch.

F: Magermilch?

J: So Kunstmilch da, so Trockenmilch.

F: Was gab es abends?

J: Abends gab es meistens kalt, ein kleines Stückchen Wurst, bißchen Brot, so ein kleiner Würfel Margarine.

F: Und Margarine, und keine Butter?

J: Nee, Butter gab es da nicht.

F: Ihr hattet aber eigene Landwirtschaft?

J: Ja.

F: Wieviel Kühe waren da?

J: Das waren ungefähr, muß ich zusammenrechnen, ungefähr in einer Reihe zwölf Kühe, 24, 36, sagen wir ungefähr fünfzig Milchkühe.

F: Fünfzig Milchkühe, dann wart ihr mit drei Mann im Kuhstall?

J: Mit vier Mann.

F: Hat einer gefüttert, einer ausgemistet und zwei gemolken?

J: Nee, wir haben da zusammengehalten. Jeder hat seine Reihe gehabt. Ich hab da übrigens den Rekord aufgestellt, ich hab die Kuh bei mir gehabt, die die meiste Milch gab, die gab in einer Mahlzeit dreizehn Liter Milch.

F: Dreizehn Liter, 26 Liter Milch, sagen wir mal, zwanzig hätte eine gegeben, das macht bei fünfzig Kühen tausend Liter am Tag.

J: Da hab ich den Rekord aufgestellt, die hab ich innerhalb von sieben Minuten ausgemolken mit der Hand, ohne Maschine.

F: Warum hast du keine Landwirtschaftsprüfung gemacht? Hattest du keine Lust, Melker zu werden?

J: Nee, nee.

F: Gab es Strafen in dem Erziehungsheim?

J: Ja. Ausgangssperre, Einkaufssperre und Einzelzelle.

F: Und Einzelzelle?
J: Einzelzelle wie im Gefängnis.
F: Und wie war diese Einzelzelle, wie groß?
J: Also, ich würde sagen halb so groß wie das Zimmer hier.
F: Also, eineinhalb mal ein Meter ungefähr.
J: So schmal ungefähr hier. Licht war drin und zwei Doppelgitter, also ein Doppelgitter davor.
F: Was kriegten die Leute in der Einzelzelle zu essen?
J: Die kriegten das normale Essen.
F: Warst du oft in der Einzelzelle?
J: Ja, ich war oft, ich bin oft abgehauen, und der abgehauen war, der kam in Einzelzelle.
F: Wie lange?
J: Ich habe mal vierzehn Tage in der Einzelzelle..
F: Ohne Unterbrechung?
J: Ohne Unterbrechung.
F: Kamst du zwischendurch mit den anderen zusammen?
J: Nein.
F: Konntest du mit dem sprechen, der dir das Essen brachte?
J: Doch ja, also ich konnte mit jedem sprechen, der raufkam, ich hatte da viele Freundinnen.. Die haben durch den Spion durchgeguckt, und da konntest du dich ja unterhalten, und den Spion hatte ich so gemacht, daß ich ihn ausschrauben konnte, und da haben mir Zigaretten und Tabak reingegeben.
F: Nichts zu lesen?
J: Nein, nichts zu lesen.
F: Geschlagen wurdet ihr nicht?
J: Doch, wurden wir auch, ich nicht, nee, bei mir haben die sich nicht getraut, aber etliche wurden geschlagen, vielleicht acht Mann hoch, sind sie da auf einen losgegangen.
F: Acht Erzieher auf einen Mann?
J: So zusammengeschlagen, mit Fäusten, ja. Aber das haben sie nur gemacht, wenn es ganz schlimm, wenn der was ganz Schlimmes gemacht hat.
F: Was war das, was ganz Schlimmes?
J: Ich meine, wenn er, sagen wir mal, er ist auf einen Erzieher losgegangen, hat den brutal zusammengeschlagen, hat ihn ernstlich verletzt, dann kriegte er Prügel von den Erziehern.
F: Von allen Erziehern?
J: Genauso, wenn ein Erzieher einen von uns geschlagen hätte, den hätten wir auch so richtig durch die Mangel gedreht.
F: Ist das oft vorgekommen?
J: Nee, das war höchst selten, zweimal, wo ich..
F: Zweimal.. und wie oft haben die acht Erzieher einen zusammenge-

schlagen?
J: Nee, ich meine das .. ist zweimal ..
F: Und wie oft haben die Zöglinge einen Erzieher zusammengeschlagen?
J: Oh, das war oft, das war oft, denn war oft Meuterei da.
F: Und wie spielte sich das ab?
J: Ja, der wurde zum Heimleiter rübergebracht, und der konnte uns das dann erzählen nachher, und wir hatten es ja auch gesehen, wenn er mit blauen Augen gekommen ist, eingeschlagenen Zähnen und so.
F: Die Erzieher haben dem Zögling die Zähne eingeschlagen?
J: Ja, das ist oft vorgekommen, gerade mit meinem Fiftymann, mit dem ich, wo ich immer alles geteilt habe, der hat ein Gebiß gebraucht.
F: Nach einer Behandlung durch die Erzieher?
J: Ja, ja.
F: Glaubst du, daß es auch in anderen Erziehungsheimen so ist?
J: Das gibt es auch in anderen Erziehungsheimen, ich habe es oft genug gehört.
F: Möchtest du mir nicht doch den Namen deines Erziehungsheimes nennen?
J: Ja, ich sag es: Es war Fasoldshof.
F: Fasoldshof, und du warst dort von 64 bis 65?
J: Ja.
F: Du machtest also deine Lehrlingsprüfung?
J: Nee, die habe ich nicht da gemacht. Ich habe nur die Lehre zu Ende gemacht, also daß ich ausgelernt hatte, und die Gesellenprüfung habe ich dann in Pforzheim gemacht.
F: Ja. Und dann wurdest du auch aus dem Erziehungsheim entlassen.
J: Nein. Ich habe mich selbst entlassen.
F: Du bist, nachdem du Lehrlingsprüfung gemacht hast ..
J: .. bin ich abgehauen.
F: Wohin?
J: Da war ich in Finnland oben. Ja, ich bin auf dem Bauch durch die Minenfelder gekrochen an der Zonengrenze, und dann durch Polen durch, Lettland so da oben rauf und da nach Finnland hoch.
F: Wie gewandert, gehikt?
J: Ja, per Anhalter.
F: Und hat dir niemand den Paß abverlangt?
J: Nee, kein Mensch. Ich bin immer ganz vorsichtig vorgegangen. Ja, und ich bin meistens mit Lastwagen mitgefahren.
F: Ja, und wie hast du dich ernährt?
J: Durch Klauen. Eier geklaut, Hühner geklaut.
F: Und dir ist nie etwas passiert?

J: Nee, ich habe ganz schweres Glück gehabt.
F: Wie alt warst du, als du los bist?
J: Da war ich siebzehn.
F: Wie lange hast du zu der Reise gebraucht?
J: Also, bis ich wieder in Deutschland war, 'n halbes Jahr. Ich habe ein Kind in Finnland oben.
F: Warum wolltest du durchaus nach Finnland?
J: Ich wollte nicht durchaus nach Finnland, ich wollte nur weg aus Deutschland, ich wollte raus, und die nordischen Länder, das hab ich gehört, das ist so gastfreundlich und alles, und wenn man da rauftrampt und so, da braucht man keine Not leiden und so, und das stimmt auch.
F: Warum bist du wieder weg?
J: Mir war es ein bißchen zu kalt da oben.
F: Stehst du in Verbindung mit dem Mädchen, die ein Kind von dir hat?
J: Nein, die hat mir nur einen Brief geschrieben und hat das Bild reingetan vom Kind, und hat geschrieben, ich soll kommen und sie heiraten, und da hab ich zurückgeschrieben, nee, mache ich nicht, ich kann nicht. Und die hat bestimmt einen anderen geheiratet schon.
F: Möchtest du sie mal wiedersehen?
J: Ja, ich würde sie gern mal wiedersehen.
F: Ist es ein Junge oder ein Mädchen, dein . .
J: Es ist ein Junge, ja, und dunkelhaarig.
F: Bist du nun stolz, daß du Vater bist?
J: Ja, ich bin stolz drauf, daß ich ein Kind hab.
F: Möchtest du dein Kind nicht selbst erziehen?
J: Wenn ich es könnte, würde ich es machen, aber ich kann es ja nicht.
F: Du bist dann also nach Deutschland zurück?
J: Dann bin ich erst mal auf das Jugendamt gegangen und hab da mal anständig auf den Putz gehauen, hab denen erzählt, was ich gemacht habe jetzt, und da haben die meine Mutter geholt, und meinen Vater geholt, da war mein Stiefvater, mein richtiger Vater, meine Mutter, mein Bruder waren alle da versammelt, und ich war da mitten drin gesessen. Meiner Mutter sind die Tränen runtergelaufen, mein Vater hat geflucht. Und mein Vater, der den Brief gekriegt hatte von der von Finnland oben, weil ich ja dem seine Adresse angegeben hatte, und dann ist es drum gegangen, wer nimmt mich zu sich. Jetzt mein Vater hat gesagt, und das ist vollkommen verständlich, der hatte inzwischen sechs Kinder, sieben Kinder, der hatte keinen Platz, das ist ja logisch. Jetzt meine Mutter, komm zu mir, komm zu mir, hat sie geschrien, ich sollte zu meiner Mutter gehen, hab ich gesagt, ist in Ordnung, ich komme. Und dann mein Stiefvater, wenn der kommt, dann gehe ich. Ja, jetzt wars, was

sollte meine Mutter machen in dem Moment und so hat sie gesagt, also, da muß ich so in ein Jugendwohnheim gehen, und das kostete über 200 Mark im Monat, mußte ich arbeiten, hatte ich auch bald keine Böcke mehr drauf.

F: Hast du in deinem Beruf gearbeitet?
J: Nein, ich habe auf Heizungsbau gearbeitet, Akkord gearbeitet. Verdiente ich mehr. Und dann bin ich da auch abgehauen und bin in eine andere Stadt gegangen auf Montage mit einer Stuttgarter Firma, und da habe ich da meine ehemalige Verlobte kennengelernt..
F: Wann hattest du dich verlobt?
J: Ich habe mich verlobt, das war 66.
F: Mit achtzehn Jahren?
J: Mit achtzehn, 66 ja. Und das ist gutgegangen, das war bis Weihnachten 67, nee, was sag ich denn, das war, verlobt habe ich mich im Februar 66, nach einem halben Jahr war Schluß.
F: Warum?
J: Die war zu alt für mich, die war 33 Jahre alt, hatte zwei Kinder. Und dann habe ich ein junges Mädchen kennengelernt und auch aus gutem Hause, mit der habe ich mich dann auch verlobt. Und dann habe ich angefangen mit meinem Blödsinn.
F: Nämlich?
J: Da habe ich Einbrüche gemacht, und so, daß ich zu Geld kam.
F: Wie viele?
J: Wieviel Einbrüche? Ach, die kann ich gar nicht mehr zählen. Ich habe also nur Safes und Geldschränke geknackt.
F: Alleine oder mit einer Bande?
J: Nee, zuerst allein, und dann waren wir zu, also dann habe ich noch so ein paar Mitglieder geholt, und dann waren wir vier. Ich habe nur also die großen Fabriken, die Geldschränke aufgemacht oder die Konzerne da, Neckermann und Quelle und so Sachen.
F: Aus Prinzip?
J: Aus Prinzip. Ich wollte, ehrlich gesagt, einen armen Mann nicht noch ärmer machen. Und das ist, das ist mir auch viel zu primitiv vorgekommen, sagen wir mal, einen Mann, der die ganze Woche schwer arbeitet für sein Geld, auch noch ihm das Geld wegzunehmen, wie einen anderen, der sein Geld praktisch im Schlaf verdient.
F: Und du hast die Safes geknackt?
J: Ich habe die Safes geknackt.
F: Was gab es dort für Beute?
J: Also, das höchste, was ich rausgeholt habe, das waren 60 000 Mark mal.
F: Bei Neckermann?
J: Nee, war Quelle.

F: Was hast du bei Neckermann rausgeholt?
J: 25 000.
F: Und das ging wie lange gut?
J: Das ging gut bis Februar 67.
F: Ab Juni 66 bis Februar..
J: Da wo Schluß war mit meiner Verlobten, ab da hab ich angefangen.
F: Juni 66 bis Februar 67?
J: Ja.
F: In diesem Dreivierteljahr hast du wieviel Einbrüche gemacht?
J: Wenn ich schätzen soll, waren es an die zweihundert.
F: Wieviel allein?
J: Alleine hab ich gemacht, kann ich nur schätzen, ich hab es nicht aufgeschrieben, so ungefähr siebzig, achtzig Stück.
F: Und hundertdreißig etwa mit den anderen.
J: Ja.
F: Ihr ward also jede Nacht los?
J: Fast jede Nacht waren wir los. Im ganzen Bundesgebiet waren wir, haben wir gearbeitet.
F: Und auch mal in einer Nacht zwei?
J: Ja, zwei, drei, vier sogar manchmal.
F: In einer Nacht?
J: Ja.
F: Nun hast du doch viel Geld damit verdient.
J: Ja.
F: Was hast du damit gemacht?
J: Ich habe gepraßt. Ich habe den Stenz gespielt. Ich bin von Dortmund aus, das ist nur ein Fall, ich bin von Dortmund aus, mit meinem Kumpel, mit Chauffeur, mit einem schneeweißen 230 Mercedes sind wir nach Monte Carlo runtergefahren, und da habe ich 70 000 Mark verspielt auf der Spielbank. Nur aus Bock heraus so, weil ich den Stenz spielen wollte, und ich habe dort unten eine Filmschauspielerin kennengelernt, und ich habe das bisher niemandem erzählt, weil, das hätte mir sowieso niemand geglaubt, es war die Claudia Cardinale, mit der war ich im Bett schon. Und nachher, da habe ich in der Schweiz schon, da habe ich den Mercedes noch verkaufen müssen, weil ich kein Geld mehr hatte, dann sind wir da raufgefahren, und das war so ziemlich am Schluß, wollen mal sagen, von meiner Ganovenkarriere. Paar Wochen später haben die mich dann gehabt.
F: Wie haben sie dich gekriegt?
J: Ich wollte auf der Bank Geld holen, auf der Bank, wo ich mein Geld hatte, und ich hatte immer zwei Pistolen bei mir, aber ich konnte nichts machen, die waren zu viele, und ich habe mir das auch noch überlegt, wenn du jetzt ein paar abknallst von denen, dann kommst

du lebenslänglich rein, das willst du auch nicht, so kommst du vielleicht mit sieben, acht Jahren davon.
F: Bist du wegen all deiner Einbrüche . .
J: Nein, sie haben mir nur 68 Fälle nachgewiesen, und das ist so gekommen, die zwei, die wir zurückgelassen hatten, die haben auf eigene Faust gearbeitet und sind erwischt worden. Weil die das nicht so genau geplant hatten wie ich es immer gemacht hatte.
F: Und die hatten geredet?
J: Die haben gepfiffen, ja.
F: Warum?
J: Die haben vielleicht gemeint, wenn sie Kronzeuge spielen, dann kriegen sie weniger. Die haben aber auch weniger gekriegt, aber das war so minimal, das hätt sich gar nicht gelohnt.
F: Wieviel hast du bei diesen zweihundert Einbrüchen an Geld erbeutet?
J: Also, eine Million will ich nicht sagen, aber so ziemlich, kommt ran.
F: Was war denn der Schnitt?
J: Der Schnitt? Das hat immer gependelt zwischen 5000 und 10 000 Mark. Zum Schluß, da hatte so jeder ungefähr, sagen wir mal, zwischen 130 000 und 140 000 Mark auf der Bank. Die haben die beschlagnahmt, alles.
F: Wie habt ihr eure Einbrüche geplant?
J: Das hab nur ich gemacht, die Planung, was heißt, geplant haben wir da nicht viel, wir haben nur beobachtet immer, und dann haben wir immer mit Funkgeräten gearbeitet. Zwei Mann sind mit Funkgeräten rumgelaufen, wegen Nachtwächter und so, und zwei Mann sind reingegangen.
F: Und du hast geknackt?
J: Ich hab sie aufgemacht, auf ganz simple Art und Weise. Ich habe mit der Trennscheibe gearbeitet, da meinen die meisten Leute, das macht so einen unheimlichen Krach, und die macht auch einen Krach, die Trennscheibe, aber da hab ich nur zwei Säcke drumgewickelt, und da hat überhaupt fast gar kein Geräusch mehr von sich gegeben. Und dann hab ich oben, weil, ich hab die Erfahrung gemacht, daß oben fast immer das Papiergeld drin ist, oben im Geldschrank, da hab ich oben immer nur so eine Ecke rausgeschnitten, und hab dann das Papiergeld, was da oben drin war, rausgeholt.
F: Und wieviel hast du dafür bekommen?
J: Drei Jahre.
F: Drei Jahre?
J: Sechs Jahre waren beantragt vom Staatsanwalt. Ich hatte einen guten Rechtsanwalt, und der hat das alles darauf zurückgeführt, wegen meinem Vorleben und so, ich war ja auch im Heim aufgewachsen und kein Elternhaus gehabt, keine richtige Erziehung und

so und da hat er gemeint, daß man mir noch mal eine Chance geben sollte.
F: Und würdest du das selbst auch darauf zurückführen?
J: Ja, würde ich auch sagen.
F: Und du würdest nicht, wenn du normal aufgewachsen wärest, doch an einem bestimmten Punkt deines Lebens gesagt haben, ach, ich will mal als Gangsterkönig leben.
J: Nee, hätt ich bestimmt nicht gesagt. Ich könnt es ja jetzt auch, ich sag jetzt auch nicht, ich mach noch Einbrüche.
F: Du würdest nie wieder einbrechen?
J: Nee, würde ich nicht mehr machen.
F: Was hast du für Berufspläne?
J: Ich will aufs Schiff gehen, vielleicht kann ich mich da hocharbeiten. Ich will versuchen, Kapitän zu werden.
F: Du wärst dann also mit 35 etwa fertig.
J: Ja.
F: Was hattest du als kleiner Junge für Berufswünsche?
J: Also, wo ich noch in der Schule war, ich wollte Ingenieur werden, ich wollte große Bohrwerke machen.
F: Du wolltest immer Ingenieur werden?
J: Ich wollte immer Ingenieur werden.
F: Was sind deine frühesten Erinnerungen?
J: Mit zwei Jahren, kann ich mich heute noch erinnern! Da habe ich alle fünf Zehen gebrochen hier am linken Fuß, da ist bei uns, da wo ich gewohnt habe, da ist hinten eine neue Kirche, also die war alt, die Kirche, und die ist renoviert worden, und da waren so Steinplatten, so große, die habe ich als kleiner Junge versucht mir durch die Beine fallen zu lassen, und da ist sie mir auf den Fuß gefallen, da waren die Zehen ab, also gebrochen. Und da kann ich mich genau noch erinnern, da ist ein Ehepaar gekommen, und der Mann hat mich dann heimgetragen, auf den Arm, und dann weiß ich noch, daß ich im Krankenhaus viel Spinat und Spiegeleier gegessen habe, das ist heute noch meine Lieblingsspeise.
F: Wann hast du denn deine ersten erotischen Empfindungen gehabt?
J: Empfindungen, das weiß ich nicht. Ich weiß nur, wann ich mein erstes Erlebnis mit 'ner Frau gehabt hab. So mit dreizehn.
F: War es schön?
J: Ja, schön für mich, ich hab da sehr viel gelernt, da hab ich praktisch alles gelernt, das, was ich heute kann.
F: Hast du viel onaniert?
J: Ja, hab ich.
F: Hast du mit anderen Jungs rumgemacht?
J: Nee, überhaupt nicht.
F: Nun kamst du also ins Gefängnis.

J: Ich war erst in U-Haft, da war es ganz ordentlich, ich hatte Geld und konnte einkaufen alle vierzehn Tage so viel ich wollte, und da ist es mir gutgegangen. Wenn man von gutgehen reden kann, wenn man im Knast sitzt. Ja und wie dann die Verhandlung rum war, dann bin ich also halt in Strafgefangenenhaft gekommen, also als Strafgefangener, da ist es dann schon anders geworden, da konnte ich von dem Geld nichts mehr brauchen, was ich noch hatte, es waren noch ungefähr 1500 Mark, da konnte ich nichts mehr brauchen von, und das ist mir dann auch später beschlagnahmt worden.

F: Mit wieviel Leuten warst du auf eine Zelle?
J: Am Anfang auf Einzelzelle sieben Monate.
F: Wie alt warst du, achtzehn?
J: Neunzehn.
F: Neunzehn, ohne einen Menschen zu sehen?
J: Ja doch, ich muß ja arbeiten, aber ich war nur auf Einzelzelle, ich hatte zu lesen und zu rauchen, nur Einzelzelle.
F: Und wie war die Verpflegung?
J: Ja, die war, irgendwie war sie gut, würde ich sagen.
F: Wie oft gab es Fleisch?
J: Fast jeden Tag.
F: Und wie war die Behandlung?
J: Ja, ich meine, wenn man sich fügen konnte, und ein bißchen Radfahrer war, dann konnte man gut leben da drin. Aber ich bin leider nicht der Typ dazu. Wenn man sich nicht alles gefallen läßt von den Wachtmeistern und so, das ist ja logisch, dann kriegen die einen Bock auf einen, und dann behandeln sie einen schlechter und schikanieren einen so bei der Arbeit oder so. Und ich hatte so einen Krach mal mit dem Bauverwalter, da hatte ich ihm gesagt, also jetzt ist es gleich aus, jetzt fliegen wir alle beide zum dritten Stock runter, ja, und da habe ich Prügel gekriegt, vom Rollkommando.
F: Wo warst du im Gefängnis?
J: Rottenburg am Neckar.
F: Wieviel Leute gehörten dem Rollkommando an?
J: Ja, das ist verschieden. Grad von denen, die halt Dienst haben, und da ausgesucht, die auch ein bißchen schlagen können..
F: Wieviel sind das dann meistens?
J: Sagen wir, zwischen sieben und zehn Mann.
F: Zehn Mann, und was geschieht dann?
J: Ja, die verprügeln einen.
F: Die kommen in deine Zelle?
J: Ja, manche mit Gummiknüppel, die anderen mit den Fäusten und so, und da hatte ich Prügel gekriegt, anständig.
F: Geschieht das oft?
J: Nee, das passiert nicht oft, nur wenn einer mal richtig, also sich

überhaupt nichts mehr sagen lassen will, so wie ich, ich hatte ja ein großes Schild an der Zelle, mit rot geschrieben, «Vorsicht, gemeingefährlich» und so alles, nur mit drei Mann betreten und so, weil ich, ich hatte richtig, ich hab alles gehaßt, was eine grüne Uniform anhatte.

F: Wie erklärst du dir das, dadurch, daß du in der Einzelhaft so lange warst?
J: Ja, genau dadurch.
F: Du warst drei Jahre lang in dem Gefängnis, wie oft ist da dieses Rollkommando..
J: Ich schätze so um zwanzigmal.
F: Zwanzigmal in drei Jahren, und in welchem Zustand waren die Gefangenen hinterher?
J: Ja, die meisten waren zum Schluß bewußtlos, die mußten ins Spital kommen, mußten da also ein paar Wochen zubringen im Spital.
F: Hat es da nie Klagen gegeben, sind da nie Ärzte benachrichtigt worden?
J: Ist nie durchgegangen. Ich habe auch mindestens zehn Beschwerden ans Ministerium geschrieben, da ist keine einzige durchgegangen.
F: Und würdest du nicht jetzt noch mal eine Beschwerde..
J: Nee, würde ich nicht machen.
F: Warum nicht?
J: Weil das gar keinen Zweck hat.
F: Warum?
J: Weil, die würden sich überhaupt nicht darum kümmern.
F: Das Ministerium würde sich nicht darum kümmern?
J: Nee, in den Papierkorb, da paßt viel rein. Meine Beschwerden sind ja gar nicht alle rausgegangen aus dem Gefängnis, so wie es ist, nehme ich es an, die sind alle gleich beim Assessor oben im Papierkorb gelandet, so ist es meistens, wenn man sich beschwert im Gefängnis.
F: Wie ist es mit der Sexualität im Gefängnis, habt ihr untereinander was gemacht?
J: Also ich nicht, aber ich hab viel gehört, daß es viele machen. Ich hab gewichst, für mich allein.
F: Wenn der andere dabei war.
J: Nee, wenn der andere weg war. Wir hatten so immer die Mittagspause ein bißchen getrennt, da war ich eine halbe Stunde allein, bis er gekommen ist, und ich mußte früher wieder anfangen wie er, und dann hat er gemacht. Und wir hatten so Stellungsbilder und so Sachen, und da hat man die sich halt angeguckt.
F: Gab es eine Art wie Gefängnis-Prostitution, gab es da Homosexuelle, die sich..

J: Das war nur einer im ganzen Gefängnis, das war der Hugo, der hat seine, hat sich geschminkt wie eine Frau, und Kettchen getragen und so Sachen, der ist ja draußen eine Tunte gewesen, der hat bei anderen geblasen, für zehn Päckchen Tabak und so.

F: Für einmal blasen kriegte er zehn Päckchen Tabak?

J: Ja, manchmal noch mehr dreizehn, vierzehn Päckchen.

F: Das hast du aber nie gemacht..

J: Nee, nee, ich hab mir überhaupt keinen blasen lassen. Da hab ich noch ein bißchen Abneigung gehabt dagegen.

F: Wieviel Stunden mußtest du am Tag arbeiten?

J: Im Durchschnitt neun Stunden.

F: Was verdientest du die Stunde?

J: Nee, kann man nicht mit Stunden sagen, am Tag 1,20 Mark.

F: Am Tag verdientest du für neun Stunden Arbeit 1,20 Mark?

J: Ja, und am Anfang 60 Pfennig am Tag, so hat sich das so langsam gesteigert.

F: War die Arbeit hart?

J: Ja, im Steinbruch gearbeitet.

F: Und du kriegtest es also rund 36 Mark im Monat.

J: Ja, am Anfang nicht, ja, wo ich die 1,20 Mark hatte, ja, da schon, aber die ersten drei Monate nicht, da hatte ich ja nur 60 Pfennig am Tag.

F: Also 18 Mark im Monat.

J: Ja und da hatte ich die Hälfte davon, hatte ich Einkauf, konnte ich mir Tabak kaufen.

F: Tabak, und was noch?

J: Ja und Toilettenartikel oder Zeichenpapier oder Schreibpapier.

F: Als die drei Jahre um waren, kriegtest du also für drei..

J: Nee, ich habe ja nur zweieinhalb Jahre gesessen.

F: Wegen guter Führung?

J: Wegen guter Führung entlassen worden, das heißt nicht wegen guter Führung, im Sinne der Resozialisierung bin ich entlassen worden.

F: Aha, also sind in zweieinhalb Jahren zwanzigmal die Rollkommandos in Kraft getreten, und nach zweieinhalb Jahren, neunstündiger Arbeit täglich, kriegtest du wieviel Geld jetzt ausbezahlt?

J: Ich habe genau 28 Mark bekommen.

F: Und was ist mit dem anderen Geld geschehen?

J: Das ist alles ans Gericht gegangen.

F: Bist du zwischendurch ausgebrochen?

J: Siebenmal. Immer wieder geschnappt worden. Ja, das heißt, ich wollte ja nicht für immer abhauen.

F: Sondern?

J: Das wußte ich ja, daß das nicht klappen würde, ich wollte nur mal

wieder ein Mädchen haben, paar Bier trinken und so.
F: Bist von selbst wieder rein oder . .
J: Nee, nee, ich hab mich halt erwischen lassen. Ich bin da durch die Städte durchgelaufen, als wie wenn ich Tourist wär, ich hab mich da gar nicht gekümmert, ob mich nun jetzt ein Polizist erkennt oder nicht, ich bin keinem Polizisten aus dem Wege gegangen.
F: Und wie lange ging das gut?
J: Das letzte Mal vier Wochen. Ich war in der Stadt, da wo ich gewohnt habe, wo ich die Prügelei gemacht habe, da hab ich vier Wochen zugebracht, bin rumgelaufen in der Stadt drin, da rumgesoffen, da rumgehurt, überall bin ich durch Straßen gelaufen und hab sogar einen Polizisten, den ich kannte, gegrüßt.
F: Hat er dich dann erkannt?
J: Der hat mich erkannt, ja, aber gemacht hat er nichts, er traute sich vielleicht nicht.
F: Warum getraute er es sich nicht?
J: Ich weiß nicht. Ich hätte mich ja nicht gewehrt, aber er kannte mich von früher, und wußte, daß ich ziemlich bekannt war in der Stadt damals als Schläger.
F: Wie war das, wenn du so einen Einbruch machtest. War da eine Spannung bei?
J: Nee, habe ich gar nichts bei gefühlt, überhaupt nichts, ich wollte nur das Geld, sonst wollte ich gar nichts.
F: Wie lange dauerte so ein Einbruch?
J: Der längste dauerte sieben Stunden.
F: Warum dauerte der so lange?
J: Das war ein doppelter Panzerschrank, war das. Das war viermal sägen. Wir sind reingegangen, ich wußte da, daß es also besonders schwer war, deshalb bin ich schon um zehn Uhr reingegangen.
F: Hat es sehr aufregende Episoden gegeben?
J: Ja, einmal sind wir verfolgt worden.
F: Von wem?
J: Von Polizisten.
F: Von den Nachtwächtern nie.
J: Sieben Peterwagen sind uns da immer hinterher. Wir haben jeder ein Motorrad gehabt und haben uns gleich getrennt.
F: Die Nachtwächter haben euch nie entdeckt?
J: Nee. Die haben wir immer so ausgeschaltet mit Mikrophon, mit Funkgeräten.
F: Wenn euch nun ein Nachtwächter in die Quere gekommen wäre, hättest du dann geschossen?
J: Nee.
F: Aber warum hattest du die Pistolen dabei?
J: Ich weiß auch nicht. Die haben mir irgendwie eine Sicherheit gege-

ben.
F: Wenn der nun geschossen hätte oder dich bedroht hätte?
J: Also, wenn er mich getroffen hätte, geschossen hätte und hätte mich getroffen, da hätte ich auch geschossen. Nur wenn die mich getroffen hätten, dann hätte ich es immer noch als Notwehr hinstellen können.
F: Wußte deine Verlobte, woher das Geld kam?
J: Die wußte alles.
F: Und hat dich aber nie angegeben?
J: Nee.
F: Die fand das schön?
J: Die hat da richtig Böcke drauf gehabt. Ja. Deshalb verstand ich das auch nicht richtig, daß sie mich dann hat sitzenlassen.
F: Als du aus dem Gefängnis kamst, war sie verheiratet?
J: Nee, verlobt wieder.
F: Und wollte nichts mehr mit dir zu tun haben?
J: Nee, sie hatte meinen Ring noch an. Also ich hätte es geschafft, ich hätt es geschafft wieder, aber ich hatte keine Böcke mehr.
F: Wie war es im Gefängnis mit der Lektüre. Konntest du dort viel lesen?
J: Ja, und sehr gute Bücher sogar.
F: Was?
J: Also ich hab da Bücher gelesen «Du darfst nicht lieben wen du willst», das ist so von einem sibirischen Gefangenlager oder «Der rote Marder», «Taras Bulba», «Geliebt, gejagt und unvergessen», die Bücher da, die hab ich gelesen. Und noch viel mehr «Zwei Töchter auf Pump», das sind alles von ganz bekannten Schriftstellern geschrieben. Ich habe nur, was soll ich sagen, da muß man so eine Karte ausfüllen, was für Bücher man da haben will, und da hab ich draufgeschrieben, Kriegsbücher, Schicksalsromane und so die humoristischen Sachen da, der «Brave Soldat Schwejk» und so Sachen, lese ich aber auch sehr gern.
F: Den Schwejk?
J: Ja. Das ist ein Buch, das ist auch sehr dick das Buch, da ich meine, also Taschenbuch ähnlich, aber nur ähnlich, und war so dick. Ich meine, da hab ich drei, vier Tage dran gelesen.
F: Würdest du nun den Schwejk auf eine einsame Insel mitnehmen, wenn du drei Bücher mitnehmen dürftest?
J: Ja, würde ich mitnehmen.
F: Und die anderen beiden?
J: Das andere wäre «Geliebt, gejagt und unvergessen» würde ich mitnehmen und dann, wie hat das geheißen, «Ich und die Legion», das hat ein Fremdenlegionär geschrieben, der war mit mir im Knast. Ja, und das ist ganz ganz Superklasse das Buch. Also originale Tatsa-

chen sind da drin, also nichts dazugemacht, gar nichts.
F: Gab es Kino?
J: Ja, jeden Monat Film, einmal, ja.
F: Und wie oft Oper?
J: Also Radio nur, Lautsprecher nur, Opern zweimal in der Woche.
F: Das konntet ihr aber auch ausstellen.
J: Ja. Dann die Musikinformation, so Schlager und Beat und so Sachen, das war ja ganz einmalig dort, das war gut. Überall informiert gewesen. Da ist eine extra Radiozelle gewesen, der hat da geschlafen und alles in der Radiozelle und hat alles unter sich, da muß der aber das einstellen, was vorgeschrieben war. Und Sport alles, ja, haben wir alles gehört. Sport, das war ja bei mir ziemlich das wichtigste.
F: Politisch, was hörtet ihr da?
J: Nur die Nachrichten, und was war da noch, Kommentar und so Sachen sind immer gekommen, politische Sendungen.
F: Hattet ihr irgendwelche Kurse?
J: Englich-Kurse kann man machen, ja.
F: Hast du mitgemacht?
J: Nur am Anfang.
F: Hattest keine Lust?
J: War nix. Das war der Pfarrer, der das gemacht hat, der hat da nicht die Vokabeln durchgeochst, und der hat gleich so richtig angefangen, und wenn du das nie gemacht hast, wenn du keine Ahnung von hast, dann ist das ein bißchen schwer. Obwohl ich nicht dumm bin, aber ich war, ehrlich gesagt, ein bißchen zu faul dazu.
F: Wann wurdest du entlassen?
J: Genau am 28. Februar 69.
F: 69, also diesen Februar.
J: Ja.
F: Was geschah dann?
J: Ja, ich hab, das ist so gewesen, ich hatte im Knast schöne lange Haare, bis über die Schulter, und bin zum Friseur gegangen, er soll mir nur die Spitzen abschneiden, und der Friseur hatte aus irgendeinem Grund, den weiß ich heute noch nicht, einen Haß auf mich, na, und da hat der mit einem Schnitt hat der mir die ganzen Haare abgeschnitten. Ja, ich hab ihn verprügelt dafür, aber mehr konnte ich ja auch nicht machen.
F: Das war der Friseur im Gefängnis?
J: Ja. Das ist selbst ein Gefangener, und dann habe ich mir eine Glatze schneiden lassen, von meinem Kumpel in der Zelle da hat der das abgeschnitten, mit dem Rasierapparat abgemacht, und zwei Tage später habe ich erfahren, daß ich entlassen werde.
F: Du gingst also mit einer Glatze?

J: Ja. Das war eine Blitzentlassung. Ich erfuhr morgens, daß ich entlassen werde, und abends bin ich entlassen worden, da ging ich halt raus mit 'ner Glatze, hatte 28 Mark in der Tasche, keine Arbeit, kein Zimmer, nichts, so haben sie mich rausgeschmissen. Was soll ich machen, ich hab eine Nutte gekannt in Stuttgart, die ist für, früher mal für mich gelaufen, und die ist jetzt Star da, die ist die Beste da, zu der bin ich hin, und der hab ich auch gesagt, was los ist und so, sie hat gesagt, also nehmen kann sie mich nicht mehr, weil, sie hat drei Zuhälter, weil sie aufpassen mußte, und was soll ich machen, gegen drei Mann kann ich nichts machen, wenn es nur einer gewesen wäre, den hätte ich gleich ausgeschaltet gehabt, den hätte ich mal anständig verprügelt und dann wäre er von alleine gegangen. Nun hat sie mir aber 400 Mark gegeben, ich war so doof und hab die gleich versoffen und verhurt, das heißt, ich habe kein Geld bezahlt für die Weiber, aber so mal einen ausgegeben und so, ja und ich habe da alles gefickt, was mir untergelaufen ist, was weiblich ausgesehen hat. Drei Wochen, drei Wochen war ich da in Stuttgart. Nur rumgefickt, bis zu drei-, viermal am Tag, aber nicht die gleiche Hure, immer 'ne andere. Und dann bin ich zu meinem Bewährungshelfer gegangen, der hat mich so ganz schön empfangen da, von wegen, warum ich jetzt erst komme, obwohl der für mich gar nicht bestellt war, ich habe überhaupt keinen Bewährungshelfer gestellt gekriegt, obwohl es die Auflage war.
F: Warum nicht?
J: Zu mir hat man nur gesagt, du gehst da aufs Arbeitsamt, da kriegst du Arbeit, und sonst nichts.
F: Da bist du aber nicht hin?
J: Nee, da bin ich nicht hin. Und der Bewährungshelfer hat zu mir gesagt, also ich hab nicht den Auftrag, mich mit dir zu befassen, aber ich mach das, ich war ihm sympathisch, denk ich mir, hab auch gesagt, er ist ein Reserveoffizier von der Bundeswehr, er hat gesagt zur Bundeswehr, weil ich darauf angespielt habe, ob ich nicht zur Bundeswehr kann für ein paar Jahre, da hat er gesagt, wenn du fünfzehn Jahre mindestens, und das wollte ich nicht. Ich sage, nee, nee. Und dann hat der mir Arbeit verschafft und Zimmer.
F: In Stuttgart?
J: Nee, in Pforzheim. Und das habe ich nicht lange ausgehalten.
F: Was hattest du für Arbeit?
J: In der Gießerei.
F: Also nicht in deinem Beruf?
J: Nee, das ist ganz schwere Arbeit in der Gießerei, und da hatte ich innerhalb vierzehn Tagen etwas über 500 verdient, und hatte ich 300 Mark Vorschuß gehabt, wurde alles auf die Sparkasse überwiesen, und dann habe ich das aufgegeben. Bin ich in so ein Wohnheim

gegangen, hab dort eine Woche gewohnt, hab dann zu meinem Bewährungshelfer gesagt, also hören Sie mal her, würden Sie was dagegen haben, wenn ich nach Hamburg gehe. Ich will aufs Schiff. Sagt er, nein, ich habe nichts dagegen, weiter habe ich nichts gesagt, am nächsten Tag bin ich halt abgehauen, und habe dort Schulden zurückgelassen, aber ich habe mir das so gedacht, von der Firma krieg ich noch so und so viel Geld, also für zehn Tage kann man doch keine 200 Mark Abzug machen, und die Schulden da, die waren ungefähr 70 Mark, das kriegt ja mein Bewährungshelfer zugeschickt, mit den Arbeitspapieren, dann konnte der das ja bezahlen, habe ich gerechnet, also können die mir keinen Betrug anhängen. Nun bin ich halt hier nach Hamburg raufgekommen.

F: Wer hat dir die Idee in den Kopf gesetzt?
J: Die habe ich mir selber, ist von mir selber.
F: Wie bist dann an den Kumpel gekommen, der mit dir gefahren ist?
J: Ich war auf dem Arbeitsamt und habe Gelegenheitsarbeit machen wollen, und der hat uns eine Baustelle geschickt, da, zu zweit, und da hat es geschneit, und da hatte ich keine Böcke zum Arbeiten im Freien, habe ich mir zwei Mark Vorschuß geben lassen, und er sich auch, sind wir abgehauen, und haben zufällig in so einer kleinen Kneipe haben wir zwei Fernfahrer getroffen von Hamburg, und die habe ich dann gleich angehauen, ob sie uns mitnehmen können, haben sie gesagt, ist in Ordnung, ihr könnt mitfahren.
F: Jetzt hast du keine Arbeitspapiere?
J: Nee, ich habe sie nicht dabei.
F: Hast du einen Personalausweis?
J: Ja. Personalausweis habe ich.
F: Hast du einen Paß?
J: Nee, ich brauch ja keinen Paß, ich brauch auch auf dem Schiff keinen Paß, nee.
F: Wenn du anheuerst, wird dir dein Bewährungshelfer die Papiere schicken?
J: Wird er mir schicken, wenn er weiß, daß ich ein Schiff habe.
F: Aber vorher nicht?
J: Vorher nicht, nein.
F: Warum nicht?
J: Weiß ich nicht. Das ist Sicherheit, wahrscheinlich.
F: Bist du oft krank.
J: Nein, ich war praktisch noch nie im Leben, also innerlich krank. Noch nie. Wenn ich einen Schnupfen hab, dann ist der nach einem Tag wieder weg.
F: Hast du oft den Schnupfen?
J: Nee.
F: Schläfst du gut?

J: Ja, ich schlafe sehr gut.
F: Wieviel Schlaf brauchst du durchschnittlich?
J: Ich brauche ungefähr vier Stunden Schlaf, dann kann ich..
F: Und schläfst auch, wenn du länger schlafen könntest, nicht mehr als vier Stunden.
J: Ach, wenn ich länger schlafen kann, dann schlafe ich auch länger. Aber nach vier Stunden wach ich auf. Ja, und dann schlaf ich aber wieder ein, rauche eine Zigarette, und dann schlafe ich weiter.
F: Letzte Woche zum Beispiel hast du wieviel geschlafen?
J: Letzte Woche, zwei Nächte.
F: Du ißt gern?
J: Ja, ich esse gern und viel.
F: Was ißt du am liebsten?
J: Was ich zur Zeit am liebsten esse oder was ich mal wieder am liebsten essen würde? Das wär ein Original Schwäbischer Eintopf.
F: Träumst du, wenn du schläfst?
J: Ja.
F: Farbig oder schwarz-weiß?
J: Farbig.
F: Hast du Träume, die immer wiederkommen?
J: Nee. Aber ich träume immer dasselbe, immer von Frauen.
F: Nur von Frauen?
J: Nur von Frauen, ich hab noch nie einen anderen Traum gehabt.
F: Was träumst du von Frauen?
J: Alles mögliche, alles was du mit einer Frau anfangen kannst, träume ich. Die unmöglichsten Dinger.
F: Hast du Tagträume?
J: Nein, ich habe keine Tagträume, aber ich sitze manchmal da und starre an die Wand, und dann träume ich, ja ich träum richtig. Ich habe nämlich einen ganz bestimmten Traum, wenn ich jetzt 20 000 Mark hätte, so wie ich jetzt dastehe, wenn ich 20 000 Mark hätte, ich würde mir sofort einen falschen Führerschein machen, einen falschen Personalausweis, dann würde ich mir ein Motorrad kaufen, ein schweres, und dann würde ich nach Süddeutschland runterfahren. Und dann würde ich da unten leben, und dann würde ich sogar auch arbeiten gehen. Aber mit einem falschen Ausweis und einem falschen Führerschein.
F: Warum?
J: Weil sie mir meinen Führerschein weggenommen haben. Weil ich Motorrad fahren will.
F: Du hast Haschisch genommen. Was hast du da geträumt? Auch nur von Frauen?
J: Ja, und da hatte ich Frauen auch immer, da brauchte ich nicht träumen von, da hatte ich sie immer. Mit Haschisch hast keine Phanta-

sieträume oder so, da fühlst du dich nur leichter, da vergißt du alle Sorgen, wenn du, sagen wir mal, du hast kein Geld oder so, und rauchst eine Pfeife Haschisch oder zwei, dann denkst du an das Geld gar nicht mehr, dann ist so alles wurscht, dann ist alles egal. Ich hatte eine Zigarette gedreht mit Haschisch so mit drei Blättchen und hatte die im U-Bahnhof unten, U-Bahnhof Nord, da fährt kein Zug mehr, die habe ich da geraucht, komme wieder rauf, und da hatte ich noch meinen an, die Jacke mit dem US-Army drauf, und da kommt einer zu mir, und sagt zu mir, hier suchen sie einen, der genau die gleiche Jacke anhat wie du mit dem US-Army drauf, den suchen die, und da sind so drei Kripo-Beamte und paar Bahnpolizisten auf einem Haufen gestanden, das war mir so alles wurschtegal, da bin ich auf die zugeschossen, hab die gefragt, hört mal, sucht ihr mich? Da hat der eine mich angeguckt, der kannte mich, und hat gesagt, nee, dich suchen wir nicht, wir suchen wohl einen, der die gleiche Jacke anhat wie du, aber du bist das nicht. Wenn ich aber die Zigarette nicht geraucht hätte, wär ich da nicht hingegangen, dann wär ich vielleicht abgehauen.

F: Du träumst zwar nur von Frauen, du gehst aber mit Männern ins Bett. Würdest du nun sagen: ich bin normal, würdest du sagen: ich bin homosexuell oder bisexuell?

J: Nee, ich würd mich nicht mal als bisexuell bezeichnen, ich würde sagen, ich würde so einteilen, daß ich vielleicht zu 65 % normal bin, das andere für Männer ist. Ich meine, wenn ich jetzt auf ein Schiff komme, dann ist das bei mir sowieso aus, dann mach ich nichts mehr mit Männern.

F: Ja, wenn du aber zu 35 % homosexuell bist, muß es dir doch Spaß machen.

J: Aber nur manchmal.

F: Wann?

J: Wenn es einer richtig versteht, mich hochzubringen, und das verstehen die meisten nicht.

F: Jemand, der dir sympathisch ist?

J: Der mir sympathisch ist, ich geh auch mit keinem anderen weg.

F: Du bist nie mit sehr alten Männern..

J: Nee, nee, nee.

F: Du bist nie mit jemand weggegangen, der dir unsympathisch war?

J: Ja, nie mit einem gegangen.

F: Gehst du lieber mit älteren Frauen oder lieber mit jüngeren Frauen?

J: Ich gehe lieber mit älteren Frauen. Also zwischen 25 und 35.

F: Was machst du im Bett am liebsten?

J: Mit den Frauen? Also, was ich persönlich gern mache, um die Frauen richtig hochzubringen, so richtig fertigzumachen, das ist lecken, und da stehen ja die Frauen auch sehr drauf. Wenn es mal eine richtig mitgekriegt hat, da die kann dann davon kaum mehr abgehen, das ist nicht in Viertelstunde erledigt bei mir. Ich bin zwar ein bißchen verwöhnt. Wenn ich, sagen wir mal, bis zum ersten Abgang durchschnittlich eine halbe Stunde, und dann mach ich Pause ungefähr fünf Minuten, rauche eine Zigarette, trinke einen Schluck oder was, und dann kann ich ficken, so lange ich will.

F: Was nennst du, so lange du willst.

J: Da kann ich eine Alte haben im Bett und die kann ich dann so fertigmachen, bis die Alte nicht mehr kann. Bei den Frauen dauert das gar nicht mal so lange, vielleicht zwei Stunden, länger nicht. Ich guck dann, daß ich halt, bevor die Alte ganz fertig ist, daß ich da noch mal einen Abgang krieg. Aber ich hatte auch schon Frauen mal, da hab ich fünf Stunden und sechs Stunden gefickt.

F: Du bist einmal mit einer Frau gegangen, die hat dich bezahlt.

J: Ja, das war das zweite Mal, das war vor kurzem mal wieder. Das war so, ich bin da in ein Lokal reingekommen, und da ist eine ganz Klassefrau gesessen, also die war nicht älter als 23 oder 24, und die war ganz tadellos gebaut, ein Bombengesicht gehabt, ganz Klasse, und ich, wie ich so halt bin, ich hab sie gleich angewichst und hab gefragt: na Schatz, was ist los heute abend und so, nun hat sie gemeint, ich soll mitgehen, ich soll halt mal mitkommen. Und ich bin auch mitgegangen, zu ihr rein, und die hat so ein schönes Appartement gehabt, ich weiß nicht, wieviel Zimmer, aber es war schön groß, haben wir gebadet, so geduscht, schön, und ich wollte ficken, ist ja logisch, ich wußte ja noch nicht, was da läuft, und die ist nur auf lecken gestanden. Nun hat sie sich ein Kissen untern Arsch, nun hat sie sich einen Eierlikör reingekippt, und den mußte ich rausschlürfen. Ja, da war das zu Ende, da hat sie sich fünf Schnapsbohnen reingeschoben, fünf Stück, und die mußte ich alle rausholen, aber sie hat zu mir gesagt, du mußt aufpassen, daß sie alle ganz bleiben, du kannst sie von mir aus rausessen, aber ganz bleiben müssen sie, die dürfen nicht zerspringen bei mir drin, sonst tut das weh, ist ja Alkohol drin. Ich hab es versucht, ich hab nur vier rausgekriegt, die fünfte habe ich nicht mehr gefunden. Und hat sie gesagt, also du kannst bei mir zwei Tage bleiben, und sie hat mir übrigens noch einen geblasen nachher noch. Weil, ficken lassen wollte sie sich nicht, die war verheiratet. War eine Offiziersfrau von Amerikanern. Und hat mich zwei Tage durchgeschleift, wir haben gegessen, gesoffen, rumgefahren im Auto, wir haben gebadet. Als das fertig war, hat sie mir 50 Dollar gegeben. War gut. Erst vor zwei oder drei Tagen habe ich mir auch 50 Mark verdient bei einer. Auch lecken. Genau dasselbe.

F: Und was machst du mit Männern am liebsten?

J: Wenn ich ganz ehrlich sein soll, was ich mit Männern am liebsten mach, am liebsten gar nichts.

F: Und hat es nun Männer gegeben, die dir wohl sympathisch waren, die dir dann aber doch einen Ekel eingeflößt haben, wenn du es mit ihnen getrieben hast?
J: Nee, nee.
F: Du bist aus Ekel mal eine ganze Zeit überhaupt nicht anschaffen gegangen.
J: Ja, da hatte ich auf niemand hatte ich da Böcke nach.
F: Auch auf Frauen nicht?
J: Doch, doch, auf Frauen habe ich immer, da kann ich immer.
F: Was war das für ein Ekel?
J: Das weiß ich selbst nicht. Ich bin rumgelaufen am Bahnhof, die Schwulen, die haben mich schier gefressen mit den Blicken, hat mich auch einer angequatscht, und dann hab ich zu ihm gesagt, Mensch, hau ab, du nasser Wichser, sonst hau ich dir was vor den Kopf. Ich weiß auch nicht, was das war.
F: Hast du sadistische Neigungen? Schlägst du gerne jemanden? Macht dir das Spaß, wenn du dich prügelst?
J: Nee, das macht mir kein Spaß. Ich geh lieber einer Schlägerei aus dem Wege. Wenn es sein muß, hau ich auch zu, so ist es nicht. Aber wenn ich dann seh, daß der andere nicht mehr kann oder nicht mehr mag, dann hör ich auch auf, da mach ich nicht mehr weiter.
F: Pflegst du dich sehr, bist du sehr sauber.
J: Ja, ich muß mich immer waschen. Ich kann das nicht anders, da fühle ich mich unwohl, wenn ich ungewaschen bin.
F: Am ganzen Körper?
J: Ja, am ganzen Körper.
F: Sind die Frauen, mit denen du gehst, sehr sauber?
J: Ja, die müssen sauber sein bei mir.
F: Und wenn sie es nicht sind?
J: Und wenn sie es nicht sind, da müssen sie sich waschen, vorher.
F: Was hast du nun für Erfahrung mit deinen Freiern gemacht, sind die sehr gepflegt oder sind die dreckig?
J: Die sind alle also sauber, würde ich sagen, die sind alle sauber.
F: Wenn dir nun einer 1000 Mark bieten würde, daß du mit ihm ins Bett gehst, und daneben liegt eine Frau, die will dir aber keinen Pfennig geben, mit wem würdest du dann?
J: Ich würde lieber die Frau nehmen.
F: Wenn du nun wieder ins Gefängnis kämst, würdest du dann doch mal mit einem Kumpel was machen?
J: Nee, würde ich nicht, würd nicht mit 'nem Kumpel machen.
F: Hast du Angst vor Geschlechtskrankheiten?
J: Ja, sehr, große, ja. Ich hatte zweimal schon den Tripper.
F: Siphilis hast du nie gehabt?
J: Nee, hab ich nie gehabt.

F: Was machst du dagegen, siehst du dich vor?
J: Nee, ich seh mich gar nicht vor. Ich hab mich noch nie vorgesehen deswegen.
F: Machst du irgend etwas, daß die Mädchen keine Kinder kriegen oder überläßt du das den Mädchen?
J: Nee, da mache ich alles voll rein, ich hab noch nie aufgepaßt und auch noch nie mit Parisern gefickt, noch nie.
F: Hast du Geld sehr gerne, siehst du gerne einen großen Haufen Geld oder ist dir das egal?
J: Nee, nicht mehr.
F: Früher ja?
J: Früher ja, da wo ich es hatte, und heute, ich hab letzte Woche, da hab ich geschlafen, nee vorletzte Woche war das, bei zwei Freunden von mir, da brauchte ich keinen Pfennig Geld, ich hatte keinen Pfennig Geld im Geldbeutel, ich brauchte aber auch nichts. Ich hatte mein Essen, mein Schlafen, mein Trinken, konnte fernsehen, wann ich wollte, konnte weggehen, konnte wiederkommen, wann ich wollte, ich brauchte kein Geld.
F: Aber früher hast du so richtig in den Scheinen gewühlt.
J: Ja, genau. Da hab ich halt die Scheine durchgeblättert und hab sie richtig hingeschmissen, und hab gejubelt, ist ja logisch.
F: Alle vier?
J: Ja. Dann haben wir sie wieder aufgesammelt und haben sie schön eingepackt, und dann habe ich sie zur Bank gebracht.
F: Jetzt, wieviel Geld möchtest du gerne haben? Wenn du dir es wünschen könntest?
J: Wieviel Geld? Ich möchte so viel Geld haben, daß meine Kinder und denen ihre Kinder noch gut davon leben können.
F: Wieviel?
J: Da braucht man nicht mal so viel, ich würde sagen, mir würden genügen 10 Millionen Mark.
F: Und das mindeste, was du haben müßtest, um überhaupt existieren zu können?
J: Daß ich jetzt existieren könnte. 500 000 Mark würden mir genügen.
F: Aber weniger möchtest du nicht haben?
J: Doch, mir würden auch weniger genügen.
F: Ja, womit kämst du aus?
J: Hier, jetzt, 30 000 Mark.
F: Was würdest du tun, wenn du unermeßlich viel Geld hättest?
J: Das weiß ich nicht. Hab ich mir noch nie Gedanken darüber gemacht.
F: Leidest du im Moment sehr darunter, daß du auf den Strich gehst? Bedrückt dich das?
J: Ja, bedrückt mich irgendwie, ja.

F: Du würdest es deiner Muter nicht sagen?
J: Nee, würde ich meiner Mutter nicht sagen.
F: Du würdest es einem anderen Kumpel auch nicht sagen?
J: Nee, würde ich auch nicht machen.
F: Was findest du daran denn schlecht?
J: Ich hab schon damals, wie ich den Jungen hatte, der mir 80 Mark gegeben hat, da kam ich mir irgendwie ein bißchen link vor, daß ich nur für den zu streicheln, daß ich da 80 Mark genommen habe dafür.
F: Wenn du nun mit einem guten Freund, und der würde dir kein Geld geben dafür, kämst du dir dann weniger schlecht vor?
J: Ich glaub schon, ja.
F: Also es ist, daß du Geld dafür nimmst?
J: Ja.
F: Daß du mit Männern was machst, das bedrückt dich nicht?
J: Doch, das bedrückt mich auch.
F: Wenn du jetzt kein Geld dafür genommen hättest, würdest du es deiner Mutter auch nicht sagen wollen?
J: Nee, würde ich nicht sagen.
F: Deinem Vater?
J: Meinem Vater würde ich es sagen.
F: Aber du würdest dich schämen dabei?
J: Ich würde mich schämen dabei, aber meinem Vater würde ich es sagen.
F: Würdest du deinem Vater auch sagen, daß du Geld dafür genommen hast?
J: Ja, würde ich dem auch sagen, weil er hätte Verständnis dafür.
F: Hat er es auch mal gemacht?
J: Das weiß ich nicht, ich glaub es nicht. Mein Vater war ein unheimlicher Frauenheld, früher.
F: Hast du es damals schlecht gefunden, einzubrechen?
J: Nein, habe ich nie schlecht gefunden.
F: Warum nicht?
J: Das hat mir irgendwie Spaß gemacht, den reichen Leuten da etwas wegzunehmen. Weil, ich bin der Auffassung, nach dem Krieg, da haben die meisten, ich will nicht sagen, alle, aber die meisten haben doch da nur durch Schiebung und durch verbrecherische Machenschaften ihr Geld verdient, und sind dadurch heute groß. Ja, warum soll man denen nicht mal was wegnehmen?
F: Hast du armen Leuten gelegentlich was gegeben?
J: Och, wenn ich die Schulden alle, die sie bei mir haben, jetzt kassieren wollte, dann hätte ich wieder ein paar hunderttausend Mark zusammen.
F: Wieviel hast du von diesem Geld, also von den ein bis zwei Millionen ungefähr verschenkt?

J: Ach Gott, ich habe fast jeden Tag ein paar hundert Mark hergeschenkt. An die Gammler und Penner und wie sie alle rumgelaufen sind.
F: Hast du ein starkes Ehrgefühl?
J: Ehrgefühl, ja, ein ganz starkes sogar.
F: Was geht gegen deine Ehre.
J: Was gegen meine Ehre geht, hauptsächlich also die Unhöflichkeit gegenüber einer Frau. Zum Beispiel am Bahnhof diese Woche. Zwei Jungs haben eine etwa vierzigjährige Frau weggeschubst vom Eingang, die wollte reingehen, die hab ich vielleicht getickt, die zwei. Habe ich die Schnauze aufgerissen und hab denen eine geknödelt, wenn ihr nicht gleich auseinander und so, ich hab mich nicht groß geprügelt, ich hab nur zweimal zugehauen.
F: Bist du rachsüchtig?
J: Nein, überhaupt nicht. Ich bin wohl geschwind wütend und sag: Mensch, wenn ich den noch mal treff, den hau ich zusammen, nach paar Stunden ist das aus wieder.
F: Also diese Leute im Erziehungsheim, die möchtest du nicht noch mal ein bißchen ticken.
J: Nee.
F: Lehrer?
J: Nee.
F: Auch nicht das Rollkommando?
J: Nur einen davon, einen möchte ich ganz alleine jetzt haben. Das war so 'n Bauverwalter.
F: Und was möchtest du damit machen, wenn du könntest?
J: Ich würde ihm nur ein paar Ohrfeigen geben, nur um ihn zu kränken, nur ein paar Ohrfeigen zu geben.
F: Keinen, du möchtest dich an keinem deiner Freier rächen.
J: Doch, auch einen.
F: Warum?
J: Der hat mir 50 Mark versprochen, und hat die mir auch gegeben, und hat mir 40 wieder geklaut. Der hat ganz seriös ausgesehen, ganz gut situiert, und ich dachte, der hat Geld, dann gibt er das auch, wenn er es sagt, und der hatte mir 50 Mark gegeben, in 10-Mark-Scheinen und der ist vor mir gegangen, ich merkte das nicht, ich war voll, besoffen, und ich versteh es heute noch nicht, ich wach normal immer auf, wenn jemand aufsteht neben mir, und da bin ich nicht aufgewacht. Der ist gegangen und hat mir noch 40 Mark raus aus dem Geldbeutel.
F: Ja, und was möchtest du mit dem machen?
J: Was ich machen würde? Ich würd ihm ein paar knallen, und dann 40 Mark aus dem Geldbeutel rausnehmen.
F: Gibt es viele Dinge für dich, die unpassend oder unschicklich oder

unanständig sind?
J: Nee, gibt es praktisch nicht. Ja, das ist klar, habe ich ja gesagt, unschicklich, was ist unschicklich, ein Mädchen sitzenlassen, wenn sie ein Kind kriegt, und so was. Ich meine jetzt hier in Deutschland, ich meine, das guck ich etwas anders an, weil ich in Finnland ein Kind da oben hab, ich meine, das hat die vielleicht verstanden, daß ich nicht raufkomme. Aber so, wenn ich jetzt hier ein Mädchen fikken würde, na, die würde ein Kind kriegen, ich glaube, ich würde sie heiraten sogar, und würde arbeiten gehen.
F: Lügst du viel?
J: Nur Notlügen, fast nur Notlügen, manchmal hau ich auch ein bißchen auf den Putz.
F: Hast du viel gelogen in dem Interview?
J: Nee, das ist alles wahr.
F: Glaubst du, daß man seine Eltern ehren soll.
J: Nicht immer.
F: Wann nicht?
J: Zum Beispiel so wie meine Eltern, speziell meine Mutter. Würde ich nie ehren. Ich würde nicht mal, also es klingt ein bißchen brutal, ich würde nicht mal zur Beerdigung gehen.
F: Würdest du zur Beerdigung deines Vaters gehen?
J: Zu meinem Vater, ja. Weil ich genau weiß, daß er immer Verständnis für mich hat.
F: Gibt es außer deinem Vater noch eine Person, die du sehr achtest?
J: Die ich sehr achte, wenn ich das sagen soll, ich meine, wenn ich heute meine Verlobte treffen würde, also meine letzte Verlobte, die junge da, die ist jetzt achtzehn, ich würd sofort wieder anfangen mit ihr.
F: Aber sonst keinen, Erzieher oder einen Kumpel?
J: Nee. Ja, ich hatte einen Kumpel, ja. Den da im Erziehungsheim, das war mein bester Kumpel, den ich je hatte, zu jeder Zeit würde ich den als Freund noch akzeptieren.
F: Ist dir dein Vater ein Vorbild?
J: Nee.
F: Hast kein Vorbild?
J: Ich habe ein sportliches Vorbild? Den Cassius Clay. Und als Sportsmann find ich den, als Vorbild, das ist praktisch der einzige Sportsmann, den ich überhaupt kenne, was nun richtig ganz durch und durch ein Sportsmann ist, das ist der Finne, der Nurmi. Der Nurmi, der Langstreckenläufer, weil, von dem hab ich mal gelesen, der hat einen Lauf gemacht, und wäre nicht geschlagen worden, aber sein Gegner ist gestürzt, und er hat auf der Strecke angehalten, und hat seinem Gegner auf die Beine geholfen, und dann sind sie zusammen durchs Ziel gelaufen. Ja, und das ist, meiner Meinung nach, das, etwas Besseres gibt es gar nicht, im Sport, meiner Meinung nach.

F: Hast du Schuldgefühle? Oder ein schlechtes Gewissen?
J: Jetzt zur Zeit, nee, überhaupt nicht.
F: Schämst du dich leicht?
J: Ja, da muß ich halt so sagen, ich habe immer noch, ich geniere mich nur halt, genieren tu ich mich, wenn ich nur mit Männern weggehe, da geniere ich mich noch.
F: Genierst du dich auf der Straße, daß du mit Freiern gehst oder genierst du dich im Bett?
J: Im Zimmer, im Bett, auf der Straße, das ist doch bekannt, wenn ich auf St. Pauli laufe und es ist, sagen wir mal, es ist ein Mann dabei, der älter aussieht als ich oder der auch älter ist als ich, dann wissen ja die meisten Bescheid, die mich kennen.
F: Warum genierst du dich im Bett?
J: Ich kann das einfach nicht, so abgebrüht sein und jetzt einen Mann küssen oder umarmen oder so, das kann ich einfach nicht.
F: Findest du einen Männerkörper schön?
J: Das ist jetzt wieder was anderes, ich finde einen Männerkörper schon schön, aber nur vom Sportlichen ausgesehen.
F: Findest du überhaupt nicht geil?
J: Nee.
F: Findest du ihn ekelhaft?
J: Nee, ekelhaft auch nicht.
F: Ekelst du dich leicht?
J: Nee, mich kann nichts so leicht aus der Ruhe bringen.
F: Kennst du Verantwortungsgefühl?
J: Ja, das kenne ich. Ich hatte mal eine sehr große Verantwortung.
F: Wo?
J: Für die zwei Kinder von meiner Verlobten, da mußte ich mitverdienen, mußte die Vaterstelle vertreten, na ja, das war für mich schon ganz schön da.
F: Das hast du gerne gemacht?
J: Ja, ich hab es gerne gemacht.
F: Würdest du als Zuhälter leben wollen?
J: Nee.
F: Warum nicht?
J: Wollt ich nicht, nee, das ist mir viel zu eintönig das Leben, die sehen ja immer nur das gleiche den ganzen Tag.
F: Kennst du Zwänge?
J: Nee, das kenne ich nicht.
F: Bist du oft traurig?
J: Ja, ich krieg oft meinen Moralischen. Ich hatte gestern auch den Moralischen. Ich hatte drei Bier getrunken, bin dagesessen, und meine Alte, die ich jetzt hatte, in die war ich ja unheimlich verliebt, und die ist verschüttgegangen.

F: Wieso?
J: War abgehauen daheim, und dann hatte ich einen Haß auf Gott und die Welt, bin ich dagesessen an der Theke, und dann bin ich abgehauen aus der Kneipe, bezahlt und bin abgehauen, und dann bin ich noch mal ins Kino gegangen, einen Film, den ich schon mal gesehen hatte, «Graf Porno und seine Mädchen», und der ist unheimlich der Film, der ist Klasse, da lachst dich tot, und wie ich da rausgekommen bin, war alles vorbei.
F: Würdest du nun sagen, das du ein lustiger Typ bist oder ein trauriger Typ?
J: Ich bin eher lustiger Typ, ich bin zu jedem Spaß zu haben.
F: Bist du bereit, richtig Pflichten auf dich zu nehmen?
J: Ja, ich bin bereit, aber ob ich es schaffe, weiß ich nicht. Ich möchte gerne eine Familie gründen. Würde gerne heiraten und Kinder in die Welt setzen.
F: Bist du neidisch?
J: Nee, überhaupt nicht, ich gönn jedem sein Sach.
F: Hochmütig?
J: Nee, das gleiche, überhaupt gar nicht, hochmütig.
F: Kannst du hochmütige Menschen leiden?
J: Nee, ich kann keine Snobs leiden.
F: Hast du Angst?
J: Ja, ich hab auch Angst, also ich hab ab und zu, also ich meine, wenn ich kurz vor einer Keilerei stehe, habe ich auch Angst, da hab ich auch Angst, das wäre blöd, wenn ich es nicht zugeben würde. Aber die Angst weicht in dem Augenblick, wo der andere den ersten Schlag gemacht hat.
F: Du läßt ihn den ersten Schlag tun?
J: Ja, dann haue ich erst zu.
F: Warum?
J: Ich weiß auch nicht, das ist so eine Art Ganovenehre bei mir.
F: Hast du was gegen Juden?
J: Nee, hab ich gar nichts gegen.
F: Und Neger?
J: Genauso, ich bin kein Negerhasser, ich hab sogar mit Negern gute Erfahrungen gemacht.
F: Warst du schon mal mit einer Negerin im Bett?
J: Ja, das ist ganz Klasse. Ich kannte eine Mexikanerin, die war auch fast schwarz, fast ganz dunkel, da hab ich doch nichts gegen, mit der habe ich mich öffentlich auf der Straße geküßt.
F: Würdest du eine Negerin heiraten?
J: Ja.
F: Hast du was gegen Gammler?
J: Nee, auch nichts, denen helfe ich sogar, wenn ich kann.

F: Gegen Rocker?
J: Ja, es gibt zweierlei Rocker, es gibt Schweine darunter, aber die sind auch . . ich kenne viele Rocker, die sind ganz in Ordnung, sind ganz gute Kerls sind das.
F: Und wann würdest du sagen, das sind Schweine?
J: Die die Leute überfallen so, und die Kneipen zusammenhauen, die sind in meinen Augen ganz primitive Menschen sind das.
F: Hast du solche Rocker kennengelernt?
J: Ja, habe ich kennengelernt. Ich hab mich ja mit ein paar geschlagen.
F: Aber nicht viele.
J: Nee, die meisten sind ganz in Ordnung, würde ich sagen.
F: Wenn du Kapitän wirst, dann willst du heiraten?
J: Ja, ich würde heiraten.
F: Wie möchtest du dein Kind erziehen?
J: Wie ich das erziehen möchte? Ich möchte mein Kind erziehen, wie soll ich das sagen, ich will es überlegen, wie soll ich das ausdrücken, also, obwohl ich wenig an Gott glaube, aber ich würde mein Kind trotzdem im Glauben erziehen, also, daß es glaubt.
F: Warum?
J: Ja, das weiß ich selbst nicht.
F: Was heißt: du glaubst wenig an Gott? Glaubst du, daß es Gott gibt?
J: Nein, ich glaube nicht daran, daß es Gott gibt.
F: Und warum willst du dann dein Kind im Glauben an Gott erziehen?
J: Daß mein Kind dann wenigstens etwas hat, ich meine, den Glauben braucht man ja, an etwas muß man ja glauben.
F: Ja, aber du glaubst ja auch nicht dran.
J: Das ist doch egal, aber manchmal kann man sich an seinen Glauben festhalten.
F: Würdest du es katholisch oder protestantisch erziehen?
J: Ich würde mich so trauen lassen, und mein Kind dann auch taufen lassen, wie meine Frau es will. Wir würden uns dann schon einigen.
F: Wenn dein Junge nun mit Männern in Kontakt käme, würdest du was gegen unternehmen?
J: Nein, ich würde ihn nur aufklären, ich würde nichts gegen, ich würde ihn aufklären über alles, was es überhaupt an sexuellen Problemen gibt. Genauso über Männer wie über Frauen. Ich würde ihm alles erzählen, was ich gemacht habe.
F: Auch, daß du auf den Strich gegangen bist?
J: Auch, daß ich auf den Strich gegangen bin. Ich würde ihn nicht erst mit dreizehn aufklären, ich würde schon mit zehn Jahren oder noch jünger anfangen, ihm die Sachen beizubringen.
F: Und willst du nun alles tun, daß er mit Mädchen geht oder wär es dir egal?
J: Es ist ja logisch, daß mir das nicht egal wäre.

F: Was wäre dir denn lieber?
J: Mir wäre es lieber, er würde mit Mädchen gehen.
F: Wenn du nun merkst, er ginge mit beiden?
J: Mit beiden, dann würde ich ihn gehen lassen.
F: Und wenn du nun merkst, er ginge auf den Strich?
J: Mit Männern? Also in jungen Jahren? Mit vierzehn, fünfzehn? Das würde ich ihm austreiben.
F: Wie?
J: Das würde ich nicht zulassen. Ich würde es erst sehr lange im Guten versuchen, wenn es dann nicht fruchten würde, dann würde ich ihn schon, ich würde ihn dazu bringen, garantiert.
F: Wenn er jetzt mit anderen Jungs was macht, ohne Geld?
J: Ohne Geld? Dann würde, ich meine, das kann man ja untersuchen lassen, ob einer homosexuell ist, ja.
F: Ja. Man glaubt, daß man es untersuchen lassen kann. Also, wenn er es nun wäre?
J: Ja, was wäre dann? Dann könnte ich nichts gegen machen, ich kann ihn ja nicht ummodeln, daß er jetzt auf Frauen steht.
F: Und wenn er es nun nicht wäre und würde es trotzdem machen, was würdest du dann tun?
J: Ich würde ihn lassen, daß er es auch mal kennenlernt, wie das ist.
F: Selbst wenn er mit dreizehn Jahren mit Jungs oder auch mit Älteren ginge?
J: Nee, also was heißt mit Älteren. Männern?
F: Ja.
J: Nee, das würde ich nicht zulassen.
F: Warum nicht?
J: Daß er mit Männern geht. Mit gleichaltrigen Jungs, ja.
F: Warum nicht mit Männern?
J: Weil die gleichaltrigen Jungs, da kann er nichts lernen dabei, also praktisch nichts, aber von den älteren Männern, da lernt er das, und mit dreizehn Jahren da ist er noch sehr aufnahmefähig.
F: Und du glaubst, daß ein Junge von einem Mann, sagen wir, von einem einundzwanzigjährigen Mann, so alt wie du jetzt bist, zu einem Homosexuellen gemacht werden kann.
J: Genau.
F: Das würdest du verhindern?
J: Das würde ich verhindern.
F: Wie lange?
J: Bis er achtzehn wäre.
F: Ab achtzehn wär es dir egal?
J: Ab achtzehn kann er machen, was er will.
F: Wenn er jetzt mit dreizehn Jahren sagt, ich will aber mit diesem Mann ins Bett gehen, was würdest du dann tun?

J: Dann würde ich ihn erst mal fragen, ob er, was er von Frauen hält, ob er auf Mädchen scharf ist, und wenn er sagt: ja, er hält von Frauen viel, dann würde ich ihm das verbieten, mit einem Mann ins Bett zu gehen.
F: Wenn du ein Mädchen hättest, und das Mädchen würde sich nur für Frauen interessieren?
J: Da könnte ich auch nicht gegen an. Was soll ich da machen? Ich kann sie nur aufklären, mehr kann ich nicht, kann ja ein anderer Mann auch nicht, mehr machen.
F: Wie willst du dein Kind nun politisch erziehen?
J: Kann ich nichts zu sagen, das weiß ich nicht. Weil ich mich viel zu wenig für Politik interessiere.
F: Wie sollte deiner Meinung nach ein Mann sein?
J: Also, daß er mir gefallen würde?
F: Ja. Welche Eigenschaften müßte er haben?
J: Er müßte in erster Linie, also einen ausgeglichenen Charakter haben, also, da wo er hart sein muß, soll er hart sein, und da wo es angebracht ist, weich zu sein und nachzugeben, soll nachgeben.
F: Wann muß ein Mann hart sein?
J: Wenn es ums Prinzip geht.
F: Um welche Prinzipien?
J: Wenn er, also Prinzipien hat, so zum Beispiel, wie soll ich sagen, also er trinkt nie Alkohol, sagen wir mal, er will nie Alkohol trinken, und daß er auch dabeibleibt, und sich nicht verführen läßt.
F: Hast du Prinzipien?
J: Hab ich Prinzipien, muß ich erst mal überlegen, ja, ich hab auch ein Prinzip, was den Alkohol betrifft, mal zu sagen, ich trinke nie mehr, als ich vertragen kann. Mein Prinzip ist, zur Zeit jetzt? Eine Frau zu suchen, also, die ich für immer haben kann.
F: Und welche Eigenschaften muß eine Frau haben, daß du sie als vorbildlich und begehrenswert findest?
J: Meine Frau, die muß sehr, sehr anschmiegsam sein, und sehr, also, nicht untertänig, aber verständnisvoll, wollen wir mal sagen, für die Fehler, die ich habe.
F: Deine Frau soll nicht deiner Mutter ähneln?
J: Nee, überhaupt nicht. Aber sie muß mich natürlich lieben, das ist logisch.
F: Arbeitest du gerne?
J: Nee, überhaupt nicht.
F: Würdest du denn nun lieber faul sein, nur so auf dem Rücken liegen oder würdest du gerne spielen?
J: Ja, ja, lieber spielen.
F: Fühlst du dich als ein freier Mensch, ist die Freiheit was sehr Wichtiges für dich?

J: Ja, oh, die ist sehr wichtig für mich. Ich kann mich nicht unterordnen.
F: Sprichst du andere Sprachen?
J: Nein. Ich spreche keine Sprachen, ich kann mich halt nur mit einem Engländer da so ein bißchen unterhalten.
F: Lebst du gerne?
J: Bitte?
F: Ob du gerne lebst.
J: Ja, ich lebe sehr gerne.
F: Denkst du oft an Selbstmord?
J: Nee.
F: Hast du je an Selbstmord gedacht?
J: Nee, habe ich noch nie dran gedacht.
F: Auch nicht im Gefängnis?
J: Nee.
F: Was hältst du von einem Selbstmörder?
J: Was ich von einem Selbstmörder halte? Die sind in meinen Augen ein Feigling.
F: Ist er ein Feigling?
J: Ist ein Feigling, obwohl viel Mut dazu gehört, sich selbst umzubringen, aber ist trotzdem ein Feigling.
F: Was war dein angenehmstes Erlebnis?
J: Mein schönstes Erlebnis? Da hab ich praktisch noch gar keines gehabt, was ich sagen könnte, das ist mein schönstes Erlebnis.
F: Und dein gräßlichstes Erlebnis?
J: Mein gräßlichstes Erlebnis, da habe ich, Moment, da war ich zwölf Jahre alt, da habe ich einen Frankenstein-Film gesehen, und da durfte ich ja noch nicht rein, der war ab achtzehn, und da hab ich so Angst gehabt, immer wenn es im Winter dunkel wurde früh, so um fünf, sechs rum, da habe ich in jede Ecke reingeguckt, und da hab ich einen Schatten gesehen, und so, das war ein Mann, ein Mann war das, und der sieht ja im Schatten viel größer aus, ich bin um mein Leben gerannt, ich hatte solche Angst, ich wär schier gestorben, solche Angst hatte ich. Ich bin durch die ganze Stadt durchgerannt ohne Unterbrechung, ich bin nachher zusammengebrochen.
F: Hast du viele Freunde?
J: Wenn ich so sagen soll, ich habe überhaupt keine Freunde, zur Zeit. Also was man nun ein richtigen Freund nennen kann, also mit dem ich immer zusammen bin, und der alles mitmacht mit mir, oder ich meine, wenn ich Geld habe, das ich dem dann, also mit ihm zusammen bin, das Essen bezahlen würde, oder wenn er mal was hat, daß er mir das bezahlt, habe ich nicht.
F: Der Kumpel, mit dem du hier hochgefahren bist, war der ein guter Freund?

J: Ja, fast, nicht ganz.
F: Würdest du jetzt wieder mit ihm reisen wollen?
J: Nee, nicht mehr.
F: Warum nicht?
J: Weil ich jetzt weiß, wie er ist. Wenn er mal wiedergekommen ist, dann wollte er nur Geld haben, und dann ist er wieder abgehauen.
F: Der hat doch mal versucht, mit dir ins Bett zu gehen?
J: Ja.
F: Ist eure Freundschaft da kaputtgegangen?
J: Das ist mehr, weil, er ist abgehauen, wußte ich nicht, wo er ist, dann ist er wiedergekommen, hab ich ihm Geld gegeben, ist er wieder abgehauen, und so ging es dreimal, und da hab ich mir gesagt, nee, da hab ich keine Böcke mehr drauf.
F: Würdest du, wenn du einen sehr guten Freund hättest, wär die Frau für dich wichtiger als der Freund?
J: Wenn die Frau mich liebt und ich die Frau liebe, dann würde ich die Frau vorziehen, aber ich würde den Freund auch nicht vor den Kopf stoßen, ich würde ihn trotzdem als Freund akzeptieren.
F: Was bist du bereit, für einen Freund zu tun?
J: Wenn ich einen richtigen Freund habe, für den würde ich sogar mein Leben geben.
F: Für eine Frau auch?
J: Für eine Frau auch.
F: Und wenn du nun einen Freund hast und der würde nun sagen, ich bin dein bester Freund, aber ich bin schwul, und will mit dir ins Bett gehen, würdest du das für ihn tun?
J: Nee, würde ich nicht tun. Ich würde sagen, du kannst mein Freund sein, aber ins Bett gehen tu ich nicht mit dir.
F: Was hältst du von der Polizei in der Bundesrepublik?
J: Ich würde sagen, beschissen ist die Polizei hier.
F: Warum?
J: Sie sind also, ich habe schon viele Polizisten kennengelernt, es waren die meisten Doofköppe, wie sie im Buch stehen.
F: Und glaubst du, daß gegen die APO mit der Polizei vorgegangen werden muß?
J: Nee.
F: Aber du sagtest, als der Demonstrationszug durch den Hauptbahnhof ging, da sollte man mal ordentlich reinschlagen. Warum hast du das gesagt?
J: Ja, das meine ich nicht mit der Polizei..
F: Sondern?
J: Nee, das hab ich auch mal gemacht, da war in der Stadt, wo ich war, da haben sie auch so eine Demonstration gemacht, und haben da so richtig schön laut gebrüllt: Ho-Tchi-Minh und so Dinger, und da

haben wir, da war so eine ganze Clique, und da haben wir anständig reingehauen.
F: Was war das für eine Clique?
J: Man kann es nicht als Rocker bezeichnen, aber wir waren auch so mit dem Motorrad eine Bande, ja.
F: Gangster?
J: Nee, nee.
F: Nein? Du warst der einzige, der im Gefängnis gewesen war?
J: Ja, ich war der einzige.
F: Waren sie unter deiner Anführung?
J: Ja, genau.
F: Und warum hast du das getan?
J: Weil mir das gestunken hat. Das war die Karlsstraße, das ist eine schöne breite Straße, und da haben die die Autos aufgehalten und so und da sind sie da durchgestürmt. Und wir haben uns das angeguckt, uns haben sie ja auch praktisch angehalten mit den Motorrädern zufällig, das war nur Zufall, sind wir da raufgefahren. Ich habe da zugeguckt, und der Zug wollte nicht enden, na, da hab ich mir vom Motorrad runter einen rausgegriffen, und dem hab ich gesagt, hör mal, was ist denn da los, was macht ihr denn hier, ja wir protestieren hier gegen Studenten, was hat er gesagt, wir haben keine richtigen Lehrer und kein Lehrmaterial usw. und so fort, dann hab ich zu ihm gesagt, ich würde es mal mit Arbeit versuchen, wenn ich dich wär, und da hab ich noch gearbeitet, da, und ich sage, ich würde es mal mit Arbeit versuchen, was, arbeiten kann jeder Dackel, hat er gemeint, da ist mir der Funke raus. Da hat es bei mir geblitzt. Da hab ich dem erst gleich mal eine geschmiert, aber nur eine Ohrfeige, keine mit der Faust, und wir waren ungefähr zwanzig Mann, und da sind wir rausgefahren in einen anderen Stadtteil, haben dort noch ein paar geholt, so ungefähr zehn Mann, und dann sind wir zu denen hin. Ich hab gesagt, da, nee, ich habe nicht gesagt, der hat mich angepflaumt, ich hab gesagt, also arbeiten kann jeder Dackel, das hab ich denen natürlich nicht gesagt, ich habe gesagt, jetzt machen wir mal einen kleinen Spaß hier, ich habe einen schönen Spaß in Aussicht, hab ich gesagt, da sind wir da runtergefahren und haben da Terror gemacht.
F: Glaubst du, daß es eine Gesellschaft geben kann ohne Strichjungen?
J: Nein.
F: Warum nicht?
J: Weil es immer wieder Homosexuelle gibt und ein Homosexueller, der eine gewisse Altersgrenze erreicht hat, der bekommt umsonst keinen jungen Kerl mehr.
F: Glaubst du, daß dich deine Mitmenschen gerne mögen oder daß sie dich nicht ausstehen können?

J: Da kann ich nichts sagen, mir ist das auch völlig schnuppe.
F: Wie wird dein morgiger Tag aussehen? Wann wirst du wahrscheinlich ins Bett gehen, wann wirst du aufstehen, wann wirst du essen?
J: Ich werd ungefähr ins Bett gehen, in zwei Stunden ungefähr.
F: Also gegen zehn?
J: Ich weiß nicht, wieviel Uhr es ist.
F: Es wird acht sein, nehme ich an.
J: . . und werde ich morgen früh so um elf Uhr aufstehen.
F: Also etwas länger als vier Stunden?
J: Ja, ich werde aber aufwachen . .
F: Und dann?
J: Ich werde aufwachen, 100 %, da wache ich auf, da rauche ich meine Zigarette, dann schlafe ich weiter, dann werde ich mich waschen, dann werde ich mich anziehen, dann werde ich mich erst mal hinsetzen und eine Zigarette rauchen, ja, und dann werd ich auf den Trail gehen, werde ich da rumlaufen, mal da ein Eis essen, vielleicht auch ins Kino gehen, Kumpel treffen, mit dem ein Bier trinken, mein Geld verbrauchen, auf deutsch gesagt, ganz kurz gesagt.
F: Und wann gehst du anschaffen?
J: Morgen abend.
F: Um wieviel Uhr?
J: Um acht.
F: Und wie lange wirst du dann rumlaufen und rumstehen?
J: Bis ich den ersten Freier hab, und dann hör ich auf.
F: Und wann gehst du spätestens ins Bett zum Schlafen?
J: Ja, das weiß ich noch nicht, ob ich morgen schlafen gehe.
F: Nun sag mal, wie findest du denn überhaupt das ganze Interview, und das ist also jetzt die letzte Frage, wir kennen uns ganz gut, wir haben ein paarmal zusammen was getrunken, und wir sitzen hier in einer Absteige, das Zimmer ist zwei Quadratmeter groß, es ist zwei Meter hoch, nebenan wird, glaube ich, gestoßen, man hört gelegentlich den Wasserhahn, auf dem Boden steht dieses Gerät, das sich da dauernd dreht, davor steht das Mikrophon, du sitzt in der Badehose und trinkst Bier, ich trinke Apfelsaft, du rauchst und ich frag dich dauernd aus. Was hältst du davon?
J: Das hat mir Spaß gemacht, ich habe es gut gefunden, daß ich mal alles, was ich überhaupt erlebt habe oder was mein ganzes Leben war, mal runterreden konnte.
F: Hättest du lieber von anderem erzählen mögen?
J: Nee.
F: So ziemlich alles drin, würdest du sagen?
J: Ja, so ziemlich alles drin. Ich habe manche Fragen, meiner Auffassung nach, nicht dumm beantwortet, aber vielleicht hätte es ein anderer besser ausdrücken können.

F: Nee, du hast doch gut gesprochen. Hast du nun das Gefühl, da mischt sich jemand in dein Privatleben ein, hast du das Gefühl, also ich würde dich so mit meinen Fragen an die Wand drücken oder ich wär hier wie so 'ne Art Lehrer oder Sozialhelfer und würde dich also durch meine Fragen unterdrücken?
J: Nee, ich will ja antworten, das ist ausschlaggebend, ich will, wenn ich nämlich nicht antworten will, dann antworte ich auch nicht.

Interview Sandra

Fichte: Sandra, wie alt bist du?
Sandra: Zwanzig.
F: Und womit verdienst du dein Geld?
S: Du, ich schaffe an, wie man das so nennt.
F: Wie lange schaffst du schon an?
S: Seit zwei Jahren.
F: Nur in Hamburg?
S: Vorher in Düsseldorf, ein halbes Jahr.
F: Wie lange schläfst du täglich ungefähr?
S: Das ist ganz verschieden. Durchschnitt vier Stunden.
F: Vier Stunden am Tag. Und was sind das für Freier, die mit dir hoch gehen?
S: Das ist ganz verschieden. Normalerweise ist das so, ich suche mir die meisten Gäste aus.
F: Und nach welchen Gesichtspunkten suchst du sie dir aus?
S: Wie sie aussehen, ob sie gepflegt sind, manchmal hat man so das Gefühl, nicht unbedingt, daß sie nur durch ihr Aussehen vielleicht Geld haben, aber das ist instinktiv, daß man eventuell einen guten Eindruck hat und daß man sagt, das ist bestimmt ein Gast, der ein bißchen mehr Geld hat und nicht solche, die meinetwegen nur 50 oder 60 Mark bezahlen, da hat man irgendwie das Gefühl für, man geht auf diese Leute zu, und man fragt, ob sie mitkommen wollen.
F: Und was bezahlen die Freier?
S: Ja nun, im Grunde genommen 30 Mark, das denken sie jedenfalls, und wenn ein Gast sofort spontan sagt, ja, ja, okay, er kommt mit, dann zahlt er meistens mehr, aber wenn sie erst alles fragen, wieviel und wieso und was denn alles usw., das machen keine guten Gäste.
F: Was verlangen die Gäste?
S: Das kommt, also sie möchten alles, aber das kommt ganz darauf an, wie man es bringt. Meistens unterhalte ich mich erst mal eine Zeitlang mit denen, dann sind sie irgendwie nicht beeindruckt, aber sie finden mich ganz gut und ganz witzig und dann geht man über das Ganze hinweg, das ist mir gestern dreimal passiert. Ich hatte gestern drei Gäste, mit keinem der drei Gäste habe ich irgendwie intime Beziehungen gehabt. Von dem ersten Gast hatte ich 50 Mark bekommen, von dem zweiten 200, der war eine halbe Stunde bei mir, es ist ein Stammgast, und mein letzter Gast war ein sehr sehr netter Mann, also, mit dem ich mich nur unterhalten habe, der war knapp eine Stunde da und hat 100 Mark bezahlt.
F: Und mit allen dreien hast du nichts gemacht?

S: Nichts, nein. Das kommt nicht immer vor, wohlgemerkt, man hat auch Tage, wo es nun effektiv nicht geht, wo man wirklich muß, normalerweise, wenn man das vernünftig macht, und sie so anfaßt, wo der wunde Punkt steckt, ein bißchen Mitleid und so als Frau, dann kann man das schon ganz gut beeinflussen.

F: Aber mußt du nicht doch mal?

S: Natürlich, natürlich, das kommt, aber das ist ganz verschieden, das kann man nicht so sagen, ich will jetzt nicht aus dem Stegreif sagen, wie ich das bei dem einen Gast mache, sondern es kommt ganz darauf an, in was für einer Situation es ist, in was für einem Verhältnis und wie man sich irgendwie sympathisch ist, also, ob man nun dem Mann sofort sagt, nun komm, jetzt zieh mich aus und.. dann ist es meistens so, daß man nicht drumrum kommt, setzt man sich aber erst hin und unterhält sich eine Zeitlang, dann kann man das so alles einspielen, daß das so nach und nach kommt, und das sind meistens die Gäste, die nicht viel verlangen, und es ist ja auch so, daß die Gäste, die gut bezahlen, nie diese Ansprüche stellen, wie Gäste, die nun 30 oder 50 Mark bezahlen; sie sind wesentlich anspruchsloser.

F: Aber der Typ, der anspruchsvoll ist und alles will?

S: Er will alles, ja dann muß er dementsprechend bezahlen, sonst bekommt er das nicht.

F: Wenn er nun alles will, aber nur 30 Mark hinlegen..

S: Ja, wenn ich jetzt einen Gast habe, der sagt, ich kann nur 30 Mark bezahlen, dann sage ich, ja mein Schatz, dann tu mir bitte einen Gefallen, zieh die Hose runter, die Schuhe kannst du anlassen, leg dich da hin, dann wird der Gummi drübergemacht, dann wird er abgewichst, wenn er nun unbedingt darauf besteht, ja, jetzt wollen wir aber auch mal was machen, dann versuche ich es auf irgendeine Art und Weise, entschuldige mal, sag ich, 30 Mark, das geht doch nicht usw., sei mal ein bißchen großzügiger, dann sind wir es auch, wenn er dann effektiv nicht dazu bereit ist, daß er mehr bezahlt, ja, entweder muß ich dann, oder ich sage, hör mal, Engelchen, sieh mal zu, daß du gleich spritzt, also ficken können wir für 30 Mark nicht, das mußt du verstehen, und wenn sie dann nicht damit einverstanden sind, ja nun, Gott, wenn sie nicht spritzen wollen, dann müssen sie so wieder gehen. Im Grunde genommen sind wir nicht dazu verpflichtet.

F: Ja. Und wenn er nun ein bißchen mehr hinlegt, läßt du dich dann ficken?

S: Ich versuche das möglichst zu umgehen.

F: Aber es kommt vor?

S: Natürlich kommt es vor.

F: Und ziehst du dich aus?

S: Ja, das kommt ja darauf an, das ist die Preisfrage. Bei 30 Mark ziehe ich mich keineswegs aus, 50 Mark ziehe ich mich aus, und wenn er französisch haben möchte, dann muß er 70 Mark bezahlen, halbe Stunde bis eine Stunde, die Karenzzeit steckt man da ein, weil, es geht ja nun meistens sowieso schneller, aber wenn jemand dadrauf besteht, länger zu bleiben, weil er 100 Mark bezahlt hat, dann sagt man also, eine halbe Stunde bis eine Stunde, um aus dem Weg zu gehen, daß es irgendwie Ärger gibt, also man sagt nicht unbedingt eine Stunde, sondern man versucht es, etwas zu reduzieren.

F: Und wenn die nun etwas mehr bezahlen, läßt du dich dann richtig ficken?

S: Nein, nein, das ist ja meistens so, erstensmal setze ich mich ja sowieso drauf, dann bleibt die Hand dazwischen, dann gibt es also kein Pardon, da nicht von wegen: nun tu mal die Hand weg oder irgendwas, die bleibt da, egal, was er sagt, und wenn ihm das nicht paßt, dann geh ich wieder runter, setz mich hin, dann sagt er, ja, wenn du das nicht anders willst, ich habe gesagt, sag mir Bescheid, kurz bevor du kommst, dann setz ich mich drauf, und wenn du nicht sofort spritzt, dann geht es nicht, dann muß ich halt eben fertig wichsen.

F: Du hast immer die Hand dazwischen?

S: Die Hand immer, aber es ist natürlich logisch, daß es auch mal so ist, daß er mal fünf oder zehn Zentimeter reinrutscht, aber das kann man nicht umgehen.

F: Und wenn er nun sehr viel bezahlt.

S: Ja, das ist also, wie gesagt, logisch, alles eine Preisfrage, wenn ich jetzt einen Gast habe, es kommt ganz darauf an, es ist auch mal die Möglichkeit, daß der Gast einem sehr sympathisch ist und sehr nett ist und ich nicht abgeneigt bin, etwas intimer mit ihm zu sein, also nicht unbedingt, daß ich nun mit ihm küsse usw., aber dann meine ich, warum soll ich nicht mit ihm mal irgendwie richtig bumsen, Gott, es kann auch mal vorkommen, daß ein Gast mit 50 Mark bezahlt und ich mach das, das kommt aber ganz darauf an, was für Typ das ist.

F: Aber mit einem Typ, der dir nun richtig gefällt, auf den du richtig scharf bist, von dem..

S: Nehme ich nicht an..

F: ..von dem wirst du niemals Geld nehmen..

S: ..nein, den würde ich auch gar nicht mit hoch nehmen.

F: Du siehst nun unten deinen Schwarm.

S: Ja, nein, das ist etwas ganz anderes. Wenn ich unten meinen Schwarm sehe, dann würde ich ihn wahrscheinlich ansprechen, den würde ich mit hoch nehmen und würde ganz reserviert und eiskalt ihn regelrecht als Freier behandeln, und das würde ihn so reizen, weil er nun immer bestätigt wissen will, was er, daß er ein toller Mann ist, und sich das überhaupt nicht verkneifen kann, irgendwie hier richtig abgebrüht und eiskalt bedient und bearbeitet zu werden, das läßt ihn irgendwie nicht zur Ruhe kommen, und ihn macht das irgendwie unruhig, und in dem Moment interessiert er sich ja auch, wenn er dann sagt, um Gottes willen, Menschenskind, das ist mir noch nie passiert, die ist ja so reserviert und eiskalt, die ist richtig geschäftstüchtig, wie kommt das, seh ich vielleicht heute nicht gut aus oder irgendwas, im Moment wird in ihm ein Komplex wach, und daran zieh ich mich regelrecht hoch, das ist göttlich, Männer mit ihrem Komplex nicht fertig werden zu wissen, also das finde ich so göttlich, wenn sie da liegen und nicht wissen, was sie sagen sollen und dann irgendwie auf die blöde Art irgendeinen Spruch niederzulassen, der also überhaupt nichts ist, dann denken sie, na ja, was willst du machen, dann treffe ich den eventuell wieder und dann ist das vergessen, es besteht die Möglichkeit, daß ich ihn wiedertreffe, meistens nicht.

F: Nimmst du auch Ausländer mit rauf?
S: Nein.
F: Warum nicht?
S: Ja, das kommt darauf an, das kommt ganz darauf an. Wenn jetzt irgendwie jemand ist, der auf mich zukommt, ordentlich aussieht, gut Deutsch spricht oder eventuell Englisch, dann sage ich von vornherein 50 Mark, weil es bei diesen Menschen so ist, die haben eine andere Mentalität, die haben eine andere Auffassung, diese Leute, die haben es nicht nötig oder die meinen es nicht nötig zu haben, Geld dafür auszugeben, und wenn sie einmal einen Preis festgemacht haben, bei denen ist meistens nie mehr Geld rauszuziehen, und sie verlangen nun für ihr Geld wahnsinnig viel, also sie wollen es. Aber es ist in dem Moment so, daß sie es also nicht bekommen und das gibt meistens Theater, und um dem aus dem Wege zu gehen, nehme ich sie einfach nicht mit. Das sind vielleicht größtenteils Vorurteile, aber man hat ein paarmal schlechte Erfahrungen mit diesen Leuten gemacht, und deswegen nimmt man sie erst gar nicht wieder mit.
F: Was war das für schlechte Erfahrung?
S: Na ja, daß sie irgendwie handgreiflich werden oder daß sie rumpöbeln oder nachdem sie fertig geworden sind, ihr Geld zurückverlangen, weil es ihnen nicht lange genug gedauert hat oder weil sie nicht richtig losmachen konnten oder irgendeinen Grund finden sie dann meistens immer, und sie pochen dann darauf, ihr Geld wiederzukriegen, und ich habe nicht die Lust, mich hier aufzuregen und mich hier kaputtzumachen, deswegen, für die paar Mark, dann laß ich sie lieber mit irgendeiner anderen Frau mitgehen, und es gibt genug,

die sie mitnehmen.

F: Es gibt sogar Typen, die rennen dann hinterher zur Polizei und sagen, ich bin nicht fertig geworden..

S: Ja, ja, das ist aber vollkommen uninteressant, da haben wir nichts mit zu tun, die können uns gar nichts.

F: Hast du mal so was erlebt?

S: Du, ich habe das einmal erlebt, ja, und zwar war das ein ganz junger Franzose, sprach ganz phantastisch gut Deutsch, hatte auch wahrscheinlich sehr viel Geld bei sich, mich interessiert das ja auch in dem Moment nicht, er bezahlte nun für eine halbe Flasche, die normal 30 kostet, bezahlte er 50 Mark, weil, ich hatte ihm das Geld nun abgenommen und mir war es eigentlich vollkommen uninteressant, und zahlte 200 Mark für mich, legte sich hier hin, wurde nicht fertig, da habe ich ihn nach einer Stunde, knapp einer Stunde oder war auch etwas länger, ich weiß es nicht, irgendwie rausgeschmissen, also ich habe gesagt, du, hör mal, das geht nicht, das hat keinen Zweck, du mußt mir jetzt den Gefallen tun und wieder gehen, ich muß runter, weiter Geld verdienen, was soll ich noch meine Zeit mit dir vergeuden, es hat sowieso keinen Zweck. Nu ja, er zog dann ab, weil, er war ein bißchen am Pöbeln und kam morgens um sechs Uhr nach ca. vier oder fünf Stunden hier angerückt mit der Polizei. Ich habe natürlich nicht aufgemacht, weil ich nicht wußte, wer es ist und war auch nicht darauf vorbereitet usw., ja, und da hab ich die Tür nicht aufgemacht, und am nächsten Tag um neun kam er wieder mit der Polizei, ja, sie ist das usw. und da blieb er vorne stehen, und die Polizei kam mit hierher, und du weißt ja, wie das so ist usw. dann unterhält man sich mit denen, die sehen das auch ein, und meistens – na ja, ich weiß nicht, ob ich das so sagen kann – aber die sind auch ganz empfänglich. Ja, das ist ja so, Menschenskinder, man kann da nicht irgendwie sagen, von wegen, ja, die halten nun auch die Hand auf und nehmen nun alles, was sie haben oder was sie kriegen können, im Grunde genommen halten sie ja auch zu uns.

F: Du läßt die Freier nur mit Gummi.

S: Natürlich.

F: Auch wenn sie viel bezahlen würden?

S: Ich gebe ganz ehrlich zu, ich habe einen Gast, der kommt im Schnitt jedes, jedes Vierteljahr einmal nach Hamburg und ist vier, fünf Tage hier, und wenn ich mit dem zwei, drei Stunden zusammen bin, bekomme ich 500 bis 600 Mark von ihm. Der Mann verlangt nichts, lediglich daß er ohne Gummi ficken darf, und warum soll ich das für die zwei Stunden nicht für 500 bis 600 Mark machen, dann bin ich schon mit ihm des öfteren ausgegangen, und da bekomme ich für den Abend, von abends sieben, acht Uhr gehe ich mit ihm essen, sei es in irgendeinem netten Lokal, anschließend gehen wir ins Kino, bekomme ich 1000 Mark für die ganze Nacht, und warum soll ich das nicht machen?

F: Küßt du deine Freier?

S: Ja, habe ich schon mal gemacht, und zwar bei diesem besagten Gast, den ich übrigens auch ganz nett finde.

F: Also, wenn sehr viel Geld geboten wird, dann küßt du ihn?

S: Ja, das ist ganz verschieden, in was für einer Situation und was für einer Atmosphäre man ist, hier zum Beispiel würde ich es nicht tun. Am liebsten gehe ich zum Beispiel aus, da kommt es ab und zu vor, und wenn es nur ein Kuß auf die Wange ist.

F: Aber richtig?

S: Nee, ist es gar nicht.

F: Würdest du auch nicht?

S: Und wenn, dann ist es eben eine Überwindung, weil man eben dadurch Geld rausziehen kann, wenn man ihnen sagt, ja hör mal, Herzchen, ein bißchen netter, und lieb und nett, dann ist natürlich irgendwann die Frage, ja, darf ich dich auch küssen usw., dann sagt man schön und gut, für einen Hunderter, warum soll man sich da nicht mal küssen lassen, aber im Grunde genommen ist es nur die materielle Einstellung, es ist also keineswegs irgendeine Hingabe dabei.

F: Sind die Freier sehr gepflegt oder sind sie dreckig?

S: Das kommt darauf an, es kommt darauf an, was für eine Schicht das ist.

F: Und welche Schicht ist immer am dreckigsten?

S: Die normalen Bürger.

F: Zuhälter sind sauber?

S: Sehr sauber, ja.

F: Alle vom Kiez sind sauber?

S: Sehr sauber, ja. Das sind überhaupt die saubersten Menschen würde ich sagen, weil diese Leute sich immer vorkommen, die zweite Klasse zu sein oder sogar die unterste Klasse und um dieses, irgendwie ihr eigenes Ich ein bißchen zu stärken, laufen sie immer sehr gepflegt und sehr sauber und ordentlich rum, daß man ihnen wenigstens in dieser Beziehung nichts nachsagen kann, sie legen sehr großen Wert auf ihr Äußeres.

F: Und das tun die Bürger nicht?

S: Du, das kommt auch wiederum darauf an, was für Familienverhältnisse sind, denn die meisten sind verheiratet, haben Gören zu Hause und arbeiten irgendwie, dann ist es so, bei dem normalen Haushalt wird einmal in der Woche gebadet, weißt du, das ist dann samstags der Familienbadetag usw. dann wird die saubere Unterwäsche ausgeteilt, und es ist meistens so, daß das in den normalen Verhältnissen ein- oder zweimal in der Woche neue Unterwäsche angezogen

wird.
F: Im Gegensatz zum Kiez.
S: Auf jeden Fall. Ich kann nun, ich würde, wesentlich lieber, also ich tu es manchmal, zwei-, dreimal einen neuen Schlüpfer am Tag anziehen, ehe ich zweimal denselben Schlüpfer anziehe, Dusche zwei-, dreimal am Tag, weil ich das brauche, ich finde, wenn man irgendwie mehr des öfteren Kontakt mit irgendwelchen Leuten hat, muß das sein, auch alleine, weil ich das wesentlich gepflegter finde und mich auch wesentlich sauberer fühle, wenn ich frisch bin, ordentlich rumlaufe.
F: Wie oft mußt du zur Kontrolle?
S: Zweimal in der Woche. Ja, dienstags, freitags.
F: Wie ist das?
S: Ja, da muß ich mich vorne anmelden, daß ich da bin, dann gebe ich meine Karte ab, dann warte ich darauf, bis die Schwester meine Akte hat, gehe ich hinten in den Untersuchungsraum, ziehe mich aus, werde untersucht, gehe wieder raus und muß abwarten, bis ich aufgerufen werde, dann bekomme ich meine Karte zurück mit dem Stempel darauf, wenn alles in Ordnung ist. Bin ich krank, muß ich acht Tage, ja acht Tage sind es, in ein Krankenhaus. Das dauert aber wahnsinnig lange, bis man da wieder raus ist.
F: Das nennt ihr: ihr müßt auf den Bock?
S: Ja, ja.
F: Und ist die Behandlung dort sehr rüde oder..
S: Nee, das kommt darauf an, bei welcher Schwester man ist. Also ich habe eine sehr nette Schwester, wenn sie mich sieht, sage ich, es dauert aber nicht sehr lange usw., dann schiebt sie die Akte etwas höher und so, das ist alles nur mit Geld zu erreichen.. Die sind auch empfänglich für solche Sachen.
F: Wenn das nicht geschieht, dann kann sie sehr unangenehm sein?
S: Nein, nicht unbedingt, also es kommt oftmals vor, daß ich mal drei-, viermal hintereinander nichts gebe, trotzdem komme ich schnell raus, weil sie genau weiß, entweder habe ich dann kein Kleingeld oder irgendwas und dann dauert es aber genauso kurze Zeit, als wenn ich jetzt irgendwie 5 Mark oder 10 Mark gebe.
F: Glaubst du, daß die Kontrolle einen Sinn hat?
S: Hundertprozentig, es muß sein, ich will es unbedingt haben.
F: Was wird dadurch vermieden?
S: Ja, daß irgendwelche Geschlechtskrankheiten verschleppt werden und daß sie irgendwie verbreitet werden.
F: Aber Gonorrhöe zum Beispiel kannst du ja kaum bekommen mit Präservativs..
S: Du, das kann doch mal vorfallen, also passieren, daß ein Präservativ kaputtgeht, was natürlich sehr, sehr selten passiert, aber es gibt so

viel Frauen, die irgendwo unten am Hafen arbeiten und die auf solche Dinge keinen Wert legen, egal, Hauptsache, die kriegen ein paar Mark mehr, auch wenn es nur ein Zehner ist, dann machen sie ohne, das sind die Frauen, die unbedingt untersucht werden müssen, und die können keine Unterschiede machen, sie können also nicht die Frauen zur Kontrolle bitten und uns nicht. Es gibt Unterschiede, drei, vier Frauen werden hier wahrscheinlich auch für 20, 30 Mark mehr tun.

F: Hast du dich schon mal angesteckt?
S: Ich hab es schon mal gehabt, ja.
F: Von einem Freier oder?
S: Nein, von einem Bekannten.
F: War das ein Bekannter vom Kiez oder ein bürgerlicher?
S: Aus der bürgerlichen Welt.
F: Hier im Kiez meinst du also, sind Geschlechtskrankheiten verhältnismäßig selten.
S: Ja, diese Leute, die vom Kiez sind, haben erstensmal das Geld und zweitensmal genieren die sich nicht, die haben keine Hemmungen, zum Arzt zu gehen, in dem Moment, wenn sie es merken, gehen sie sofort zum Arzt und lassen sich das wegmachen, und das sind die Leute, die auch sofort sagen, paß mal auf, ich finde dich zwar ganz nett, ich würde auch mit dir ins Bett gehen, aber es geht nicht, ich habe den Tripper im Moment, das würde ein Solider niemals sagen, weil er Hemmungen hat im Moment, weil er das nun schlimm findet, dabei ist das an sich eine ganz normale Krankheit, die jedem passieren kann.
F: Du hattest Tripper?
S: Ja.
F: Einmal?
S: Nee, ich glaube, dreimal insgesamt.
F: Syph hattest du noch nie?
S: Nee.
F: Haßt du deine Freier?
S: Momente gibt es bei mir so häufig, daß ich also dieses ganze Volk dermaßen abscheulich finde und mies finde, daß ich sie alle in die Luft sprengen könnte.
F: Warum findest du sie mies?
S: Weil sie sich Frechheiten rausnehmen und weil sie meinen, wir wären der letzte Dreck, um mit uns alles machen zu können, was sie überhaupt denken. Im Grunde genommen ist es so, ein Mann, der dafür bezahlt, ist im Grunde genommen, schön und gut, ich lebe davon, aber ein Mann, der dafür bezahlt und er bezahlt dafür und reagiert sich ab wie ein Tier und geht dann wieder, das ist doch, ohne irgendein Gefühl, schön und gut, das muß sein, aber es ist doch so

erniedrigend, alleine für einen Mann, irgendwo in einen Puff zu gehen, dafür zu bezahlen, um das zu haben, was er haben will, schön und gut, es sind Leute manchmal dabei, die es nicht nötig haben, die hier hergehen, weil sie es vielleicht noch nie gemacht haben oder sie gehen eventuell mal hier durch mit Geschäftsfreunden und finden ein Mädchen nett, dann gehen sie mit, nur weil sie das Mädchen nett finden, aber das sind auch in dem Moment die Leute, die nicht knickrig sind. Die schlimmsten sind die, die hier rumlaufen stundenlang, fünf, sechs Stunden und gucken sich dann die Mädchen an von oben bis unten und wenn du sie ansprichst, dann gehen sie laufen, und wenn du dann so was siehst, und mit der Zeit überblickst du das Ganze und durchschaust diese ganzen Menschen und weißt genau, was für ein Typ das ist, wenn er an dir vorbeigeht, weißt genau, was er denkt, wenn er dich anguckt, und wenn du die Leute so durchschaust, dann hast du mit der Zeit einen Abscheu vor denen, dann kannst du sie einfach nicht mehr sehen.

F: Und im Grunde verachtest du den Freier schon..
S: Den Freier verachte ich in jeder Beziehung.
F: Du würdest auch nie wieder einen Freier achten können?
S: Doch. Ich habe auch schon mal einen jungen Gast gehabt, den ich sehr sehr nett fand und mit dem ich mich schon des öfteren so in der Stadt, also nicht getroffen, sondern mit dem ich mich so durch Zufall, hallo, wie gehts, und mal einen Kaffee zusammen getrunken habe und dann, aber mit diesem Mann würde ich dann ein zweites Mal nie wieder als Freier mitnehmen, wenn ich ihn einmal privat getroffen habe, sei es nun durch einen Zufall, und trinke mit ihm einen Kaffee, wäre es mir irgendwie unangenehm, diesen Typ wieder mit hochzunehmen und dann Geld zu verlangen, das geht dann nicht mehr, weil die Menschen, mit denen ich mich privat unterhalte, für mich interessante Leute sind, und mit interessanten Leuten kann ich nicht für Geld schlafen.
F: Werden von dir Perversionen verlangt?
S: Nee, eigentlich nicht. Ich bin nicht der Typ, der darauf anspringt.
F: Mußt du viel mit dem Gummischwanz rummachen oder so..
S: Überhaupt nicht, nein.
F: Hast du noch nie gemacht?
S: Ich hab es schon mal gemacht, ein- oder zweimal, aber dann nur, wenn zwei Frauen zusammen mit einem Mann sind usw., um aus denen mehr Geld rauszuziehen.
F: Du mußtest eine lesbische Schau machen?
S: Ja, eine lesbische Schau.
F: Und schlagen?
S: Das habe ich auch schon des öfteren gemacht, weil im Winter, wenn die Zeit schlecht ist, dann läßt man sich so etliches einfallen, dann

zieht man Stiefel an, dann meint man also, auf Kraft etwas zu verdienen, weil das Gäste sind, die wesentlich mehr bezahlen, und da kann man durch einen Gast mehr verdienen als durch drei, vier andere, weil die nun wahnsinnig viel Geld bezahlen. Man steigert sich im Grunde genommen da hinein, und man kann es einfach. Ich hätte mir das früher nie zugetraut, daß ich irgendwie mal einen Mann erniedrigen kann, und im Grunde genommen ist es eine Erniedrigung, das wollen die ja, sie wollen ja erniedrigt werden durch Schläge und finden dabei die Befriedigung. Das hätte ich mir früher nie träumen lassen können, daß ich einen Mann schlagen kann, das ist also ..

F: Jemanden verletzen?
S: Das kann ich nicht ..
F: Hast du auch nie gemacht?
S: Nein, nein.
F: Hat es Frauen gegeben, die dich bezahlt haben?
S: Nein, bisher noch nie. Es ist ein Zufall, daß man irgendwie mal eine Frau kennenlernt, die wahnsinnig viel Geld hat, die dich nett findet und die dir vielleicht irgendwie mal aushilft oder sagt, ja, so und so, hier, wir kaufen dir was Hübsches und das finde ich, das würde ich nicht annehmen, ich weiß nicht, es kommt auch auf die Umstände an.
F: Glaubst du nun, daß die Mädchen hier nett sind zu ihren Freiern oder mies?
S: Also ich würde sagen, 80 % der Frauen benehmen sich mies.
F: Und du?
S: Ach, das kann man nicht sagen. Ich möchte sagen, daß ich verhältnismäßig viele Stammgäste habe und daß ich sehr sehr wenig Gäste am Abend habe, aber meistens gute, und das ist ja ein Zeichen, wenn man viel Geld von einem Gast bekommt und wenn er dann wiederkommt und anschließend sagt: also darf ich mir deine Telefonnummer aufschreiben, und wenn es nur das eine ist, darf ich deine Telefonnummer aufschreiben, vielleicht rufe ich dich mal wieder an, das ist schon ein Zeichen, daß es ihm gefallen hat. Und ich bin der Meinung, daß sich also die meisten Gäste, auch wenn sie nicht fertig geworden sind, durch meine Art irgendwie so umfädele oder sie so bespreche, daß sie trotzdem irgendwie zufrieden sind, wenn sie hier rausgehen und sagen, also, tschüs, wenn ich das nächste Mal wieder hier bin, dann komme ich mal wieder rein. Ich rede denen nun wahnsinnig ein, daß es an ihnen liegt, daß es nicht geht, denn meistens liegt es an den Männern.
F: Ist es dir nun egal, ob die Männer nett zu dir sind oder hast du lieber einen Freier, der sich ein bißchen um dich bemüht?
S: Ja, ich finde es also gräßlich, wenn ich einen Gast habe, der mich nun

antatscht und macht und tut und Küßchen da und Küßchen da und da ein bißchen anfassen und da ein bißchen anfassen, also das ist das Widerlichste für mich, was es gibt. Ich habe es wesentlich lieber, wenn ich mit einem Gast erst mal ein bißchen spreche, also eine Viertelstunde oder zehn Minuten, das kommt nun auch wieder darauf an, wieviel Zeit man hat, unterhalt mich mit ihm, und dann, wenn ich das Gefühl habe, daß es jetzt an der Zeit ist, dann sage ich, so, mein Lieber, jetzt zieh dich mal aus und mach dich mal ein bißchen frei und flachse so ein bißchen rum, also mir ist es wesentlich lieber, vorher ein bißchen vernünftig zu reden, denn dadurch lerne ich den Mann kennen und weiß ungefähr schon, wie ich ihn am besten fertig bekomme und ihn am schnellsten wieder rauskrieg.

F: Wieviel Freier hast du durchschnittlich am Abend?
S: Vier.
F: Wirst du nun bei diesen Freiern erregt?
S: Überhaupt nicht.
F: Wie machst du das?
S: Ja, ich kann bei diesen Menschen abschalten, weil das für mich kein, überhaupt nicht, ich empfinde für diese Leute nichts, das ist für mich genau, als wenn ich in irgendeiner Fabrik am Fließband arbeite und ein Stück Eisen bearbeite. Die Gefühle sind dabei vollkommen abgeschaltet.
F: Aber der faßt dich doch an, und..
S: Das ist uninteressant, der Körper reagiert da nicht mehr drauf.
F: Wie machst du das, daß er nicht mehr darauf reagiert?
S: Der Körper hat noch nie darauf reagiert, auch nicht in der ersten Zeit, als ich noch keine Ahnung hatte.
F: Die Idee, das ist ein Freier..
S: .. das ist ein Gast, der bezahlt mich dafür, da empfinde ich nichts.
F: Und wenn er nun so viel bezahlt, daß du dir das Ding reinstecken läßt?
S: Auch dann nicht. Eine Frau kann abschalten, vollkommen abschalten, es sind also überhaupt keinerlei Gefühle, es ist ein Gast, da denkt man, da könnte man Zeitung bei lesen, da denkt man im Grunde genommen, hoffentlich spritzt er bald.
F: Gehst du nun trotzdem ganz gerne hier in das Palais?
S: Nein, ich würde mir wesentlich lieber was anderes aussuchen. Wenn ich hier abends um, wenn ich nachmittags irgendwo Kaffee trinken war oder irgendwie im Kino war, und komme hier abends um acht oder neun rein, dann krieg ich den kalten Schauer über den Rücken, wenn ich dann dran denke, daß ich in einer Stunde unten stehe und mich da von jedem Klops ansabbeln lassen muß.
F: Dein Zimmer ist hier hübsch, wieviel mußt du dafür bezahlen?
S: 40 Mark.

F: Am Tag?
S: Am Tag, ja.
F: Du hast da einen Spiegel über dem Bett..
S: Den brauch ich überhaupt nicht.
F: Hat ihn jedes Mädchen hier?
S: Ja.
F: Der Besitzer dieser Etage hat einmal geglaubt, daß man hier aus diesem Puff eine Kommune machen könnte, glaubst du das?
S: Das kommt ganz darauf an, was das für Frauen sind, da muß man sich auf die Mädchen verlassen können, da muß ein Verhältnis sein. In dem Moment, wenn eine Kommune gegründet wird, das geht nicht nur mit Frauen, da müßten hier auch Männer leben, und das ist nicht erlaubt.
F: Offiziell ist es ein Mädchenwohnheim..
S: Offiziell, ja.
F: Und wem gehört es?
S: Einem Mann gehört das. Dem gehört wahnsinnig viel, auch auf der «Freiheit» usw.
F: Der hat das weitervermietet.
S: Er hat es weiterverpachtet, ja.
F: Weiß die Polizei, was hier geschieht?
S: Ja, natürlich weiß sie es, sie will es aber nicht wissen.
F: Warum?
S: Ja warum? Weil es das geben muß, weil sie froh sind, daß das alles so ein bißchen ordentlicher und situierter geworden ist.
F: Glaubst du, daß es je eine Gesellschaft geben wird, die ohne Strich leben kann?
S: Nee.
F: Warum?
S: Das gehört dazu, das muß sein, das gibt es überall. Ich glaube, jeder Mann war schon mal irgendwann im Puff, und wenn es nur aus Neugierde ist, das muß es geben.
F: Geilt dich das nun irgendwie auf, zu denken, oh, da kriegst du nachher ordentlich viel Geld für?
S: Nein, mich geilt das keineswegs auf, ich denke nur, hoffentlich verdiene ich heute sehr viel Geld, da kann ich mir mehr erlauben, in dem Moment, wo ich mehr Geld verdiene, desto mehr Dinge kann ich mir kaufen, desto mehr Geld habe ich, und in dem Moment, wenn ich Geld habe, da bin ich zufrieden und ausgeglichen, habe ich kein Geld, bin ich nervös, hektisch und habe das Gefühl, meine Güte, wofür gehst du anschaffen, wenn du kein Geld hast.
F: Muß der Freier vorher bezahlen oder hinterher.
S: Vorher.
F: Immer.

S: Ja.
F: Jeder?
S: Jeder.
F: Wieviel verdienst du durchschnittlich im Monat?
S: Du, im Monat, das habe ich noch nie ausgerechnet, weil ich also mein Geld erstensmal nicht zusammenhalten kann, zweitensmal jeden Pfennig wieder ausgebe und so wahnsinnig sich das anhört, aber ich mach mir da keine Gedanken, weil ich mich da wahnsinnig ärgern würde, wenn ich am Monat mal Bilanz ziehen würde, was ich verdient habe und was ich wieder ausgegeben habe.
F: Wieviel Tage arbeitest du im Monat?
S: Das ist so verschieden, manchmal arbeite ich zwei oder drei Tage in der Woche gar nicht, dann arbeite ich die ganze Woche durch, sonntags sowieso nicht, montags meistens auch nicht und fange am Dienstag meistens wieder an zu arbeiten.
F: Du arbeitest durchschnittlich fünfzehn bis zwanzig Tage?
S: Ja.
F: Und was machst du durchschnittlich am Tag?
S: Zwei-, Dreihundert Mark.
F: Das wären dann 6000 Mark pro Monat.
S: Ja, so ungefähr.
F: Mußt du Steuern bezahlen?
S: Nein.
F: Nein?
S: Bekämen sie auch nie von mir.
F: Müssen die anderen Steuern bezahlen?
S: Keine. Es kommt ab und zu vor, daß jemand ein Schreiben bekommt, daß er Steuern zahlen muß, aber das kriegen die nicht durch. In verschiedenen Städten gibt es das schon, aber noch nicht fest, es wird also noch nicht an den Staat gezahlt, sondern das wird noch auf ein Konto gelegt, in dem Moment, wenn irgendwann mal die Steuern kommen sollten, wird das also irgendwie abgeholt.
F: Hast du einen Zuhälter?
S: Nein.
F: Aber die meisten Mädchen hier..
S: Zum größten Teil.
F: Die haben also jemanden, dem sie täglich etwas Geld bezahlen.
S: Meistens geben sie ihm alles.
F: Warum eigentlich?
S: Weil das Frauen sind, die nicht gern alleine sind, die alleine nicht das bringen oder wenn sie Feierabend machen, nicht alleine rumhängen wollen, nicht alleine ausgehen wollen, weil sie in keinem Lokal akzeptiert werden und wenn sie dann hier auf St. Pauli ausgehen, ist es ganz logisch, daß sie dann irgendwann einen Mann ken-

nenlernen und die Leute, die auf St. Pauli verkehren, leben nun mal von dem Geld der Mädchen und die Mädchen wiederum von dem Geld der Männer, die hier als Gäste kommen, und so ist alles eine Kette. Wenn man nun von diesem St. Pauli runtergeht, verkehren da normale Leute, und das ist ein ganz anderes Milieu, und da muß man nicht unbedingt einen Mann haben, der das Geld verlangt.

F: Und warum hast du nun keinen Zuhälter?

S: Weil ich das wahnsinnig finde, wenn eine Frau einem Mann Geld gibt. Das Geld, was sie durch ihren Körper verdient, das ist doch Wahnsinn, wenn sie da einen Mann bezahlt, jeder Mensch kann doch sein Geld auf eigene Faust verdienen. Ich verdiene mein Geld, um leben zu können und mir das erlauben zu können und ich habe nicht die Absicht, einen Mann zu bezahlen, daß er mit mir zusammen ist, wenn jemand mit mir zusammen sein möchte, dann muß er auch mit mir aus irgendeinem anderen Grund zusammen sein, nicht nur wegen meines Geldes und ich sage dir, es gibt auf dem ganzen Kiez höchstens zwanzig Männer, die mit Frauen zusammen sind, die anschaffen gehen, und die Frau lieben.

F: Hast du viele Männer, die dich gerne als Freundin haben möchten?

S: Ja, verschiedene, aber ich versuche das immer abzuleiten, ich lege ja keinen großen Wert drauf, da mit jemand fest zusammen zu sein, wenn ich Lust habe, mal mit einem Mann zu schlafen, dann tu ich das, dann sag ich zu ihm, hör mal, ich find dich ganz nett, ich möchte gern mit dir schlafen gehen, und wenn es in Ordnung ist, wenn der Typ mir gefällt, auch so, wenn wir alleine sind, man kann das ja nicht beurteilen, wenn man ihn irgendwo kennenlernt, ist er in einer Masse, mit mehreren Leuten gibt sich ein Mensch wesentlich anders, als wenn er privat oder mit mir alleine ist, und wenn er dann auch noch so ist, wie ich ihn gerne oder wie ich ihn gut finde, dann kann man ruhig mehere Tage, mehrere Wochen, mehrere Monate, so lange, bis es gutgeht, mit dem Menschen zusammen sein.

F: Wofür gibst du dein Geld aus?

S: Meistens für Garderobe.

F: Du bist sehr elegant angezogen.

S: Danke.

F: Wo kaufst du?

S: Das ist ganz verschieden. Ich habe also kein festes Geschäft, sondern das kommt immer so, wenn ich irgendwie ein Kleid sehe oder irgend etwas, was ich witzig finde, was ich gut finde, kauf ich es.

F: Auch wenn es sehr teure Modelle sind?

S: Ja, muß ich schon.

F: Kaufst du auch bei Yves St. Laurent?

S: Du, ich finde seine Sachen nicht so gut für mich. Ich habe irgendwie einen anderen Stil, ich finde seine Sachen phantastisch, aber nur bei

diesen Mädchen, die sie tragen können, und ich kann es nicht tragen. Er schneidert sehr schlank, und er schneidert sehr, nicht konservativ, sondern eben nicht den Stil, den ich bevorzuge.
F: Und welchen Stil bevorzugst du?
S: Nicht das Elegante, auch nicht das Sportliche, sondern so mehr die Mittelsparte. Ich trage meistens Kleidungsstücke, die vorteilhaft für mich sind, also Kleider, die die Hüften überspielen, die zwar oben alles betonen, weil ich meine, einen guten Busen zu haben, und das kann oben alles sehr offenherzig und sehr frei sein, aber ich achte darauf, daß das andere alles etwas verspielt wird, ich trage nicht sehr kurz, weil ich das also nicht mehr sehr gut finde, ich fand das vor drei, vier Jahren mal gut, bin ich also so kurz gelaufen, daß man bald den Po sehen konnte, da war ich aber noch solide, da hab ich noch nicht angeschafft. Seitdem ich anschaffe, trage ich überhaupt nicht mehr kurz.
F: Aber hier trägst du kurz.
S: Da bleibt mir nichts anderes übrig. Die Männer wollen das so.
F: Ißt du gerne?
S: Wahnsinnig gern.
F: Was ißt du am liebsten?
S: Ach, das ist eine Frage. Das kommt ganz darauf an, was für eine Zeit das ist. Ich esse im Frühjahr wahnsinnig gerne Hummer, Fisch esse ich furchtbar gerne, heute habe ich zum Beispiel Scampis gegessen, was ich übrigens sehr, sehr gut fand, und Steaks, viel Gemüse, grundsätzlich keine Kartoffeln.
F: Kochst du selbst oder gehst du viel in Restaurants?
S: Ja, hier ist nicht so die Gelegenheit, weil ich ja hier wohne, und ich könnte mir natürlich jederzeit vorne etwas kochen, aber ich finde das zu langwierig und außerdem, wenn ich da vorne esse, das nervt mich schon wieder so sehr, weil da alles herumhängt, und laß mal sehen und laß mich mal probieren und man hat hier nicht die Ruhe, ich bin sehr wenig hier. Wenn ich aufstehe, mache ich mich zurecht und gehe weg, und wenn ich arbeiten muß, dann komme ich her, ziehe mich um und gehe runter, und wenn ich dann Feierabend mache, gehe ich wieder in mein Zimmer und mache mich fertig und gehe wieder raus, also ich verweile sehr sehr wenig vorne im Salon, weil mich das ganze Theater, was da so besprochen wird, wahnsinnig nervt.
F: Gibst du viel Geld für Parfums aus?
S: Nicht sehr viel Geld, ich brauche an und für sich nicht sehr viel Parfum.
F: Brauchst du Perücken, Schminke und dergleichen?
S: Du, ich brauche Perücken, Schminke sowieso, aber meistens immer sehr unauffällig, sehr natürlich alles, auch bei der Arbeit, ich

schminke mich sehr wenig, ich klebe mir lediglich Wimpern auf, mache mir die Augenbrauen etwas, und es kommt darauf an, wie ich mich fühle, manchmal etwas blaß, etwas Rouge auf das Gesicht und schminke mir die Lippen verhältnismäßig natürlich, also nicht irgendwie auffallend, ganz normal.

F: Wieviel Perücken hast du?
S: Zur Zeit ein, zwei, und eine im Badezimmer, drei.
F: Und hast du ein Eau de Toilette, das du bevorzugst?
S: Ja. Jean Patou.
F: Rauchst du viel?
S: Wahnsinnig viel.
F: Was nennst du wahnsinnig viel?
S: So vierzig Zigaretten am Tag, vierzig bis fünfzig Zigaretten.
F: Trinkst du?
S: Überhaupt nicht. Du, ich finde, Alkohol ist was Gräßliches, weil ich es nicht vertragen kann.
F: Nimmst du viel Rauschgift?
S: Ja, leider. O, um Gottes willen, leider will ich nicht sagen, nein, manche Leute finden das schrecklich, ich finde das gut.
F: Was nimmst du da?
S: Haschisch. Wir haben auch schon den Trip ausprobiert, und das muß man alles mal versuchen.
F: Marihuana?
S: Auch das, ja.
F: Und was findest du am besten?
S: Du, Haschisch ist am besten.
F: Was geschieht, wenn du Haschisch rauchst?
S: Ich fühle mich wahnsinnig lustig, ich fühle mich gut, und man hat eine seltsame Stimmung und alles ist belebt und alles, es ist so uninteressant, man fühlt sich so, wie man gerade ist, man findet sich phantastisch, man hat immer gute Laune, es kommt aber ab und zu, daß man mal schlechte Laune hat, das ist ganz und gar nach der Verfassung, in der man vorher war, oder die Leute die irgendwie, es ist auch manchmal, wenn man raucht und man trifft irgendwelche Leute, die einem nicht passen, oder es ist irgendein mieses Milieu, dann bekommt man einen schlechten Trip, und in dem Moment, wenn man mit guten Leuten zusammen ist, die dann aufgetan sind, bekommt man einen guten Rausch, unterhält sich mit ihnen über witzige Sachen und man lacht und man hört gute Musik, das hat auch sehr viel damit zu tun, und man hat sehr viel Einfälle, man unterhält sich über Dinge, die man wahrscheinlich nüchtern gar nicht so beachten würde, man geht sehr ins kleine und ins kleinste Detail ein in einer Unterhaltung, man macht sich wesentlich mehr Gedanken über alles, man sieht viel Dinge viel eher.

F: Wenn du Haschisch nimmst?
S: Ja.
F: Und das ist nicht so gut, wenn du Marihuana rauchst?
S: Du, Marihuana ist sehr witzig, da lacht man furchtbar, man ist sehr albern, das finde ich nicht gut. Es kommt auch ganz darauf an, in was für einer Stimmung man ist, ab und zu bei Hasch fängt man an zu lachen und man ist lustig, manchmal ist man etwas froh, man denkt sehr viel nach, es ist ganz, es kommt also im Grunde genommen hauptsächlich darauf an, in was für einer Verfassung man im Moment ist, mit welchen Leuten man zusammen ist, und was für Musik man hört und in was für einem Gesprächsthema man gerade beschäftigt ist.
F: Glaubst du, daß man von Hasch und Marihuana süchtig wird?
S: Nein.
F: Du hast es lange genug genommen..
S: Ich mache es jetzt ein Jahr ungefähr, und ich brauche es nicht unbedingt. Ich habe jetzt zum Beispiel seit vier Tagen nicht mehr geraucht.
F: Vorher hast du wie oft geraucht?
S: An sich jeden Tag, ja. Aber ich kann auch ohne weiteres drei, vier Tage oder fünf Tage, sechs Tage, zwei, drei Wochen aussetzen. Also, ich gehe nicht auf die Suche, unbedingt etwas zu finden, unbedingt etwas haben zu müssen, ich gebe kein Geld dafür aus.
F: Aber du könntest das gewöhnliche Rauchen nicht aufgeben?
S: Nee.
F: Also, du kannst den Hasch leichter aufgeben als den Tabak?
S: Ja, nicht aufgeben, aber ich muß es nicht unbedingt haben. Es ist natürlich phantastisch, wenn ich irgendwie eine Zigarette haben kann, und wenn ich irgendwie etwas Stoff habe, das ist herrlich, das ist gut, dann dreh ich mir sofort eine Zigarette und rauch sie, weil ich dann in einer anderen Stimmung bin, viel leichter fühle ich mich und ganz angenehm, aber wenn ich, ich habe jetzt zum Beispiel nichts, aber wenn ich gleich weggehe, dann weiß ich genau, daß ich irgendwelche Bekannte treffe, die irgendwie Stoff haben, und dann rauche ich mit. Und das ist eben so, ich lege keinen großen Wert darauf, irgendwie den Leuten hinterherzurennen.
F: Und wie ist es mit LSD?
S: Vollkommen was anderes. Das ist eine Mischung. Erstensmal kann man nicht mit allen Leuten zusammen sein, am besten ist, man ist in einem geschlossenen Raum, mit Menschen zusammen, die einem sympathisch sind, die man mag, die Leute müssen einem, also muß man Vertrauen zu haben. Ich habe es erst einmal gemacht, das erste Mal ist es sowieso nicht so ganz besonders, weil man da zuviel erwartet, und auf vieles nicht gefaßt ist, man erlebt also Dinge, die

man gar nicht so schnell verarbeiten kann, man bekommt ab und zu Angst, weil das zuviel ist, was auf einen zustürmt.. Irgendwelche Dinge, die man normal und nüchtern überhaupt nicht erleben würde. Man sieht Farbvisionen, die wahnsinnig schön sind, und man hört Musik und man kann sich wahnsinnig dareinversetzen, aber irgendwann, es kann durch eine Schallplatte sein, daß das irgendwie etwas hektisch ist, in dem Moment bekommt man also nicht Angstzustände, aber man fühlt sich unwohl, man denkt an etwas Grausames, wenn es jetzt irgendwie eine Platte ist, die furchtbar verzerrte Musik bringt, sei es Geigen oder so etwas und die nun furchtbar schrill sind und die sich so wie Schreien anhören, das ist natürlich wesentlich lauter, und das dringt wesentlich mehr in einem rein, und da hat man irgendwie so ein Angstgefühl, man bekommt schlecht Luft, man kann nicht aus sich heraus, und das muß man dann in dem Moment wieder regulieren, indem man eine ruhige Schallplatte auflegt, und da wird man auf einmal ganz ruhig, und dann denkt man darüber nach, Gott, das ist Quatsch, weshalb hast du dich da eben so wahnsinnig reingesteigert.

F: Würdest du LSD noch einmal nehmen?

S: Ja, wenn ich die Gelegenheit hätte, jetzt, morgen etwas zu nehmen, und ich hätte die Gelegenheit, nicht irgend etwas anderes, was für mich im Moment wichtiger ist, dadurch zu versäumen, also angenommen, ich wüßte jetzt, zwei, drei Tage habe ich nichts vor, nichts Wichtiges, und ich hätte die Gelegenheit, da einen Trip zu nehmen, würde ich das machen. Aber wüßte ich jetzt, morgen habe ich was Wichtiges vor, würde ich sagen, entweder muß ich dort anrufen und sagen, ich kann nicht kommen, und wenn es nicht anders geht, dann laß ich es eben sein. Aber es ist ganz interessant, aber ich muß es, glaube ich, drei-, viermal machen, um dann darüber so weit nachzudenken, daß ich auch unter Leute gehen kann, jetzt kann ich es noch nicht, also ich bin dem noch nicht so gewachsen, daß ich mich jetzt unter die Menge wagen kann, ich werde mit dem noch nicht so ganz fertig.

F: Hast du ein Bankkonto?

S: Nein.

F: Unterstützt du deine Familie?

S: Du, das ist ganz verschieden, das kommt darauf an, wieviel Geld ich habe, also meine Eltern würden nun keineswegs irgendwie sagen, schick uns bitte etwas, nein, ich tu das aus freien Stücken, das ist im Schnitt in der Woche 150. Ich habe ein sehr gutes Verhältnis zu meinen Eltern, und sie wissen, was ich mache, und sie reden da nicht viel drüber, wenn ich zu Hause bin, ich besuche sie und bin zu Hause ein ganz anderer Mensch, das kommt also überhaupt nicht zur Sprache, wenn ich zu Hause bin, da führe ich ein ganz anderes Leben, ich kann zwar alles sagen, was ich denke, also es ist nicht so, daß ich mich in meiner Redensart einschränken muß, sondern ich rede da ganz vernünftig und unterhalte mich mit meiner Mutter über das, was mir gerade einfällt. Erzähl ihr, mit welchem Typ ich gerade befreundet bin, wie er wohl aussieht, weil ich ihr das dann irgendwie erkläre und was der hat und wo wir waren und wenn ich sie jetzt anrufen würde, würde ich ihr sagen, daß wir heute am Strand waren, mit mehreren Leuten, daß es ganz witzig war, dann würde ich ihr erzählen, wenn ich einen Freund habe, ja, der ist ganz nett und so weiter und so fort, und ich erzähle ihr auch, wenn ich mit einem Mann ins Bett gehe, also es ist so, sie weiß, das ich es tue, warum soll ich ihr irgendwie sagen, ich mach das nicht.

F: Und warum schickst du ihr Geld?

S: Du, ich will dir sagen, ich habe bis siebzehn zu Hause gewohnt, und habe nie einen Pfennig Geld abgeben brauchen. Ich habe alles zu Hause gehabt, ich habe meine Garderobe bekommen und war immer sehr gut gekleidet und habe mein Taschengeld bekommen und hab wirklich sehr sehr viel von meinen Eltern bekommen, und zu der Zeit wohnten wir noch in einer Mietwohnung, und meine Eltern haben vor einem Jahr gebaut, und ich finde das wesentlich besser, weil ich noch drei Geschwister habe, daß die jetzt die Möglichkeit haben, in einem Garten rumlaufen zu können, und daß meine Eltern endlich das haben, was sie schon lange ersehnt haben. Ich weiß genau, daß sie es sich nicht so leisten könnten, jetzt zum Beispiel in Urlaub zu fahren oder daß mein Vater sich nicht leisten könnte, ein Auto zu fahren und meine Mutter nicht das auf den Tisch stellen könnte, was sie jetzt essen, zum Beispiel jeden Tag Fleisch, daß Butter auf dem Tisch steht, daß morgens zum Frühstück nicht Marmelade steht, sondern Wurst und Käse, also daß meine Brüder zur Schule gehen können, das könnten sie sowieso, sie gehen beide zum Gymnasium, die Großen, aber es ging nicht, daß sie nun beide in guter Garderobe rumliefen, sie müssen sich etwas einschränken, jetzt ist es so: Mutti, ich brauch eine neue Hose, ja, dann sieht sie zu, daß sie das einrichten kann, daß der Junge in der nächsten oder übernächsten Woche eine neue Hose kriegt. Es ist natürlich nicht so, daß sie verzogen werden, aber sie können ihnen eben ziemlich viel bieten. Sie bezahlen jetzt von dem Geld die Unkosten für das Haus und von dem Geld, was mein Vater und meine Mutter verdienen, den Lebensunterhalt.

F: Hast du eine Lebensversicherung?

S: Ich habe keine Lebensversicherung, nur eine private Krankenversicherung.

F: Gibst du viel Geld für Platten aus?

S: Nein, es ist also so, wenn ich hier oben mit mehreren Leuten zusammen bin, bringen sie ihre Platten mit, oder es ist meistens so, daß ich selten hier bin und daß ich meistens mit anderen Leuten irgendwohin fahre, die Platten haben, weil diese Anlage, die hier ist, die ist nämlich miserabel, wenn man da Platten hört, die versaun sowieso. Ich finde es nicht gut, 20 oder 30 Mark für eine Platte auszugeben, und die versaut mir total durch diesen Apparat.

F: Wie findest du es hier in diesem Heim? Glaubst du, daß du ausgenutzt wirst oder glaubst du, daß man dich anständig behandelt?

S: Du, ich lasse mich grundsätzlich nicht ausnutzen, das ist schon wieder dies, weil ich auch keinen Mann habe, ich habe, in dem Moment, wo ich das Gefühl habe, ausgenutzt zu werden, dann sage ich das, dann sag ich, paß mal auf, das geht nicht, ich bin mein eigener Herr, ich habe nicht die Absicht, mit irgend jemand zusammen zu sein, ich will alleine sein, und das ist eben das, ich will unabhängig sein, und wenn ihr mir irgendwelche Vorschriften macht, dann habe ich das Gefühl, daß ich nicht unabhängig bin, und deswegen laß mich in Ruhe, ich bezahle meine Miete, ich gehe meiner Arbeit nach, so wie ich das für richtig finde, in dem Moment, wenn ich keine Schulden habe, könnt ihr mir nichts.

F: Hast du nun Platten, die du besonders gerne hörst?

S: Du, ich höre wahnsinnig gerne Underground-Musik, und dann Jazz finde ich auch sehr gut, aber nicht so speziell, also nicht, daß ich jetzt irgendwie mitreden könnte über irgendwelche speziellen Musiker, sondern ich hör mir das an und ich finde das gut, wenn mir mal eine Platte wahnsinnig gut gefällt, dann frage ich, von wem sie ist und dann, aber weil ich, wie gesagt, nicht Interesse habe, welche zu kaufen.. Aber ich merke mir wahnsinnig schlecht Namen und mir das jedesmal aufzuschreiben, wenn ich sie mir sowieso nicht kaufe, finde ich das sinnlos. Ich höre sie, und meistens ist es so, wenn ich dort hingehe, wo wir verkehren, da ist sowieso nur die Musik, die wir bevorzugen, die hört man dann den ganzen Abend, und da braucht man nicht großartig zu fragen, welche Platte ist das, die kommen sowieso immer wieder.

F: Hörst du auch klassische Musik?

S: Selten. Ich finde nun zum Beispiel auch im Turn finde ich Bach sehr gut, Bach ist phantastisch, es gibt diese Play-Bach Number one, die ist sehr gut, und dann gibt es, Moment, wie heißt sie? Peterchen und der Wolf, verjazzt, ist auch phantastisch und dann die Nußknacker-Suite von Tschaikowski ist auch phantastisch, auch geturnt, im Rausch, kann man wahnsinnig gut hören, und was ich sehr gut finde, ist Glenn Miller usw., das sind alles Dinge, die man auch ohne weiteres hören kann, wenn nicht unbedingt Underground. Es kommt also auch ganz darauf an, in was für einer Verfassung man ist.

F: Gehst du oft ins Kino?

S: Ja, im Schnitt einmal in der Woche.
F: Was siehst du dir dann für Filme an?
S: Nur Filme, wo ich hundertprozentig weiß, daß es sich lohnt hinzugehen, also angenommen, wo ich weiß, daß es gute Schauspieler sind, wo ich weiß, daß es nicht irgendein Kitschfilm ist, so wie zum Beispiel, ich fand vor drei Jahren «Irma la Douce» wahnsinnig gut, ich habe mir den Film hier noch einmal angeschaut, weil ich also der Meinung war, der Film war irgendwie lustig, ich bin rausgegangen, weil ich das so albern fand und so kitschig, da bin ich rausgegangen, weil ich das einfach nicht sehen konnte, das ist eine Verdummung, was die uns da angeboten haben. Welche Filme fand ich gut? «Vögel sterben am Paro», oder auf Paro vielmehr, fand ich sehr gut, dann fand ich sehr gut «Wer hat Angst vor Virginia Woolf», was fand ich noch gut, «Reifeprüfung» war ein phantastischer Film, «Grand Prix» war sehr gut, dann verschiedene Filme mit Alain Delon, da hab ich mehrere gesehen, was ich hab sonst noch gesehen, was ich an sich sehr gut fand, «Reifeprüfung» hatte ich schon gesagt, mir fällt im Moment nicht mehr ein, aber an sich Filme, wo ich hundertprozentig weiß, daß es sich lohnt hinzugehen.
F: Keine Wildwest..
S: Nee, überhaupt nicht, auch keine Kriminalfilme oder so etwas, da lege ich keinen Wert darauf, weil ich das irgendwie abscheulich finde, meistens werden da irgendwelche Menschen getötet, und das finde ich gräßlich.
F: Gehst du ins Theater?
S: Du, ich habe hier nicht so die Gelegenheit, weil mein Bekanntenkreis nicht so besonderes Bedürfnis hat, ins Theater zu gehen und man paßt sich ja irgendwie an, aber ehrlich gesagt, ich hätte auch nicht das Bedürfnis, irgendwie zu sagen: Komm, wir gehen ins Theater. Wenn das Musical «Hair» hierher kommt, gehe ich auf jeden Fall hin, aber es wird in der deutschen Verfassung gebracht, das ist miserabel, trotzdem schaue ich es mir an.
F: Bist du in irgendwelchen Sportvereinen?
S: Nee, gar nicht.
F: FKK..
S: FKK ja, aber das finde ich nicht mehr ganz witzig, ich fand das damals witzig, zwei-, dreimal hinzugehen, aber ich finde das jetzt gräßlich.
F: Was fandest du denn gut daran?
S: Ja, ich gehe wahnsinnig gerne nackt schwimmen, wenn ich also nachts an den Strand fahr, da könnten nun noch hundert Leute rumhängen, das wäre mir vollkommen uninteressant, eben wenn es erlaubt wäre, aber ich muß Leute um mich rum haben, Leute, die zu mir passen und Leute, die ich gut finde und da am FKK-Strand, das

sind solche Butzen, solche Snobs, solches normales Volk, daß mich das schon wieder anwidert.

F: War es schwierig, da hineinzukommen?

S: Nein, nein, das war vollkommen unkompliziert, mich interessierte das im Grunde genommen auch nicht, wenn sie zu mir gesagt hätten, das geht nicht, oder zu uns, das geht nicht, daß sie da hinkommen, weil sie da irgendwo auf St. Pauli wohnen, da hätte ich gesagt, da lassen wir es eben sein.

F: Reist du gerne?

S: Du, wenn ich das Geld dazu hätte, ich würde nur auf Reisen sein.

F: Und wo würdest du hinreisen?

S: Nur dorthin, wo viele Leute sind und wo gute Leute sind. Ich möchte ganz gerne mal nach London, nach Frankreich, das finde ich ganz gut, dann finde ich Monaco ganz gut, dann würde ich auch wahnsinnig gerne mal nach Marokko, das finde ich auch ganz gut, Istanbul finde ich ganz phantastisch, aber das Urteil kann ich mir nur erlauben, weil ich es in Filmen gesehen habe, weil ich darüber gehört habe, ich kenne es nicht.

F: Warst du überhaupt nicht im Ausland?

S: Du, ich war selten, also ich bin schon in England ganz kurz gewesen, drei Tage, da habe ich nicht viel gesehen, weil ich dort gearbeitet habe, dann war ich in Paris zwei Tage auf der Igedo unten, da habe ich vorgeführt und dann eben Berlin, München, Düsseldorf, Hamburg, die Städte hier in Deutschland kenne ich zum größten Teil alle, dann oben in Holland, Scheveningen usw., also ich muß Leute um mich haben, ich kann es nicht haben, wenn ich irgendwo in einem Dorf bin, werde ich wahnsinnig. Es muß immer irgend etwas los sein, es muß immer irgendeine Spannung da sein.

F: Hast du Glücksspiele gespielt?

S: Da lege ich überhaupt keinen Wert darauf.

F: Nein.

S: Könnte man mich nicht für begeistern.

F: Hast du schon mal für einen Mann eine Mark hingelegt?

S: So kann man das nicht nennen. Ich habe Bekannte, die meistens Studenten sind, die von Hause aus keine Mark haben und das ist logisch, ich bin nicht geizig, und ich finde es keineswegs schlimm, wenn ich mit jemand ausgehe und ich bezahle ihm mal ein Essen oder ich bezahle ihm einen Drink, da wir sowieso nie Alkohol trinken, es ist dann meistens Orangensaft oder Apfelsaft, das sind also winzige Beträge, das macht mir nichts aus, aber daß ich nun sag, hör mal, geh jetzt mit mir schlafen, du bekommst auch was dafür, das würde ich nie machen, das habe ich nicht nötig.

F: Hast du Hobbies?

S: Nee.

F: Hast du eine liebste Beschäftigung?
S: Meine liebste Beschäftigung? Das ist eine Frage, du, einkaufen zu gehen.
F: Wolli und Johnny sagen ja nun: ficken.
S: Hat Wolfgang gesagt? Oh, der Wahnsinnige! Das ist nicht wahr!
F: Peinlich?
S: Nein, Wolfgang hat gesagt, das wäre seine liebste Beschäftigung zu ficken? O nein, das finde ich ja geradezu schon primitiv.
F: Deine: einkaufen?
S: Ja, einkaufen, ausgehen. Unter Leuten sein, das ist meine liebste Beschäftigung, Tag und Nacht unter Leuten sein, die mir gefallen.
F: Liest du gerne?
S: Du, ich habe mal eine Zeitlang irgendwie gelesen, aber das ist ziemlich eingeschlafen, das kommt vielleicht dadurch, weil ich, wie gesagt, immer beschäftigt bin, und wenig Zeit habe zu lesen, und in dem Moment, wenn ich lese, da muß ich Zeit dazu haben und nicht irgendwie drei, vier Seiten lesen, sondern wirklich effektiv mich da hineinversetzen und das auch begreifen, denn wenn du nur so drei, vier Seiten liest, das ist, das fliegt an dir vorbei und dann kannst du das Buch eigentlich noch mal lesen, um es richtig zu begreifen. Und weil ich nicht nachmittags vier, fünf Stunden hier rumsitze und mich in ein Buch reinknie, deswegen fang ich erst gar nicht an. Aber irgendwann werde ich auch den Rappel mal kriegen, das weiß ich.
F: Du abonnierst keine Zeitung regelmäßig?
S: Du, ich kaufe wahnsinnig viel Zeitungen, aber ich abonniere sie nicht.
F: Was kaufst du dir für Zeitungen?
S: Constanze, Stern, Brigitte, Bunte, Jasmin, Spiegel, Pardon, alles, alles, was es gibt.
F: Das liest du auch?
S: .. lese ich, von vorne bis hinten alles.
F: Was gibst du so ungefähr aus im Monat für Zeitungen?
S: Du, 50 Mark, ja, glaube ich, 40, 50 Mark für Zeitschriften.
F: Magst du Bilder gerne? Gemälde?
S: Du, ich schau sie mir wahnsinnig gern an und könnte das auch stundenlang machen, aber ich könnte das nicht als Hobby sehn, also ..
F: .. ins Museum gehst du nicht?
S: Nein, nein. Ich meine natürlich, wenn ich die Gelegenheit hätte, irgendwie mal ins Museum zu gehen, würde ich mich auch im Moment dafür interessieren, und vielleicht in dem Moment, weil ich es noch nicht gemacht habe, könnte es möglich sein, daß ich mich dafür begeistere und dann des öfteren ins Museum gehe. Aber da ich bisher noch nicht die Lust zu hatte, dann auch nicht die Gelegenheit, mit irgendwelchen Leuten, die sich dafür interessieren, mit

denen man sich darüber unterhalten kann, dorthin zu gehen, habe ich bis jetzt auch nicht das Interesse gefunden, mich da irgendwie zu interessieren ..

F: Wann bist du geboren? Und wo?
S: Am 6. Mai, also 6. 5. 49 in Bad Driburg, das ist bei Bielefeld.
F: Was ist dein Vater?
S: Der ist Werkzeugmacher.
F: Deine Mutter ist Hausfrau?
S: Ja, sie arbeitet vier Stunden, sie ist Postangestellte.
F: Hast du Geschwister?
S: Ja, drei Jungen.
F: Wie ist das Verhältnis zu deinen Geschwistern?
S: Ach weißt du, der eine ist fünfzehn, wird sechzehn, der andere ist vierzehn, wird fünfzehn, das sind die Jungens, die heranwachsen, der eine, der Vierzehnjährige, der hat sich ein Schlagzeug zur Konfirmation gewünscht, das er auch bekommen hat, und der versteift sich ja nun darauf, daß er irgendwann einmal eine richtige Band aufzieht usw. und der interessiert sich sehr dafür, ich finde das ganz gut, sie vernachlässigen keineswegs ihre Schulaufgaben dadurch. Der Große ist sehr ruhig, der lernt sehr viel, spricht wahnsinnig gut, trotz seiner fünfzehn Jahre, Französisch, ich glaube, daß er es mal irgendwie wahnsinnig schaffen wird, irgendwas zu machen.
F: Wissen deine Brüder, daß du auf den Strich gehst?
S: Nein, nein.
F: Die wissen gar nichts. Aber deine Eltern ..
S: Ja, sie reden aber nicht darüber, also sie würden mich da niemals drauf ansprechen.
F: Hast du noch irgend etwas vom Krieg oder den Hungerjahren mitbekommen, hat man dir davon erzählt?
S: Ja, weißt du, das ist so, mein Vater hat im Krieg ein Bein verloren, und das ist logisch, daß man sich in dem Moment auch damit beschäftigt. Aber daß wir davon großartig irgend etwas davon gemerkt haben, daß viel davon gesprochen wurde, überhaupt nicht, weil, dadurch, weil mein alter Herr im Krieg sein Bein verloren hat, spricht man auch nicht darüber, um nicht immer wieder die Erinnerung wachzurufen. Dann ist mein alter Herr durch den Krieg nach Deutschland gekommen, und das sind alles solche Umstände, um dieses ganze Thema zu übergehen .. Mein alter Herr ist Ungar. Direkt aus Budapest.
F: Und wie verlief deine Kindheit?
S: Du, an sich ganz normal. Ich bin mit sechs Jahren in die Schule gekommen, bin mit fünfzehn aus der Schule raus, habe acht Jahre Schule besucht, habe ein halbes Jahr gearbeitet, hab dann in einer Boutique angefangen, nicht als Lehrling, sondern gleich so, also ich

habe ein ziemlich gutes Gehalt bekommen . .
F: Als Verkäuferin?
S: Ja, als Verkäuferin, direkt als Verkäuferin, in Düsseldorf, ja, und bin dann angesprochen worden, ob ich nicht Interesse hätte vorzuführen, hab dann ein halbes Jahr eine Mannequin-Schule besucht, hab das mit Diplom beendet, habe dann eineinhalb Jahre als Mannequin und Fotomodell gearbeitet, in verschiedenen Städten.
F: Da warst du ungefähr siebzehn, achtzehn?
S: Ja, achtzehn.
F: Und dann?
S: Ja, und dann habe ich einen Mann kennengelernt, der wahnsinnig viel Geld hatte, der mich sozusagen davon abgehalten hat, weiter der Modebranche nachzugehen, von dem habe ich alles bekommen, der hat mich sozusagen ausgehalten, und der war krankhaft eifersüchtig, ich war mit ihm ein halbes Jahr zusammen, durfte also nicht alleine ausgehen usw., dann hat mich das also dermaßen genervt, daß ich denke, es geht nicht mehr, ich halte es nicht aus, ich gehe wieder, dann habe ich meine Sachen gepackt und wollte wieder in die Modebranche einsteigen, ich hatte den Anschluß verpaßt. Ich habe durch die Anti-Baby-Pille wahnsinnig zugenommen, also schätzungsweise zwanzig Pfund, bin auseinandergegangen wie ein Hefekuchen, und trotz meiner Größe hat es doch irgendwie etwas zu sagen, also ich konnte schon noch in die Sachen rein, aber es saß alles nicht mehr so, es paßte alles, aber es ging nicht mehr. Ich habe effektiv den Anschluß verpaßt. Wenn du dann gewohnt bist, immer Geld zu haben, dir alles kaufen zu können, was du gerne möchtest, ja nun bin ich auf die Idee gekommen, weil ich zwei, drei Mädchen kennenlernte, die ich in einem sehr witzigen Lokal kennenlernte, und die ganz niedlich waren, überhaupt nicht so die Typen waren, die man sich normalerweise vorstellt, die anschaffen gehen, ich fand die ganz lustig, so wie die rumliefen, die konnten sich alles erlauben, die hatten immer witzige Typen um sich herum, hatten auch beide keinen festen Freund, sondern machten gerade das, was sie wollten, da habe ich mir das so angeguckt, und hab gedacht, Menschenskind, das ist doch keine schlechte Idee, da habe ich mich mit denen angefreundet, hab mich mit denen unterhalten und hab bei mir gedacht, warum nicht.
F: Du wohntest aber immer noch zu Hause?
S: Da wohnte ich zu Hause bei meinen Eltern. Und da hab ich gesagt, warum nicht, da bin ich mit achtzehn, ja da war ich schon achtzehn, da bin ich da hingeturnt in das Café, hab mich da hingesetzt, mit 50 Pfennig in der Tasche, und hab da nun alles auf mich zukommen lassen.
F: Wer war dein erster Freier?

S: Du, das war, wie alt mag er gewesen sein? – vierzig, mit Schnäuzer, ein regelrechter Freier, weißt du, wie man die sich vorstellt. Kam nun zu mir an den Tisch und setzte sich hin, ob er mich einladen dürfe, er wußte nun nicht, weil er mich vorher nie gesehen hatte, ob ich nun anschaffen ginge und so, ja, und ich dann nun sofort gesagt: ja, warum nicht, ganz keß, ich hatte nun keine Ahnung, hatte auch keine Präservative in der Tasche, hatte überhaupt nicht das Herz, in die nächste Drogerie zu gehen, die zu kaufen oder irgendwie jemand zu fragen. Ja, und so weiter, was ist denn los, ja habe ich gesagt, 100 Mark, in welches Hotel gehen wir denn. Weiß ich nicht, hab ich gesagt, ja, dann komm mal mit. Ich mich ins Auto zu ihm gesetzt, wir ins nächste Hotel, er legte mir, hab ich nun gar nicht gefragt, nee, stimmt gar nicht, ich hab gar nichts gesagt von 100 Mark, Quatsch, gar nicht wahr. Er hat überhaupt nicht von Geld gesprochen, ja ich komme mit, er bezahlte das Hotel, ging hoch, er holte Präservativ raus, wußte, daß ich noch nie in meinem Leben mit einem Gast, er wußte, daß ich noch nie in meinem Leben einen Freier hatte, hat er anschließend gesagt. Er holte die Gummis raus, zog sich aus, machte den Präservativ rüber, ich legte mich hin und hatte keine Ahnung davon, und dachte nun, laß ihn mal machen, bemühte mich da auch keineswegs, ja, und dann anschließend, als er sich dann wieder anzog, legte er mir 100 Mark auf den Tisch und sagte, Menschenskind, wie machst du das eigentlich, bist du wahnsinnig. Ich hatte nun sofort gemerkt, daß du neu bist, und ich habe sofort gemerkt, daß du keine Ahnung hast, jetzt überlege dir mal, du wärst an jemanden anders gekommen, und der hätte das nun mit dir so hopplahopp, der hätte dich nun schön gefickt und hätte dir nun keine Mark gegeben. Denk dran, immer so was mit dir rumzuschleppen, und denk dran, immer das Geld vorher, das fand ich so niedlich von ihm.

F: Hat er nun richtig mit dir losgemacht oder..

S: Nein, nein..

F: Da hast du gemerkt, daß du ganz kühl..

S: Das war vollkommen, das war abgeschaltet, das war bei mir nie so, daß ich mich irgendwie mit jemand befaßte, intim, den ich nicht wahnsinnig gut leiden konnte.

F: Da machst du auch voll los?

S: Wenn ich jemand mag, gerne, ja.

F: Also du bist nicht frigide.

S: Keineswegs.

dann bei diesem ersten Freier nicht?

S: Weil ich ja in dem Café saß, mit der Voraussetzung, anzuschaffen, und weil ich ja nun wußte, instinktiv weiß das jemand, wenn er Geld dafür bekommt, daß er sich nicht hergibt, daß er lediglich nur den

Mann zum Spritzen bringt und daß er dafür Geld bekommt, und anschließend ist der Fall erledigt.

F: Das war dir von vornherein klar?

S: Das war mir von vornherein klar. Irgendwie also dumm, von Dummshausen war ich ja nun nicht, dadurch, daß ich in der Modebranche tätig war und auch mit verschiedenen Männern ein intimes Verhältnis hatte, das ist logisch, daß man auch Ahnung hat.

F: Danach bist du aber nicht für Schiebung?

S: Ja, der hat mich noch gefickt, aber ohne Gefühl, wie gesagt.

F: Ganz ohne Gefühl.

S: Ganz ohne Gefühl, vollkommen ohne Gefühl. Ich habe nur immer gehofft, hoffentlich ist er bald fertig, das war das einzige, was mich beschäftigte.

F: Und beim nächsten warst du dann klüger?

S: Beim nächsten war ich klüger, da hab ich lediglich mein Geld vorher verlangt, ihm das Gummi drübergemacht, und hab nun auch wieder gedacht, hoffentlich ist er bald fertig, und so wurde das von Tag zu Tag immer netter, da fing ich schon an, so ein bißchen zu flirten und bin nun schon drauf zugegangen, ins Café, hab mich daneben hingesetzt, ganz frech.

F: Du wohntest aber noch zu Hause?

S: Wohnte zu der Zeit noch zu Hause, ja, ja.

F: Und warum bist du aus Düsseldorf weg?

S: Du, weil ich das nicht wollte, weil ich dort in Düsseldorf erstensmal meine Familie hab, zweitens mein Privatleben, meine Bekannten, da hat man nicht so gern, wenn die das erfahren, und dann fand ich das auch nicht gerade witzig, da irgendwie, weiß ich nicht, das irgendwie groß an die Glocke hängen, daß ich anschaffen gehe.

F: Hast du dich davor geekelt?

S: Nein, nein, die erste Zeit hast du das Gefühl, Geld, Geld, da ist dir das so egal, das kommt erst nach einer ganzen Zeit, bei mir ist es erst seit einem halben Jahr ungefähr.

F: Und..

S: Das kommt nur durch die Raucherei, daß ich da so einen wahnsinnigen Haß darauf habe.

F: Durch den Haschisch?

S: Ja. Also bin ich voller Überzeugung, daß es dadurch kommt. Wenn ich geraucht habe, kann mich überhaupt keiner dazu bewegen, mich irgendwie hierherzulocken. Wenn ich geraucht habe, können mich unten auf dem Hof zwanzig Typen ansprechen und mitgehen wollen, da lache ich nur drüber. Das ist so uninteressant für mich in dem Moment, wenn ich irgendwo anders bin und geraucht habe, sagen wir mal bis neun oder halb zehn und denke Menschenskinder, eigentlich müßtest du arbeiten, bringen mich doch keine zehn

Pferde hierher.
F: Aber wenn du nun einen Freund triffst, mit dem du nun gerne losmachst, dann gehst du mit ihm?
S: Natürlich, das ist phantastisch, wenn man einen Turn hat. Man geht wesentlich mehr auf, man hat ein ganz anderes Gefühl, man ist wesentlich empfänglicher für alles, und empfindet wesentlich feiner für alles, was mit ihm gemacht wird, sei es nun irgendwie ein Kuß oder so etwas, man empfindet das wesentlich schöner, und wenn man dann zum Höhepunkt kommt und spritzt, das ist also ein Gefühl, was nüchtern überhaupt nicht da ist. Man hat so das Gefühl, man läuft vollkommen aus, so eine Erleichterung, das ist unbeschreiblich, das kann man nicht beschreiben.
F: In Hamburg bist du jetzt eineinhalb Jahre.
S: Ja.
F: Hast du nun irgendwann mal ganz großen Trouble gehabt?
S: Noch nie. Ich halte mich diesen Leuten hier fern, also ich kenne sie, das ist logisch, man kennt die Leute, man muß sie kennen, sie akzeptieren mich, sie kennen mich, sie wissen, wie ich darüber denke über die ganze Sache, sie haben natürlich die ersten drei, vier Monate versucht, mich anzumachen, meine Kohlen zu kriegen und so weiter, und ich habe nun ein so großes Maul gehabt, und hab mich nun mittlerweile vollkommen gesträubt gegen die ganze Sache, da haben sie mit der Zeit gemerkt, daß es keinen Zweck hat. Ich bin jetzt aus Düsseldorf gekommen, am Freitag, und das hat mir doch wieder so den Rest gegeben, daß ich am Freitagabend beinahe wahnsinnig geworden bin.
F: Was willst du machen?
S: Du, das weiß ich nicht. Ich bin sicher, daß ich bald hier aufhöre, ja. Von heute auf morgen geht es nicht. Also spätestens, wenn ich einundzwanzig bin, dann bin ich weg vom Bock. Hundertprozentig. Dann steht mir wesentlich mehr offen, weil ich dann die Möglichkeit habe, eher an Geld ranzukommen, wenn ich einundzwanzig bin, und wenn ich mir irgendwie Geld aufnehme und werde mir in irgendeiner phantastischen Stadt, ich weiß noch nicht wo, ein ganz süßes Appartement einrichten und dann nur auf privat.
F: Privat?
S: Ja, ja, dieses hier weiter, aber das weiß ich noch nicht, es kann auch sein, daß ich morgen oder übermorgen einen Mann kennenlerne, den ich liebe, das kann ich nicht sagen, ich lebe nicht so mit irgendwelchen Vorsätzen, sondern ich lebe von heute auf morgen.
F: Was ist deine früheste Erinnerung?
S: Mit drei Jahren, nee, mit vier. Da haben wir in Neuss gewohnt, da war ich noch ganz klein, wie mein alter Herr ein Motorrad fuhr und ich geknipst worden bin auf einem Motorrad, da habe ich mich so

dadraufgestellt, und da bin ich geknipst worden. Dadrüber habe ich mal nachgedacht, das war so, wo ich mich am weitesten zurückerinnere. Und von da an kann ich alles verfolgen.
F: Was wolltest du früher werden?
S: Du, ich hatte schon immer Faible für Mode, schon immer, schon von jeher, ich bin mit zehn Jahren schon umhergelaufen wie ein Modepüppchen, und schon früher.
F: Wann hast du das erste Mal was von Nutten gehört.
S: Mit siebzehn, sechzehn, siebzehn.
F: Früher nicht?
S: Ach, natürlich wußte ich, doch, glaube ich, habe mich aber nie damit beschäftigt.
F: Hast du sie sehr verachtet?
S: Nee, ich habe immer gedacht, nee, würde ich nie machen. Ich hab da gesessen, ich habe im Café gesessen und hab gesagt, das würde ich nie machen, und drei Wochen später habe ich auch da gesessen.
F: Warst du in der Schule gut?
S: Mittel, also ich war nicht die Beste, ich war auch nicht schlecht, ich hab so ein Durchschnittszeugnis gehabt.
F: Hattest du keine Lust, auf die höhere Schule zu gehen?
S: Überhaupt nicht.
F: Warum nicht?
S: Du, weil ich gräßliche Lehrer gehabt habe.
F: Haßt du deine Lehrer?
S: Nee, ich hasse sie nicht, ich fand es schlimm, weil ich von diesen Leuten unterdrückt wurde.
F: In welcher Weise?
S: Ja, sie sind diejenigen, die uns was vorschreiben können, und das sind diejenigen, die bestimmen können, was wir zu tun haben, und jeder Zwang, jeden Zwang lehne ich ab.
F: Wann hast du deine ersten sinnlichen Erlebnisse gehabt?
S: Die ersten Gefühle, daß ich das schön fand, geküßt zu werden, waren mit vierzehn.
F: Wer hat dich geküßt?
S: Du, ein Freund, ein Jugendfreund, mit dem ich nun Räuber und Gendarm gespielt habe.
F: Wann hast du das erste Mal was mit einem Mann gemacht?
S: Mit fünfzehn, ja, aber ich fand das nicht gut.
F: Warum nicht?
S: Du, das war Neugierde, weißt du, und das war so eine blöde Situation und alles und das fand ich nicht gut, das war so überrumpelt alles, weißt du, das war auf einer Party, und wie es so meistens ist, man hat ja sowieso nie anders Gelegenheit, wenn man jung ist, man wohnt zu Hause, man muß dann und dann zu Hause sein, dann hat

man sich mal irgendwann losgeschlichen und war erst um zwölf oder so zu Hause, weil man dann so irgendwas erzählt hat, wo man hingeht, und dann ist man da irgendwo auf einer Party und dann sieht man das, und dann interessiert einen das auch nicht so, man ist zwar neugierig, aber man hat da noch keine Gefühle für. Nee, ich wollte dann nicht mehr, ich habe mich dann dagegen gesträubt mit allen Händen und Füßen, und da war es auch schon passiert.

F: Und wann hast du dann regelmäßig?
S: Du, ungefähr drei bis vier Monate später, da habe ich einen Mann kennengelernt, der schon 34 war, aussah wie 24, verkehrte bei uns zu Hause, wir haben uns verlobt, und meine Eltern fanden ihn auch sehr nett, und er war dann auch Weihnachten bei uns zu Hause, und wir haben regelmäßig jeden Tag losgemacht. Er brachte das nun sehr gut, und da fand ich das göttlich.
F: Da warst du?
S: Fünfzehneinhalb ungefähr, ich wurde sechzehn, so ungefähr, ich kann mich nicht genau erinnern.
F: Warum hast du ihn nicht geheiratet?
S: O Gott, warum ich ihn nicht geheiratet habe? Weil ich mich da nie mit beschäftigt habe mit heiraten, das war nur eine Modesache, sich zu verloben. Alles verlobte sich, also mußte ich auch einen Verlobungsring anhaben, nicht weil ich vorhatte, diesen Mann zu heiraten, um Gottes willen.
F: Und wann ist das nun auseinandergegangen?
S: Du, ein halbes Jahr später.
F: Warum?
S: Warum ist das auseinandergegangen? Nur aus so einer Nichtigkeit, wir hatten uns gestritten, da hab ich ihm gesagt, paß mal auf, mir paßt das alles nicht mehr, mach, was du willst, und da bin ich aufgestanden und bin weggegangen, und da habe ich ihn in drei, vier Tagen wiedergetroffen: Hallo, wie gehts? und Ende, aus. Also ich bin nicht der Typ, der nachtragend ist. Die Typen, mit denen ich mal schlafen gegangen bin oder mit denen ich zusammen war, den sage ich heute genauso freundlich guten Tag wie vorher, als ich noch nicht mit ihnen schlafen war, also nicht irgendwie nachtragend oder irgendwie vorwurfsvoll, weil sie, das liegt immer an beiden Teilen, wenn es irgendwie nicht geht.
F: Als du klein warst, hast du da Vorstellungen gehabt, wie Kinder auf die Welt kommen?
S: Ich habe zwar gefragt, Mami, wo kommen die Kinder her, da hat meine Mutter nie gesagt vom Klapperstorch, sondern sie hat immer gesagt, die kommen vom lieben Gott. Weißt du, man sucht sich das so alles selbst zurecht, man hört da irgendwas, man schnappt da irgendwas auf und dann tüftelt man sich zurecht. Da ich ja nun von

jeher immer ein bißchen frühreif war, wußte ich das auf einmal von ganz alleine.
F: Und wie drückte sich das aus, daß du frühreif warst?
S: Ich interessierte mich nun immer für Jungens. Immer schon, ich habe immer nur mit Jungens gespielt.
F: Und rumgeschmust mit ihnen?
S: Ja, ich wollte es, aber das ging meistens nicht, weil die Jungens im gleichen Alter waren wie ich und die dafür noch kein Interesse hatten und zeigten, und nachher auch, immer war ich die jüngste, überall, nachher, also als ich mehr Interesse hatte, mit Männern auch irgendwie intime Verhältnisse zu haben, war ich immer mit Männern zusammen, die schon fünf, sechs Jahre älter waren als ich, weil ich dann auch noch den Fimmel hatte, das müssen alles Leute sein oder Männer, die ein bißchen Geld haben, die müssen gut aussehen, das waren dann so meine Vorstellungen, sie müssen ein schickes Auto fahren und möglichst eine schöne Wohnung haben, und da war ich nun sechzehn, als ich da nun schon einen Freund hatte mit Porsche und der mich dann überall hinfuhr, und das mußte ich also alles haben.
F: Hast du deinen Vater sehr geliebt?
S: Du, ich habe mit meinem Vater früher nie ein gutes Verhältnis gehabt, komischerweise.
F: Warum?
S: Weil ich der gleiche Typ bin wie mein Vater. Ich bin genauso, genau, ich komme im Aussehen, in meiner Art, genau auf meinen Vater, charakterlich alles, und ich habe mich mit meinem Vater nie verstanden, weil er genau wußte, wie er früher war, und da dachte er ja nun, irgendwie etwas anders machen zu müssen, weil er ja nun genau wußte, daß ich gerne lebe und daß ich gerne rumspringe, und da hat er gedacht, also halt, da muß ich irgend etwas anders machen, daß es nicht so wird, und deswegen gab es nun ewig Streitigkeiten: du bist um zehn zu Hause, ich war natürlich erst um zwölf zu Hause, weißt du, immer Theater und immer Trouble. Meine Mutter mußte das dann immer ausbaden, weil sie mir dann immer zur Seite stand, und mein Vater pöbelte dann immer mit meiner Mutter rum, du kannst ihr nicht immer beistehen, das geht nicht, das ist doch ein Mädchen und so weiter. Ich sag: ihr mit eurer Wahnsinnsvorstellung, ein Mädchen, ob ich nun nachts um zwölf nach Hause gehe, komme, oder ob ich abends um zehn nach Hause komme, das ist uninteressant, wenn ich vorhabe, irgendwie mal etwas zu machen, dann kann ich das auch nachmittags machen, und so habe ich versucht, ihnen das beizubringen, dann haben sie es mittlerweile begriffen, und dann dadurch, daß ich ewig auf Reisen war, mit sechzehn, siebzehn schon, war es auch so, daß ich die Freiheiten nachher

von ganz alleine hatte, daß sich das so einbürgerte, daß man mich nicht mehr danach fragte.

F: Als Fotomodell?

S: Ja, ja, da reiste ich nun überall durch die Gegend, da war das so üblich, daß man nicht mehr sagte, ja, wann bist du wieder hier, schön und gut, ich habe gesagt, ich bin in drei, vier Tagen wieder da, aber da fragte man nachher nicht mehr danach, weil, wenn ich das Gefühl hatte, etwas erzählen zu müssen, dann habe ich es erzählt, wurde ich aber gefragt, habe ich aus lauter Bockigkeit keine Antwort mehr gegeben. Also wenn ich das Gefühl hatte, das erzählen zu können, habe ich das erzählt, wie das ist, genauso wie ich das heute mache, aber wenn man mich irgendwie versuchte auszufragen, dann kriegt man aus mir nichts raus, und das wußten meine Eltern. In dem Moment, wo sie bohren: wo warst du? was hast du gemacht? wie und wann? und genau irgendwie alles wissen wollen, stießen sie auf Granit, in dem Moment, wenn sie gar nichts sagten, dann sagte ich: ja, ich fahre nach München und ich habe da und da zu tun, ich rufe euch an oder wir setzen uns irgendwie in Verbindung, und ich fahr dann mit einem Bekannten runter, von der und der Firma, also dann kam das von ganz alleine raus.

F: Hat dich das angeekelt, dir vorzustellen, daß deine Eltern miteinander ins Bett gehen?

S: Nein. Du, ich war, glaube ich, fünfzehn oder sechzehn, das weiß ich nicht mehr genau. Da habe ich im Schlafzimmer, also im Kinderzimmer vielmehr gelegen und habe das Bett quietschen hören, und da habe ich mir gedacht, oh, die sind bestimmt jetzt gerade am bumsen. Aber sonst habe ich mir weiter nie Gedanken darüber gemacht. Ich habe auch nie Interesse gehabt, meinen Vater mal nackend zu sehen. Interessierte mich nicht, komischerweise. Es sind alles an und für sich Widersprüche, ich hatte an sich das Gefühl irgendwie mal, aber daß ich mich jetzt nun da irgendwie hinstellte, um da irgend jemand zu beobachten, wie der wohl aussieht, das war also gar nicht.

F: Auch einen kleinen Jungen nicht angeguckt, wenn der im Stehen pinkeln konnte ..

S: Du, das war für mich eine Selbstverständlichkeit, weil ich Brüder hatte.

F: Und deine Brüder sind auch nicht zu dir gekommen und haben dir gezeigt, was sie hatten?

S: Nee, nee, nee, überhaupt nicht, weil wir sehr frei erzogen worden sind, bei uns war es nicht so an der Tagesordnung, daß meine Mutter also schon angezogen aus dem Schlafzimmer kam und mein Vater, sondern meine Mutter lief mit dem Unterrock oder im Büstenhalter und in der Unterhose rum, weißt du, und machte uns dann morgens irgendwie den Kaffee oder so, daß war eine vollkommen gelockerte

Lebensart, also nicht so, direkt schon angezogen und gekämmt und so am Frühstückstisch, sondern sehr frei, und wenn wir abends Fernsehen schauten, machte man sich etwas frei, ich lief dann auch so in Unterhose und Büstenhalter rum oder irgendwie. Bei uns war irgendwie kein Schamgefühl da, weil wir von vornherein so erzogen worden sind. Es wurde also nicht großartig erzählt, ja ihr dürft das nicht sehen, das ist alles schlimm und so weiter, sondern es wurde sich ganz normal darüber unterhalten. Wenn ich irgendwelche Fragen hatte, wie und was, wie das zustande kommt, dann habe ich das meine Mutter gefragt, dann hat sie mir da klipp und klar eine Antwort drauf gegeben, sie hat sich keineswegs darum gedrückt, und genauso ist es jetzt bei meinen Brüdern. Wenn die irgendwelche Fragen haben, dann wird sich darüber unterhalten, nicht so hinter dem Rücken, sondern ganz offen, da können beide dabei sitzen, mein Vater und meine Mutter zusammen, da wird sich darüber unterhalten.

F: Als du ein kleines Mädchen warst, hat sich nie ein Mann an dich rangemacht?
S: Doch.
F: Wie alt warst du da?
S: Elf, nee, noch früher, neun. Du, wir wohnten in Koblenz, in einem Zwei-Familien-Haus, und unten die Familie, denen gehörte das Haus, und ich turnte da nun immer rum im Garten usw. und dieser Mann kam mir immer so ein bißchen komisch vor, weißt du, er sagte immer: komm doch mit, und hast du nicht Lust, ich fahr jetzt da und da hin usw. und wahrscheinlich war das auch ein bißchen Neugierde, bin ich immer mitgefahren, mit dem Auto usw. und dann faßte er so an mein Bein, und ich habe nie etwas gesagt, weil mir das irgendwie unangenehm war, ich hatte Hemmungen, da irgendwie zu sagen: lassen Sie das oder laß das sein oder irgendwie. Einmal, Sonntag nachmittags, da bin ich dann runtergegangen, zu denen in die Wohnung, und der hatte einen kleinen Sohn, mit dem ich mich ab und zu beschäftigte, und er legte sich ins Bett und sagte zu mir: komm doch ein bißchen zu mir mit ins Bett, und ich habe mir nichts dabei gedacht, überhaupt nichts, und lege mich zu ihm ins Bett, auf einmal fängt der an, bei mir zu fummeln und mit seinem Schwanz so ein bißchen, weißt du, und ich habe da gelegen wie erstarrt, ich habe nicht nach rechts geguckt und nicht nach links, ich habe dagelegen, als wenn ich ein Eisblock wäre, ich habe mich nicht getraut, mich zu bewegen, nicht getraut zu atmen, das habe ich nie erzählt, das habe ich immer für mich behalten. Ich hatte dann nie wieder irgendwie Kontakt mit diesem Mann gehabt, ich bin ihm sozusagen aus dem Weg gegangen.
F: Ist er denn fertig geworden dabei?

S: Das weiß ich nicht.
F: Er hat aber weiter nichts gemacht?
S: Nein, nein. Nur bei mir so ein bißchen an die Muschi gefaßt, weißt du, und ich merkte dann so, wie sein Schwanz so ein bißchen an meine Beine kam, weißt du, aber ich habe mich nun so versteift, ich habe mich so verkrampft.
F: Hast du dich sehr geekelt danach?
S: Ich fand das alles ein bißchen komisch, sonst aber nichts.
F: Fandst du es aufregend?
S: Nee, überhaupt nicht.
F: Denkst du oft daran?
S: Überhaupt nicht, das ist jetzt dadurch, weil du mich danach gefragt hast, deswegen denke ich da gerade dran, da hab ich mich nie mit beschäftigt. Auch so, also ich komm ab und zu auf witzige Ideen, wenn ich irgendwie Liebe machen würde, daß mir irgendwas einfällt, Bruder und Schwester zu spielen oder so was, weißt du, sondern das ist jetzt dadurch, weil man eben zu viel Dinge kennt, daß man da ab und zu mal irgendwie etwas anderes erleben muß, und dadurch auch die Einfälle, irgendwie etwas anderes zu bringen, wenn man mit einem Mann im Bett liegt, nicht aus Perversität, sondern um immer wieder was Neues zu machen.
F: Du würdest gerne mit deinen Brüdern was machen?
S: Nein, nie. Das spiele ich nur, wenn ich mit irgend jemand, sozusagen als Gag, um was anderes zu haben, nicht nur diese stupide Bumserei, sondern mal irgendwie was Witziges.
F: Hast nie mit einer Frau was gehabt?
S: Ich habe das erste Mal mit achtzehn mit einer Frau etwas gehabt, oder ich wurde neunzehn.
F: Aus Freundschaft oder für Geld?
S: Aus Freundschaft, weil ich das gut fand, weil ich das kennenlernen mußte. Wir sind ins Bett gegangen, und ich nun voller Erwartung, und sie hat mich phantastisch geleckt, sie hat mich geküßt, sie hat mich verwöhnt, stundenlang, und da habe ich das erste Mal in meinem Leben richtig etwas bewußt, etwas empfunden. Bewußt gemerkt, daß ich spritze und daß ich erleichtert bin, trotz daß ich schon zweieinhalb Jahre vorher richtig kräftig gebumst hatte, und das auch alles witzig fand und das normal fand, wie das war.
F: Und wenn du danach mit Männern was gemacht hast, hast du dann auch..
S: Dann war es auch, dann habe ich auch gespritzt, dann habe ich auch das Gefühl gehabt..
F: Aber erst seitdem du mit einer Frau..
S: .. seitdem ich mit einer Frau zusammen war.
F: Hast du öfter mit der Frau?

S: Ja, wir waren paar Monate zusammen.
F: Warum bist du nicht bei ihr geblieben?
S: Du, weil Frauen eifersüchtiger sind als Männer, und ich finde, das habe ich eben schon gesagt, es gibt für mich nichts Schlimmeres, als wenn ich irgendwie von jemandem nicht abhängig, aber wenn ich von irgend jemand bevormundet werde und irgendwo Rechenschaft ablegen muß und das ist bei den Frauen sehr häufig, daß sie krankhaft eifersüchtig sind .. daß sie einem nachlaufen wie einem Hund.
F: War das nun so, daß eine den Mann und die andere die Frau spielte?
S: Ja, ja, sie war voll und ganz maskulin, also ich durfte sie nicht lecken, und das Göttlichste, was ich fand, wenn ich gespritzt hatte, in dem Moment wurde sie auch fertig, und da war das bei ihr so naß, daß man also hätte einen Waschlappen reinlegen können, und der wäre patschnaß gewesen, das fand ich so göttlich, und wenn ich dann angefaßt hab, dann zuckte sie zusammen, sie mag das nicht, sie hat sich auch nie nackt ausgezogen, immer ein Hemd angehabt und eine Hose, und dann, das fand ich aber so göttlich, das zu fühlen, daß auch sie etwas dabei empfand, und da habe ich das erste Mal gemerkt, daß ich an und für sich nicht der Typ bin, der verwöhnt wird, sondern daß ich auch ein maskuliner Typ bin, daß ich auch sehr gerne verwöhne. Dann ging das noch drei Monate gut, und dann ging das einfach nicht mehr.
F: Hast du noch mit anderen Frauen was gemacht?
S: Ja, danach des öfteren mit zweimal, nee, einmal, nee, zweimal mit einer Bekannten, die ich auch noch sehr oft treffe, die sehr nett ist, und das war aber so mehr Flachs und so, nicht aus Hingabe oder weil ich das, ich fand das zwar gut und ich habe dabei auch etwas empfunden, aber es war mehr so bei einer Party und wir gingen dann zusammen ins Schlafzimmer, weil wir uns ganz witzig fanden, und machten da so ein bißchen rum und dann dauerte es keine zwanzig Minuten, waren wir erst alleine, dann kamen da irgendwelche Typen rein und fanden das nun witzig, da zuzuschauen, und da war der Fall schon wieder erledigt, dann ging es nicht mehr. Danach sind wir des öfteren zusammen ausgegangen, haben uns auch geküßt usw., und dann habe ich mal ein Mädchen aufgerissen und habe mit ihr losgemacht und die etwas verwöhnt, aber so, daß ich jetzt mit dem Vorsatz hingehe, irgendwie ein Mädchen aufzureißen und mit ihr ins Bett zu gehen, ist es nicht, wenn der Zufall es will, dann ist es so, aber sonst irgendwie groß investieren und mich groß reinsteigern würde ich nicht.
F: Wenn du nun ein Mädchen aufgerissen hast, dann warst du ..
S: Bin ich diejenige, ja, ja, die unbedingt losmachen will.
F: Hast du mal mit einem Gummischwanz losgemacht?

S: Nee.
F: Das würdest du auch nicht mögen?
S: Nein.
F: Warum nicht?
S: Weil ich das unnatürlich finde. Ich finde nichts Schlimmeres, als irgendeinen kalten, unnatürlichen Gegenstand, um mich damit zu befriedigen, da nehme ich lieber den Finger und wichs.
F: Onanierst du viel?
S: Nee, an sich nicht, aber wenn ich es mache, mache ich es gerne, also nicht nur, weil ich, natürlich weil ich mich abreagieren muß, aber ich finde das ganz gut zu wichsen. Ich steigere mich in irgendwelche schönen Dinge rein, meistens wenn ich mit einem Mann schön zusammen gewesen bin.
F: An Frauen denkst du dabei nicht?
S: Nein. Also ich möchte sagen, daß ich 30 % lesbisch bin, 70 % normal. Also ich muß zum Beispiel, auch wenn ich mit einer Frau zusammen bin, anschließend gefickt werden, das muß ich haben. Ich könnte nun, angenommen, wenn ich heute abend ein nettes Mädchen kennenlerne oder ich kenn die irgendwie ewig lange oder es ergibt sich die Möglichkeit, dann würde ich gerne zu dritt losmachen, also noch mit einem Mann, weil ich irgendwie anschließend das Gefühl haben muß, mit einem Mann zusammen zu sein, der ab und zu auch ein bißchen perverse Ambitionen hat, mit einer Frau und einem Mann zusammen zu sein, so irgendwie kleine Spielchen zu machen, ist doch ganz interessant. Aber dazu gibt es eben nicht so die Gelegenheiten, das ist also in Hamburg gräßlich. Du, ich finde Hamburg sowieso furchtbar.
F: Was sind das für Spielchen, die es in Hamburg nicht gibt?
S: Das möchtest du gerne wissen. Du, ich habe mir da so etwas zurechtgetippt, ich wollte das hier unbedingt machen, aber.. O, du, das ist so was Irres, das hebst du nicht ab. Paß auf, ein ganz junges, ganz süßes Mädchen aufzureißen, die so schätzungsweise sechzehn, siebzehn ist, die muß ganz jung, die muß einen ganz süßen Körper haben, so unschuldig alles noch, weißt du, lange Haare, und ganz süß muß sie aussehen, du, dann wähle ich irgendwie einen ganz irren Typ, wo ich auch drauf stehe, weiß auch schon wen, ich weiß nur noch nicht, mit welchem Mädchen ich das mache, aber der Typ ist nun wahnsinnig gut im Bett..
F: .. was nennst du wahnsinnig gut im Bett?
S: Ja, nein, er hat das gewisse «Etwas», nicht so diese Fickerei, sondern das Ganze, dieses Drumherum, bringt er wahnsinnig gut. Und dann werde ich die kleine Maus festbinden, und werde die nun so höllisch lecken, und werde die so geil machen, werd sie so geil machen, dann werde ich schön ficken mit ihm und sie muß nun zugucken, dann

werde ich sie nun wieder geil machen und sie wird nun wahnsinnig, sie wird nun hysterisch, die wird nun irre, dann werd ich sie losbinden, dann muß sie mich nun lecken, und dann ist sie so geil, die ist schon so geil durch die Zuguckerei, durch das Lecken, was ich nun bringe und sie werde ich verwöhnen und er wird sie verwöhnen, daß sie nun an den Wänden rauf und runter geht und dann losgeht, ich sage dir, die fällt dich an wie ein Tier, die geht auf dich los wie eine Wahnsinnige, die wird dich nun so abgöttisch lieben, das hältst du nicht aus. Die muß mich dann anschließend lecken, das muß ich mal haben. Die muß zugucken, wie ich gefickt werde, sie muß zugucken, und dann werd ich sie noch mal schön lecken, und dann wird sie losgebunden, wenn sie so kurz vorm Kommen ist, dann muß sie ranrauschen, das liebe ich sehr heiß, ja. Aber die Mädchen gibt es nicht, um Gottes willen, das wär die größte Lampe, die es überhaupt gibt.

F: Du hast sadistische Neigungen?
S: Nein.
F: Zuschlagen oder so was?
S: Nein, ich könnte niemals jemand schlagen, ich finde das so erniedrigend und so primitiv, das gibt es nicht.
F: Du guckst gerne zu.
S: Nein, ich habe auch gerne das Gefühl, wenn ich gefickt werde, irgendwie gezwungen zu werden, verstehst du das, so in einer Art Vergewaltigung, aber nicht so auf echt, sondern so witzig irgendwie, weißt du, angenommen ich liege jetzt mit jemand im Bett und bin nun fürchterlich geil, und er will nun seinen Schwanz nicht reinstecken und hält mich nun fest, und ich möchte nun so gerne gefickt werden, nein, aber er tut es nicht, weißt du, dieses Verlangen, diese Begierde danach, das reizt nun enorm, und deswegen, ich finde das sehr gut.
F: Bist du schon mal vergewaltigt worden?
S: Ja, da sag ich nichts drüber.
F: .. Wie ist es nun, wenn du jetzt einen Typ kennenlernst? Du siehst deinen Typ, Erich zum Beispiel, in einer Bar, er sitzt da und trinkt Kaffee.
S: Ja, nein, du, ich habe ihn vor einem halben Jahr kennengelernt, fand ihn nun gräßlich, ich fand ihn nun gräßlich, erstensmal, weil er da noch furchtbar fett war, er hatte nun einen Vollbart, er sah nun so schlimm aus, war vollkommen besoffen, und es gibt für mich nichts Schlimmeres, als betrunkene Männer, da habe ich einen Abscheu vor, und ich kannte seinen Bruder und seine Schwägerin, und wir saßen zusammen, und die wollten mich nun unbedingt mit ihrem Bruder, der zu Besuch hier in Hamburg war, verkuppeln, also die wollten nun unbedingt, daß er nun mal losmachen kann, und das überblickte ich nun sofort, und hab gesagt: also das ist nun über-

haupt nicht drin und haute dann irgendwie ab, weil ich ihn auch nicht gut fand, es war gräßlich, die Annäherung von ihm, dieses Plumpe, das fand ich scheußlich. Ich traf ihn nach einem halben Jahr wieder, und hab ihn nun gesehen und nicht gleich erkannt, dann hab ich ihn eine halbe Stunde oder eine Stunde später in einem anderen Lokal wiedergesehen und hab ihn angesprochen und hab ihn gefragt, ja so und so, ob er das ist, ja, und dann kamen wir so ins Gespräch, und er taute nun auf, und war auch vollkommen geturnt, und dann unterhielten wir uns eine Zeitlang, und ich fand ihn dann auf einmal ganz interessant, weil, seine Art war ganz anders, er war schlank geworden, er war also jetzt ein ästhetischer Typ, was er vor einem halben Jahr überhaupt nicht war, vollkommen ungeil, also unerotischer Mensch, und jetzt hat er so eine Art an sich, sehr witzig, und das imponierte mir ziemlich, und dann gingen wir runter, und da wollte er mitkommen, hat er mich gefragt, ob er mich einladen solle zum Drink, nein, das geht nicht, weil ich das Verhältnis zwischen ihm im Moment so witzig fand, daß ich es nicht gut fand, weil ich jedesmal die Angst habe, wenn ich mit einem Mann hier durchgehe, das es wie ein kalter Schauer ist, daß das ein Grund ist, daß es nicht immer klappt, also daß nicht immer das gewisse «Etwas» dabei ist. Deswegen wollte ich also an sich mit ihm nicht, da hat er mich gefragt, ob ich denn Lust hätte, mit ihm ins Hotel zu gehen, da hab ich gesagt, nee, da können wir auch hierhergehen, was im Grunde genommen das gleiche ist.

F: Hotel ist für dich genauso schlimm.
S: Das ist genau das gleiche. Also es kommt darauf an, wenn man jetzt mit einem Mann in eine andere Stadt fährt, ist es logisch, daß man in einem Hotel ist, aber das ist eine ganz andere Situation, da ist ein ganz anderes Verhältnis da. Aber wenn man hier in ein Hotel geht, da kann man auch hierhergehen.
F: Und war dir das nun von vornherein klar, daß du mit ihm ins Bett gehst?
S: In dem Moment, nein, ich wollte es, aber ich wußte nicht, ob es klappt.
F: Warst du aufgeregt?
S: Nicht direkt, ich hab ihn ein bißchen geflachst, weißt du, wir haben . .
F: Du merktest aber, das er wollte?
S: Ja, sofort. Wir haben uns nun gegenseitig immer so ein bißchen hochgezogen, weißt du, und mit Sprüchen, und wir haben alles ziemlich gut aufeinander abgestimmt, wir hatten also die gleiche Wellenlänge, wie man das so nennt. Also unsere Sprüche, die paßten nun so haarklein aufeinander, daß paßte so genau zusammen, daß ich also das Gefühl hatte, wenn ich mit dem Mann ins Bett gehe,

daß es auch so im Bett ist, daß er also voll und ganz die, das gewisse «Etwas» da ist.

F: Hattest du nun gleich von Anfang an sexuelle Vorstellungen dabei?

S: Nee, das war nicht wichtig, nur alleine, daß der Mann den gleichen Wellengang in seiner ganzen Art hatte, dann das Gesprächsthema, das wir führten, und dann die Vorliebe für die gleiche Musik, dann das Rauchen, dann seine Art, dieses Lässige, dieses Normale, weißt du, nicht irgendwo so um den heißen Brei rumreden, sondern er sagte ganz offen und ehrlich, ich möchte gerne mit dir schlafen gehen, so ungefähr, ich möchte gern mit dir schlafen gehen, also das fand ich so heiß, das fand ich nun echt gut. Ja nun, dann gingen wir hier hoch, und dann saß er da, ich ging ins Badzimmer, kam rein, da drehte er schon wieder den Joint, das fand ich nun wieder sehr heiß, nicht dieses viele rum.. er drehte nun gleich den Joint, das fand ich nun so göttlich, und ich nahm mir die Zeitung und las ein bißchen, weil ich dachte, nu laß ihn mal erst drehen, dann rauchten wir zusammen, er hat eine wahnsinnig gute Art an sich, also er hat furchtbar viel Gefühl, wie er eine Frau anfassen muß, wie er mit einer Frau sprechen muß, also er hat einen Überspruch, wie man das so nennt, er hat nun einen wahnsinnig guten Vortrag, und in dem Moment, wo wir nun zusammen rauchten, er faßte mich an, da ging es bei mir so sst wie ein Blitz durch.

F: Was ist das genau?

S: Ein Blitz, das ist so ein Gefühl, was vom Magen hochgeht, also an sich durch den Geist angeregt, in den Magen, und dann bis in die Fußspitzen und dann wieder hoch, also das ist wie ein Blitz, das geht so durch.. also ich kann das nicht erklären, das ist unerklärlich. Alles ist so erwartungsvoll, weißt du, man weiß genau, daß es hundertprozentig klappt, daß es phantastisch sein wird, und das ist, eine Wärme ist da, weißt du, das Gefühl, daß das anders ist, daß das nicht so dieses 08/15 ist, sondern daß irgendwie die Wärme ist und daß du das Gefühl hast, eine Frau zu sein, weißt du, daß du nicht als irgendwie ein Stück betrachtet wirst, wo man sich abreagieren kann, daß es voll das ist, er will nicht nur sich abreagieren, sondern er möchte nun hundertprozentig auch die Frau befriedigen.

F: Ja, und dieser Blitz, von dem du eben sprichst, der ist beim Freier nie?

S: Nie, nein, nein.

F: Wenn du nun mit anderen Typen ins Bett gehst, ist dann dieser Blitz da?

S: Du, nur bei ihm.

F: Bei Frauen auch nicht?

S: Nein, nein, nein. Aber davon abgesehen, ich habe von vornherein gewußt, daß das nie irgendwie ein Verhältnis wird zwischen uns beiden, weil ich wußte, daß er vier oder fünf Tage später zurück nach London fährt, daß er dort allein ein Haus hat und daß er da wahnsinnig viel Freunde hat, auch eine Freundin, und ich habe mich nie damit beschäftigt, mit ihm ein Verhältnis anzufangen, weil ich wußte, daß es vollkommen ergebnislos ist, und wir haben uns dann einen Tag später getroffen und sind dann noch mal schlafen gegangen, und es war genauso phantastisch, und damit hatte sich das.

F: Was war so phantastisch?

S: Ja, nein, das war an sich weiter kein großer Unterschied wie bei den anderen Männern, aber die Hingabe war wesentlich anders.

F: Es ist wichtig, daß ein Mann ihn nun so groß oder dick hat oder..

S: Nein, nein, nein, das kommt alleine darauf an, wie er das bringt, mit welchem Gefühl, alleine das Gefühl ist das Maßgebende bei der Sache.

F: Ist es wichtig, wie er aussieht?

S: .. natürlich, natürlich ist das auch eine Sache, Gott, ich kann nun nicht mit einem Mann ins Bett gehen, der einen Buckel hat, das ist logisch, wenn eine Frau das Gefühl hat, daß sie irgendwie gut aussieht, daß sie jeden Typ sozusagen haben kann, wenn sie möchte, das ist ganz logisch, das sie sich auch da die Typen aussuchen kann. Aber es ist nicht so, daß ich unbedingt auf das Aussehen, aufs Geld oder auf irgend etwas anderes achte, sondern mir muß der Typ gefallen, weißt du, der Mensch muß mir sympathisch sein und er darf nicht dumm sein, und am liebsten sind mir halt die Typen, die auch rauchen, weißt du, weil sie das genauso verstehen.

F: Wir sprachen neulich über eine Lesbierin, die hier gearbeitet hat, und da sagtest du, die wär nun so ungeheuer scharf, und mit der würdest du nun sofort losmachen. Was war an der?

S: Du, jetzt könnte ich mit der nicht mehr losmachen, irgendwie fand ich die interessant, ihre Art fand ich sehr nett, so wie sie sich gab, natürlich, nicht so überkandidelt, nicht immer das ja, ich bin ein Kerl usw., wie die meisten das sagen, sondern sie sprach ganz normal, und die hat eine Art, ich konnte mir nun von vornherein vorstellen, daß sie wahnsinnig gut im Bett sein muß.

F: Dir war es von vornherein klar?

S: Ja, das wußte ich von vornherein.

F: Wenn du deine vier Freier hinter dir hast und die ganze Zeit ganz kühl dabei geblieben bist, dann gehst du doch oft morgens noch mal los und reißt etwas auf?

S: Na, ja, ab und zu mal. Ich gehe nun nie mit dem Vorsatz irgendwohin, etwas aufzureißen, nie. Ich bin oftmals froh, wenn ich unter Leuten bin.

F: Aber nicht, daß du nun unbedingt gefickt werden mußt?

S: Nee, keineswegs, das Gefühl habe ich noch nie gehabt, unbedingt gefickt werden zu müssen. Doch, mit Norbert, das letzte Mal. Da war ich so angemacht, da war ich nun so geil, das gibt es nicht. Da hatte ich aber, du, das ist mir noch nie passiert, daß ich, also logisch, wenn ich mit einem Mann schmuse und wenn ich mit einem Mann zusammensitze, weißt du, und wenn ich ihn sowieso gut finde, dann ist es logisch, daß ich gerne mit ihm schlafen gehe, aber daß ich dann spontan gesagt habe, so, ich muß jetzt gefickt werden, das ist mir noch nie passiert.

F: Wechselst du oft deine Freunde?
S: Du, es ist meistens so, daß ich, wenn ich jemand interessant finde und mit ihm ins Bett gehe, daß ich von vornherein nicht mit dem Vorsatz mit ihm ins Bett gehe, mit ihm nun auf lange Zeit zusammen zu sein.
F: Warum nicht?
S: Weil das nie gutgeht, weil ich genau weiß, daß das keinen Zweck hat, mit einem Mann länger zusammen zu sein. Du steigerst dich in irgend etwas hinein, du bist seit zwei, drei Wochen mit ihm zusammen, du findest ihn sehr nett, und du verliebst dich eventuell auch in ihn, und auf einmal nach fünf, sechs Wochen gibt es dann einen Knall, weil du anschaffen gehst, weil er solide ist und weil er das mit seinem ganzen Ich nicht vereinbaren kann, und dann taucht da noch eine andere Frau, also ich bin da nicht mehr so, daß ich mir da irgendwelche Luftschlösser aufbaue, sondern ich denke ganz nüchtern und klar darüber nach, wenn ich mit einem Mann ins Bett gehe, dann gehe ich mit ihm ins Bett, weil ich ihn nett finde, weil ich ihn gut finde, weil er ein interessanter Typ ist, weil ich ganz gerne mit ihm schlafen gehen möchte, mach mir aber nicht die Gedanken darüber, mit diesem Mann ein festes Verhältnis anzufangen, also es könnte genauso gut sein, daß ich ihn am nächsten Tag sehe und sage: hallo, wie gehts? und mal einen Kaffee mit ihm trinke und dann wieder abhaue und keinerlei weitere Verabredungen treffe. Das hat nichts damit zu tun, ob er nun scheiße im Bett war oder nicht, sondern effektiv, weil der Typ an sich uninteressant ist für mich, weil ich mich getäuscht habe, weil er sich hier auf einmal wesentlich anders gab, als ich ihn eingeschätzt hatte.
F: Wann ist ein Typ für dich scheiße im Bett?
S: Ja, scheiße im Bett? Ich brauche das nicht, mit einem Mann ins Bett zu gehen, mir ist es also im Grunde genommen egal, ob er nun lange fickt, ob er gar nicht fickt, ob er nur mit mir schmust, weißt du, ich bin nur froh, wenn ich jemand um mich rum habe, bin froh, wenn ich irgend jemand hier morgens, wenn ich nach Hause geh, der kann sich da in die Ecke legen und schlafen, ein bißchen klönen noch, weißt du, wenn ich dann aufstehe, mache ich Frühstück, weißt du, ich muß jemand um mich rum haben, muß das Gefühl haben, mich

irgendwie um jemand quälen zu können. Und deswegen haben die meisten Frauen einen Zuhälter, die anschaffen gehen, weil sie nicht alleine sein können, das ist der Grund, und deswegen reiße ich mir sehr oft junge Typen auf, mit denen ich nur rumklöne und überhaupt nicht schlafe.
F: Gibt es Sachen, die du überhaupt nicht im Bett machst?
S: Gibt es.
F: Was?
S: Ich würde mich nicht in den Arsch ficken lassen.
F: Warum nicht?
S: Du, weil ich das nicht abkann, ich habe es schon ausprobiert.
F: Das wär das einzige?
S: Ich hab es ausprobiert, du, ich kann nicht schlucken beim Blasen, auch nicht, wenn ich einen Mann wahnsinnig gut finde, wird mir sofort schlecht, kotze ich.
F: Und bei einer Frau?
S: Bei einer Frau kann ich das. Das kommt wahrscheinlich dadurch, weil ich es das erste Mal, als ich richtig geblasen hab, war ich nun besoffen, und das war in einem Auto, war zwar ein Typ, den ich sehr dufte fand, mit dem ich auch sehr lange zusammen war, aber wir nur immer so geschlafen haben, gebumst, auch geblasen, aber nie geschluckt habe, das war so was Widerliches für mich, und dann war ich ziemlich besoffen, wir hatten nun die ganze Nacht durchgezecht, und da hab ich ihm im Wagen einen geblasen und fand das nun alles ganz schön und lustig und auf einmal spritzt das Schwein, und dann, du, ich habe, bin aus dem Auto raus und habe dermaßen gebrochen, das hältst du nicht aus, und seitdem habe ich wahrscheinlich immer noch diesen Schauder davor, ich kann es nicht. Ich blase wahnsinnig gerne, ich kann nicht schlucken. In dem Moment, weißt du, bei manchen Männern ist das so, daß vorher schon ein paar Tropfen rauskommen, das es feucht wird usw. geht nicht mehr, höre ich sofort auf, nee, das ist komisch mit mir.
F: Wenn du nun einen Typ kennenlernen würdest, der nun auf Mitleid macht?
S: Ja, da würde ich ihn auslachen.
F: Du könntest nie mit jemand aus Mitleid ins Bett gehen?
S: Nein, um Gottes willen.
F: Auch nicht mit einer Frau?
S: Nein.
F: Bist du auf Geld geil?
S: Ja, logisch bin ich das, sonst wäre ich ja nicht hier.
F: Faßt du gerne Scheine an, wühlst du gerne in..
S: Wenn mir die Gelegenheit geboten ist, natürlich.
F: Hast du die Gelegenheit schon gehabt?

S: Du, ich habe schon wahnsinnig viel Geld in Händen gehabt. Ich hab es gezählt und fand das nun göttlich und hab mir so vorgestellt, wenn nun das jetzt deins wäre, weißt du, komischerweise, die Leute haben alle ein wahnsinniges Vertrauen zu mir, ich weiß auch nicht, wie das kommt, als ich früher noch gearbeitet habe, ich hab nun mit Geschäftsleuten gedippert und so weiter, und hab für die Geschäfte erledigt, bin für die, weil es auf dem gleichen Weg war, mit wahnsinnig viel Geld durch die Stadt gerannt und hab das Geld zur Bank gebracht..
F: Du hast gerne Geld in der Hand?
S: Ja, wahnsinnig gern, je mehr, desto besser.
F: Sparsam bist du nicht?
S: Nee.
F: Wieviel Geld möchtest du haben?
S: Du, ich möchte haben, eine hübsche Wohnung, die ich wirklich sehr hübsch finde, ein Auto.
F: Was für eins?
S: Du, einen VW Cabrio oder so was Ähnliches, ja, ich bin nicht mehr so beknackt, früher konnte ich alles gut, je größer das Auto, desto schöner. Ist mir jetzt egal, Hauptsache es fährt, natürlich wäre es mir lieber, wenn ich einen Porsche oder so was Ähnliches, aber es muß nicht unbedingt sein, verstehst du? Wenn ich jetzt die Gelegenheit hätte, solide eine hübsche Wohnung, eine Zwei-Zimmer-Wohnung, mit Küche und Bad, in einer hübschen Gegend, wo ich ungefähr 400 Mark Miete zahlen muß, dann ein Auto, was ungefähr im Monat 300 Mark kostet, sind 700 Mark, und sagen wir mal 2000 Mark für mich, käme ich aus, würde ich sagen, also sagen wir mal 3000 Mark im Monat.
F: Was würdest du tun, wenn du unermeßlich viel Geld hättest?
S: Du, ich würde wahnsinnig, mich könnten sie nach einem Jahr ins Irrenhaus bringen. Ich würde durchdrehen, ich würde wahnsinnig, wirklich. Ich käme nach einem Jahr ins Irrenhaus. Ich würde verrückt, ich weiß es nicht, ich würde nur die wahnsinnigsten Dinger bringen. Wir haben uns doch heute noch darüber unterhalten und das ist witzig, oh, ich würde das Volk so tyrannisieren. Ich würde mich nur bedienen lassen von hinten und vorne, bis mich das irgendwann mal ankotzt, irgendwann kommt ja auch bei mir der Zeitpunkt, wo einem das ankotzt, wo man gar nicht mehr das Verlangen nach hat. Also heute zum Beispiel waren wir wahnsinnig gut essen, heute nachmittag, in Timmendorf, und mein Essen war phantastisch, na, ich hatte natürlich auch wieder was anderes bestellt als die anderen Typen, und sie aßen ein Steak und das war nun Medium bestellt, das war natürlich durch. Du, ich sage es dir, wenn ich mir das erlaube, das war ein piekfeiner Laden, weißt du, so mit Serviet-

ten auf dem Tisch und erstklassigem Service, wenn ich jetzt die Kohle hätte, um mir das erlauben zu können, ich hätte den ganzen Teller durch den Laden geschmissen, sag ich dir. Auf so was bin ich so angestoßen, aber als Arschloch, weißt du, als kleines Licht, kannst du dir doch so was alles nicht erlauben, da frißt du das doch, es ist doch so, du frißt es doch.

F: Du hättest es ja zurückgehen lassen können.
S: Ich habe es ja nicht gegessen. Ich glaube, ich hätte es zurückgehen lassen, auch nicht mit viel Protest, ich hätte gesagt, paß mal auf, ich habe Medium bestellt, das ist nicht Medium, bitte, ein neues Steak. Ich hätte das gebracht, aber was interessiert mich das Steak anderer Leute.
F: Wofür würdest du dein Geld noch ausgeben?
S: Du, ich würde nun wahnsinnige Garderobe tragen, ich würde nur auf Reisen sein, und würde nur die irrsten Arten, das wäre ein eigenes Flugzeug, und würde nun nur rumspinnen, ich würde doch nur rumspinnen, ich würde die irrsten Feste geben, ach, ich würde nur mit irren Leuten zusammensein, ich würde also die Welt auf den Kopf stellen. Ich würde alles Erdenkliche, was man sich vorstellen kann, machen. Das ist unerklärlich, also ich würde mir alles Mögliche einfallen lassen.
F: Bist du oft krank?
S: Nein.
F: Nimmst du viele Pillen?
S: Nein.
F: Hast du deine Tage regelmäßig?
S: Nee.
F: Mußt du immer eine Spritze nehmen?
S: Nein, gar nichts. Ich weiß ganz genau, daß ich nicht in Umständen sein werde, warum, weiß ich auch nicht, da hab ich mich auch nie mit befaßt, ich kann also bumsen den ganzen Monat durch, auch an kritischen Tagen, das interessiert nicht, ich krieg aber alle sechs bis sieben Wochen mal meine Periode.
F: Und du hast kein Kind gekriegt?
S: Nee.
F: Hast nie abgetrieben.
S: Doch, einmal.
F: Wie alt warst du?
S: Siebzehn Jahre, das hat damit wirklich nichts zu tun, ich bin anschließend untersucht worden, das war alles in Ordnung, ich habe nur eine Gebärmutterknickung, die so stark ist, daß ich also nun bumsen kann, bis zum es geht nicht mehr, das haut nicht hin, das habe ich mir aber machen lassen, nach der Abtreibung.
F: Das kann man machen lassen?

S: Nee, das ist nur eine ganz kleine Arbeit, also das ist, du läßt dich untersuchen von einem Arzt, wenn er das machen kann, das geht nicht bei jeder Frau, das machen auch sehr wenige, da habe ich einen Bekannten und der ist Frauenarzt in Düsseldorf, da hab ich mich auf den Stuhl gesetzt, der hat das alles so ein bißchen gedehnt, weißt du, mit diesen Zangen, ist mit der Zange reingegangen und hat das geknickt und Ende, also ich weiß nicht genau, ich weiß nicht, wie das geht, ich habe nichts gemerkt damals.
F: Hat das viel Geld gekostet?
S: Gar nichts.
F: Wer hat deine Abtreibung bezahlt?
S: Du, das habe ich selbst bezahlt, zu der Zeit hatte ich noch genug Geld. Ich hatte dem Mann, von dem es war, auch nicht gesagt, daß ich von ihm ein Kind kriege. Hab das auch schon im zweiten Monat machen lassen, also Ende zweiten, Anfang dritten Monat, es war etwas zu früh, aber ich hätte es etwas später gemacht, aber die Gelegenheit war gerade so gut. Nee, nee, das würde ich auch niemals machen, auch heute nicht, wenn ich von irgend jemand in Umständen bin, Gott, das ist mein Risiko, wenn ich mit einem Mann ins Bett gehe.
F: Du läßt dir nichts einbauen?
S: Nein, nein, nein.
F: Du nimmst auch keine Anti-Baby-Pille?
S: Nein, um Gottes willen, das habe ich einmal gemacht, nie wieder, ich war so dick von geworden. Du, die Leute, wenn die das hören, denken, ich bin eine Tonne, so dick bin ich nicht.
F: Schläfst du gut?
S: Ja, wie eine Ratte. Ich schlafe gut, aber in dem Moment, wenn es klopft, bin ich wach, also ich bin nicht nervös während des Schlafens, ich bin nicht hektisch, wenn ich wach werde, so wenn ich mich jetzt hinlege, schlafe ich, und es ist möglich, daß es irgendwie mal bei mir an der Tür klopft, bin ich wach, und kann aber sofort wieder einschlafen.
F: Brauchst du viel Schlaf?
S: Ja, wahnsinnig viel. Du, acht bis zehn Stunden.
F: Träumst du viel?
S: Du, ich habe bewußt seit bestimmt zwei Jahren nicht mehr geträumt.
F: Und vorher?
S: In meiner Pubertätszeit, also in meiner Entwicklungszeit, habe ich des öfteren geträumt, und meistens nur vom Krieg, komischerweise, trotzdem wir nie darüber gesprochen haben zu Hause, da habe ich mir auch schon des öfteren Gedanken darüber gemacht, als ich noch etwas jünger war, daß ich immer nur von grausamen Dingen

geträumt habe.
F: Was?
S: Du, daß alles so flach gemäht ist, daß die Leute durch die Gegend rennen und alles schreien, daß es da brennt und daß alle Bomben, die runterkommen, Kugeln sind und so die Kindervorstellungen, weißt du, wie ein Kind sich die Bomben vorstellt.
F: Das hast du öfters geträumt?
S: Das habe ich öfter geträumt, aber so, als ich dreizehn oder vierzehn war, und seitdem ab und zu mal, aber unbewußt und nie irgendwie schwerwiegende Sachen. Was ich ab und zu habe, was ich heute noch habe, das kommt ganz darauf an, das sind so, ich glaube, das hat jeder Mensch, wenn du jetzt im Bett liegst, auf einmal wird der Raum wahnsinnig groß, das hat, glaube ich, jeder Mensch, ich weiß es nicht, dann dehnt sich der Raum, und dann faßt du auf einmal an, dann ist es wieder ganz nah, und dann nimmst du die Hand wieder weg, dann geht das alles wieder auseinander.
F: Hast du auch, daß deine Gelenke gelegentlich ganz groß..
S: Ja, ja, ja.
F: Und nicht bei Fieber?
S: Nein, auch normal, und daß meine Arme sich nicht bewegen, dann so, weißt du, vollkommen abgeschlafft alles. Dann schlafe ich nicht, dann versuche ich krampfhaft, in den Schlaf zu kommen, weil es irgendwie ein Angstgefühl ist. In dem Moment, dann dreh ich mich rum und versuch an irgend etwas zu denken, um von diesen Vorstellungen wegzukommen, das gelingt mir auch meistens, also das sind dann immer nur zwei Minuten.
F: Aber seit zwei Jahren träumst du überhaupt nichts?
S: Also nicht bewußt, nicht daß ich mich an irgendeinen Traum erinnere.
F: Also ungefähr so lange du auf den Strich gehst, träumst du nicht.
S: Tatsächlich, so ungefähr.
F: Und vorher, hast du vorher farbig geträumt?
S: Nee, nicht daß ich wüßte.
F: Und wenn du Rauschgift genommen hast?
S: Nee, ich denke immer ans Geld. Ich mach mir Gedanken über Dinge, wie ich Geld verdienen kann, wie ich am leichtesten an Geld komme. Ich bin nun der Überzeugung, daß ich irgendwann mal wahnsinnig viel Geld habe, der Überzeugung bin ich. Nicht durchs Anschaffen, durch irgend etwas, ich werde irgendwann mal wahnsinnig viel Geld haben.
F: In dem Moment, wo du Hasch genommen hast?
S: Du, immer, das Gefühl, daß ich irgendwann mal wahnsinnig viel Geld habe, habe ich immer, auch wenn ich nüchtern bin, aber in dem Moment, wenn ich Hasch genommen habe, denke ich an Dinge, wie

man leicht an Geld rankommen kann, mir ist eine sehr gute Idee gekommen, was ich vielleicht irgendwann mal verwirklichen werde, was ich aber noch niemanden erzählt habe. Du, das werden sie nun sofort bringen, das Ding, das ist nun sehr heiß, glaubst du das?
F: Kriminell?
S: Nein, nicht kriminell, das ist so ein gutes Ding, das ist so gut, das gibt es auf der ganzen Welt nicht.
F: Schade, daß du das nicht erzählst.
S: Hubert, Du würdest das machen das Ding.
F: Bist du sehr stark?
S: Du, ich habe mich einmal im Leben geschlagen, ich finde es so schlimm, ich würde es nie wieder tun.
F: Mit wem?
S: Mit einer Frau.
F: Und warum?
S: Du, weil die irgendwie einen linken Spruch gebracht hat. Der bin ich dann hinterher in die Toilette in einem Lokal, und hab sie nun so fürchterlich vermacht, daß ich beinahe eine Anzeige bekommen hätte wegen schwerer Körperverletzung. Ich habe ihr vorne zwei Zähne rausgeschlagen, und habe 700 Mark dafür bezahlt, damit sie bloß keine Anzeige macht.
F: Hier in Hamburg?
S: Nein, nein, in Düsseldorf.
F: Da warst du noch sehr jung?
S: Du, da habe ich angefangen anzuschaffen, da mußte ich mich gerade machen.
F: Aber seither hast du es nicht ..
S: Nein. Ich würde es auch nicht tun, ich kann das nicht, auch so, wenn unten auf dem Hof Theater ist und Protest ist, ich kümmere mich nicht darum, die können sich nun die Köpfe zerschlagen, das interessiert mich nicht, da bleibe ich bei stehen, das läßt mich so kalt, das gibt es nicht.
F: Ist hier oft Protest?
S: Du, es kommt jeden Abend vor, daß irgendwelche Frauen anfangen zu pöbeln aus Unzufriedenheit, weißt du, weil sie irgendwo einen Kerl sitzen haben, der auf die Kohle wartet, weil sie sauer sind, weil sie kein Geld verdienen, dann pöbeln sie irgendwie rum.
F: Werden hier oft Leute von Zuhältern zusammengeschlagen?
S: Nein, nein.
F: Glaubst du, daß es auf St. Pauli Banden gibt?
S: Nee, das sind alles kleine Lichter, die sich da irgendwelche Vorstellung machen, wie das früher war usw., aber das ist heute sehr eingeschlafen, habe ich das Gefühl. Ich kann mich nicht darüber äußern, weil ich mit diesen Leuten irgendwie keinen Kontakt habe.

F: Glaubst du, daß Leute gefoltert werden?
S: Nee, glaube ich nicht, das ist vergessen so was.
F: Leidest du sehr darunter, daß du auf den Strich gehst?
S: Ja, wahnsinnig, das ist für mich die größte Erniedrigung, die es gibt. Ich bin mir zu schade dafür, trotzdem mache ich es, das ist an sich ein Widerspruch.
F: Und worin besteht die Erniedrigung?
S: Das Gefühl, das ich mich als Frau für so wenig Geld hergeben muß, das ich im Grunde genommen wesentlich mehr wert bin, und trotzdem für ein paar Mark mich hinlegen muß, und mich von jedem ansabbeln lassen muß, weil ich bei jedem, der es hört, daß ich anschaffen gehe, gleich um mehrere Stufen sinke, und das ist für mich eine wahnsinnige Erniedrigung, das macht mich kaputt, deswegen bin ich auch zu der Überzeugung gekommen, daß ich das ganz bestimmt nicht mehr lange mache.
F: Hast du ein Ehrgefühl?
S: Du, ich weiß genau, wenn ich verheiratet bin und der Mann wird mich gern haben, und ich würde nur heiraten, nur heiraten aus dem Grunde, wenn ich mit einem Mann wirklich weiß, daß ich mit ihm glücklich zusammen lebe, und ich würde auch nicht sofort heiraten, sondern würde wahrscheinlich erst mit jemanden länger zusammen gehen, vielleicht auch gar nicht heiraten. Aber ich weiß, daß ich wahrscheinlich eine gute Ehefrau sein werde, weil ich sehr häuslich bin, im Grunde genommen, und sehr gerne irgendwie tütle und mache und tu und putze und irgendwas, also ich muß es einfach haben.
F: Bist du rachsüchtig?
S: Überhaupt nicht.
F: Auch nicht nachtragend?
S: Überhaupt nicht. Du, ich bin ein Stier, das sagt wahrscheinlich alles. Auch das ist sozusagen charakterlich bei mir sehr, daß ich Stier bin, witzig, lustig, nie betrübt, logisch, das ist jeder mal, aber nicht nachtragend, sehr großzügig mit dem Geld, ich geb viel Geld aus, kann die Kohle nicht zusammenhalten, das sind alles Dinge, die die Stier-Menschen an sich haben. Ich lege da an sich keinen großen Wert drauf, auf dieses ganze, aber das ist, ich kann nun lesen, was ich will, ab und zu mache ich das mal, das kommt vielleicht einmal in der Woche vor, daß ich durch Zufall mal irgendwie ein Horoskop oder so was lese, und dann gibt es diese Jahreskalender, die den Stier so bezeichnen oder wie man das nennt, das trifft genau zu.
F: Gibt es viele Dinge für dich, die du als unanständig oder unpassend empfindest, wenn einer nicht richtig angezogen ist, im Restaurant oder so was?
S: Du, das interessiert mich gar nicht. Ach, das ist mir so egal. Genau,

ich könnte nun in das beste Lokal gehen, so, interessiert mich nicht.
F: Wenn einer nun das Ding mitten im Lokal raustut, würdest du das witzig finden oder . .
S: Nee, witzig nicht, aber es kommt darauf an, was für eine Gelegenheit das ist, ich finde das nicht gut, also so was find ich nicht gut. Ich finde das nun sehr witzig, irgendwie dumme Sprüche zu bringen, wie zum Beispiel wir waren nun erstklassig essen in einem phantastischem Restaurant, die Leute saßen da nun rum und unterhielten sich über uns, daß wir da so linke Sprüche brachten, und da schrie dann einer: Menschenskinder, jetzt wollte ich heute abend ficken und jetzt hab ich schon wieder den Tripper. Da kann ich mich nun darüber amüsieren, das finde ich witzig, wenn das richtig gebracht ist, das die Leute nun schockiert sind, genau wie ich heute abend im Kino kurz war und sind wir wieder rausgegangen, weil das so ein beknackter Film war, da habe ich hinter so einem beknackten Typ gesessen mit drei Jungen, weißt du, und wir mit den ganzen Taschen unterwegs waren und alles ganz witzig, da sagte ich zu Frisco, der neben mir saß, ich sag: Menschenskinder, du wolltest mir doch mal wieder einen Neger mitbringen, und da sagte er: ja, Menschenskinder, das geht nicht, der hat im Moment den Tripper. Und alles hörte nun zu, die waren nun völlig schockiert, das fand ich nun sehr lustig, weißt du, solche Dinge, da kann ich drüber lachen, aber es muß nicht zur Tagesordnung gehören, weißt du, das kann man ab und zu mal bringen, aber wenn es alltäglich wird, und immer wieder das gleiche, da find ich das nicht gut.
F: Lügst du oft?
S: Nee. Ich habe auch keinen Grund zum Lügen.
F: Hast auch in dem Interview nicht gelogen?
S: Nee.
F: Deinen Vater und deine Mutter ehrst du?
S: Wahnsinnig, ja.
F: Hast du Schuldgefühle? Hast du ein schlechtes Gewissen?
S: Ja.
F: Weswegen?
S: Das ist verschieden. Ich habe dir ja mal erzählt, daß ich ab und zu mal so ein Schuldgefühl habe, als ich mit Christa noch des öfteren ausgegangen bin, und als wir noch ein ziemlich gutes Verhältnis hatten, daß ich da irgendwie Scheiße machen könnte und Christa zu sehr beeinflussen könnte in dem Tun, was sie da macht, und weil das früher wesentlich anders war, aber das interessiert mich jetzt nicht mehr.
F: Du hast nie bereut, daß du dein Kind abgetrieben hast?
S: Nee, nee, was soll ich damit. Ich finde, ein Kind sollte man sich nur, ein Kind sollte man nur haben, wenn man der Überzeugung ist,

das Kind zu erziehen, es heranwachsen zu lassen und sich damit abzufinden, daß es vielleicht mit achtzehn oder neunzehn aus dem Hause geht.
F: Wie würdest du dein Kind erziehen?
S: Du, genau wie meine Mutter und mein Vater mich erzogen haben.
F: Also völlig frei?
S: Vollkommen frei, ja.
F: Wenn das ein Junge wäre, und der würde nun mit vierzehn anfangen rumzuschwulen, würdest du da was gegen machen?
S: Nein, keineswegs. Ich habe sehr viel mit Schwulen verkehrt, ich habe seit meinem vierzehnten Lebensjahr nur mit Schwulen rumgemacht, also nicht rumgemacht, sondern bin nur mit denen durch die Gegend gezogen.
F: Wenn ein Mann von 35 Jahren sich an deinen ja minderjährigen Sohn ranmacht, würdest du nichts dagegen machen?
S: Ja, ranmacht, weißt du, das kommt darauf an, wenn es aus eigener Initiative kommt, aber in dem Moment, wenn ich merken würde, daß er verführt wird auf irgendwie eine linke Art und Weise, wenn er sich nicht dazu hergibt, weißt du, wie ich das meine, wenn er also aus eigener Initiative ja sagt und findet das gut, empfindet etwas dabei, dann muß er das selbst wissen. Aber in dem Moment, wo er verführt wird, finde ich das link und würde den Mann wahrscheinlich, wenn ich es irgendwie rauskriege, zur Rechenschaft ziehen und würde ihn versuchen, irgendwie davon zu befreien, denn ich weiß genau, wenn man irgendwie zu etwas gezwungen wird, daß man dadurch irgendwie gehandikapt ist und daß es irgendwie immer wieder zum Vorschein kommt.
F: Würdest du den Mann anzeigen?
S: Ich glaube nicht, du, das hat vielleicht hier mit diesem Milieu etwas zu tun, ist nicht unsere Art, irgendwie jemanden reinzulegen, irgendwie jemanden anzuzeigen, aber das kann ich auch jetzt nicht sagen, weil ich erstensmal noch jung bin, mit diesen Konflikten noch nichts zu tun hatte. Ich weiß nicht, wie ich vielleicht in zwanzig, dreißig Jahren da über diese ganze Sache denke.
F: Wie würdest du dein Kind politisch erziehen?
S: Interessiert mich nicht, ich interessiere mich nicht für Politik.
F: Und religiös?
S: Du, ich bin konfirmiert worden, ich bin getauft worden, aber ich würde mein Kind nicht taufen lassen.
F: Und du würdest auch nicht darauf achten, daß es in die Kirche geht?
S: Nein.
F: Glaubst du..
S: Nein, ich glaube nicht an Gott, ich glaube zwar an irgend etwas, aber nicht an Gott.

F: An was glaubst du?
S: Ich weiß es nicht. Ich weiß es nicht woran, aber irgendwas ist, ich weiß nicht was, soweit bin ich noch nicht, ich beschäftige mich ab und zu damit, nicht hauptsächlich, aber ab und zu komme ich so auf die Idee, mir da irgendwelche Gedanken darüber zu machen, aber ich komme zu keinem Endpunkt.
F: Ekelst du dich leicht?
S: Nee.
F: Beim Essen auch nicht?
S: Nee, ach was.
F: Hast du Ticks, mußt du immer mit was rumspielen?
S: Ja, ja, immer. Mit Ringen, ich habe also verschiedene Ringe und Ketten und, ja hier zum Beispiel, diesen Faden oder Streichhölzer oder ich muß eine Zigarette in der Hand haben, wenn ich nichts anderes habe.
F: Hast du Komplexe?
S: Ja.
F: Was für welche?
S: Du, nur durch das Anschaffen, weil ich 'ne Tille bin.
F: Das ist das einzige?
S: Ja, und mein dicker Hintern, ja, das ist ein Komplex von mir, das ahnst du nicht, ich ziehe keine lange Hose an, ohne irgendwie eine schicke Weste drüber oder jetzt so diese Kleider drüber, ich würde nie eine Hose tragen, wo nun der Hintern abgemalt ist, trage ich nicht, Hubert. Ich finde das abscheulich, eine Frau braucht es doch nicht unbedingt zu zeigen, was nicht vorteilhaft ist. Das ist nicht vorteilhaft, wenn eine Frau eine gute Figur hat und auf einmal so einen kleinen runden Hintern hat, weißt du, klein und schön, aber der ein bißchen groß ist, was nicht zusammen paßt, paßt nicht zusammen, und um das ganze zu überspielen, da gibt es heutzutage soviel Möglichkeiten in punkto Garderobe, das muß nicht unbedingt sein.
F: Kennst du Verantwortungsgefühl?
S: Ja.
F: Wem gegenüber?
S: Meinen Eltern.
F: Nur deinen Eltern?
S: Ja, und mir selbst.
F: Und einem Freund gegenüber nicht?
S: Nee, ich hab ja keinen. In dem Moment, wenn ich verabredet bin, weiß ich, daß ich da sein muß und da bin ich da, da bin ich auch pünktlich. Ich hätte nun, schau mal, ich hätte nun weiter im Kino sitzen können, aber ich wußte genau, ich bin um acht Uhr verabredet, also gehe ich aus dem Kino raus, setze mich in die Taxe und fahr

hierher, weil ich das nun beschissen finde, weil ich nicht gerne auf irgend jemand warte.
F: Was ist deine liebste Farbe?
S: Schwarz.
F: Schwarz?
S: Ja, ich trage wahnsinnig gern schwarz.
F: Bist du bereit, Pflichten zu übernehmen? Wenn du ein Kind hättest zum Beispiel?
S: Ja, das ist auch wieder eine Frage, weil ich erstensmal keine Kinder haben möchte, weil, natürlich irgendwann werden mehrere Pflichten mir gegenüberstehen und die Pflichten, die ich mir aufzwinge, muß ich auch erfüllen.
F: Bist du neidisch?
S: Ab und zu ja.
F: Auf was?
S: Auf Geld. In dem Moment, wo ich Geld habe, kann ich mir doch das erlauben, was andere Leute alles haben.
F: Bist du hochmütig?
S: Das glaube ich nicht.
F: Angst hast du?
S: Nee.
F: Gelegentlich?
S: Ab und zu, ja, aber nicht immer, also selten, ganz, ganz selten.
F: Hattest du als Kind Angst?
S: Nee, in den Keller bin ich nie gegangen, da habe ich immer gepfiffen, aber sonst kannte ich keine Angst.
F: Weil es so dunkel war?
S: Ja, ja, genau, weil bei uns immer die Türen auf waren usw., und des öfteren auch da irgendwelche Typen schliefen, deswegen, aber sonst Angstgefühl habe ich nicht.
F: Hast du jetzt noch Angst im Keller?
S: Nee, ach weißt du, das interessiert mich jetzt nicht. Nee, doch, ich gehe nicht alleine in den Keller, nein, nein. Das habe ich jetzt noch gemerkt, als ich zu Hause war, wir haben das ganze Haus unterkellert, ich wollte schauen, ob meine Bluse trocken ist, die hing im Keller unten, zum Trocknen, ich sagte: Mutti, tu mir bitte einen Gefallen, holst mal meine Bluse hoch, ich geh nicht alleine in den Keller, komischerweise, trotz daß ich genau weiß, daß da kein Mensch sein kann. Aber wahrscheinlich ist das irgendwie so ein Schreckgefühl, weißt du, daß da irgend etwas im Dunkeln oder auch, nee, wenn es hell ist, nicht, aber wenn es jetzt dunkel wär, das irgendwie etwas raschelt, da erschreckt man sich im ersten Moment, und das ist keine Angst, das ist irgendwie ein Schreckgefühl, was man eben nicht unbedingt haben muß.

F: Magst du Juden?
S: Du, an sich habe ich gegen diese Leute nichts, ich finde das nur wahnsinnig gräßlich, daß die Leute noch nach so einer langen Zeit vorgezogen werden. Die haben so viele Vorteile, die einem Deutschen überhaupt nicht geboten werden. Die brauchen, wenn sie sich selbständig machen, fünf Jahre keine Steuern zahlen, sie gehen zu irgendwelchen Behörden, sagen, daß sie Juden sind, sie haben jegliche, die können alles, sie können sich alles erlauben.
F: Woher weißt du das?
S: Weil ich in diesem Lokal, wo ich verkehrte, das gehört Juden, und dieser Laden, der hätte nun schon so oft auffliegen müssen, was da nun schon alles gebracht worden ist, die Musik ist so laut, daß da also im Umkreis von 100 Meter die Musik noch zu hören ist, weißt du, und da wohnen nun ringsum alles Leute, die Polizei war manchmal am Abend drei-, viermal da, die wollten den Laden schon schließen, und der ist zur Behörde gegangen, zu diesen Ämtern da, und der Laden wird nicht geschlossen, die wissen hundertprozentig, daß da geraucht wird, den Laden schließen sie nicht. Der hatte keine Konzession, dort Ausschank zu führen, das war früher eine Galerie, die hat er einfach als Lokal umgebaut, ohne irgendwelche Erlaubnis, und hat dort ein Tanzlokal rausgemacht, ohne irgendeine Erlaubnis, und nach vier Monaten sind die irgendwie dahintergekommen, du, der hat keine Strafe, der hat keine Steuern nachzahlen brauchen, nichts. Und das finde ich dermaßen ungerecht, die haben alle Kohle, sag mir einen Juden, der kein Geld hat, die laufen rum, das gibt es gar nicht. Die haben nun die Kohle in der Tasche, die haben nun die Fummel an, die haben Ringe an den Fingern, du, das hältst du gar nicht aus, die können sich alles erlauben, die haben das dicke Auto, die haben tolle Wohnungen, die haben das alles, und nur immer auf diesen.. daß sie Juden sind und daß die sich nun alles rausnehmen können, und ich finde das eine Ungerechtigkeit, das ist nun so lange her, ich sag es dir, die Deutschen, die lassen sich so verarschen, das geht denen nämlich in ungefähr zehn, zwölf Jahren, wenn nicht schon wesentlich früher genauso.
F: Haßt du Neger?
S: Das ist auch eine schwere Frage, wenn ich irgend jemand nett finde, wenn es nicht gerade ein Prolet ist, tanze ich gerne mit ihm, unterhalte ich mich mit ihm, aber ich habe nun nicht das Gefühl, daß ich mit solch einem Mann ins Bett gehen muß.
F: Du bist noch nie mit einem Neger im Bett gewesen?
S: Nee.
F: Hast du was gegen Gammler?
S: Überhaupt nicht, das finde ich witzig, ja.
F: Und Rocker?

S: Kann ich nun überhaupt nicht drauf, o Gott, hab ich noch nie, auch nie, als ich so vierzehn war, da war das zur Zeit noch uptodate, konnt ich nicht drauf, nee, da hab ich mich schon für Männer mit Autos interessiert, also die Tour habe ich nicht mitgemacht, auf Moped und so weiter, oder irgendwo im Park dann treffen usw., das war nicht so mein.

F: Glaubst du nun, daß du eins der hübschesten Mädchen von St. Pauli bist?

S: Nein, um Gottes willen.

F: Aber begehrt bist du?

S: Ja, möchte ich sagen.

F: Du hast viele Freunde?

S: Ja, wahnsinnig viele.

F: Was sind das für Leute?

S: Du, ganz verschieden, aus allen möglichen Kategorien, also es ist so verschieden, Studenten, Typen, die nicht arbeiten, Typen, die irgendwie eine Freundin haben, die ein bißchen anschaffen geht, aber im Grunde genommen nicht die Krumme machen, sondern die sich eben gut verstehen, alles mögliche, was du dir nur so vorstellen kannst, Geschäftsleute und also alle Leute.

F: Hast du lieber Männer zum Freund oder Frauen?

S: Männer. Ich bin nur immer mit Männern zusammen, komischerweise.

F: Aber Mauli war doch mal deine Freundin.

S: Ja, ich häng auch jetzt noch an ihr, aber ich finde das ein bißchen dumm von ihr, wie sie sich verhält, das ist aber ihre Sache, das muß sie selbst wissen.

F: Arbeitest du gerne?

S: Nee.

F: Also du würdest, wenn du das hier aufgibst, was suchen, wo du nicht so viel arbeiten mußt?

S: Genau, ja, ich würde mir möglichst einen bequemen Job aussuchen.

F: Würdest du sagen, daß du faul bist?

S: Nein, nicht unbedingt, wenn ich muß, muß ich, aber man verbindet ja das Angenehme mit dem Nützlichen.

F: Wie ist dein Verhältnis zu Tieren?

S: Du, ich finde jedes Tier hübsch, egal ob es eine Promenadenmischung..

F: Auch Schlangen?

S: Du, ich habe nichts gegen Schlangen, ich fasse sie auch an, so ist es nicht. Das einzige, was ich nicht mag, sind Ratten und Mäuse, das sind also häßliche Tiere, und Goldhamster erinnern mich zu sehr dran, fasse ich aber auch an, ich fasse auch Mäuse an, aber in dem Moment..

F: Aber Ratten nicht?
S: O Gott, nein, da ist nicht dran zu denken.
F: Und wenn nun eine Ratte oder eine Maus durchs Zimmer läuft, springst du dann auf den Tisch?
S: Wahrscheinlich, ja.
F: Du hältst dir selbst einen Hund.
S: Ja, ja, das ist mein Goldstück.
F: Möchtest du gerne Fremdsprachen sprechen?
S: Ja, du, ich möchte wahnsinnig gern Englisch und Französisch können.
F: Und lernst du es?
S: Du, ich bemühe mich, etwas Englisch zu lernen, aber es ist, wie gesagt, die Gelegenheit ist zu gering. Ich könnte nun irgendeinen Abendkurs besuchen, aber das ist schön und gut, das wäre gut, wenn ich es machen würde, aber man ist zu träge.
F: Lebst du gerne?
S: Ja, furchtbar gerne.
F: Hast du an Selbstmord gedacht?
S: Noch nie.
F: Was hältst du vom Selbstmörder?
S: Du, das muß jeder selbst wissen.
F: Würdest du jemand helfen, der Selbstmord begeht?
S: Ja, ich würde ihn versuchen davon abzuhalten.
F: Hast du Angst vor dem Tod?
S: Ja, ja, aber nicht wegen mir, sondern ich habe mich schon ein paarmal damit befaßt, was ich wohl machen würde, wenn ich irgendwann mal erfahren würde, daß ein Familienmitglied irgendwie tödlich verunglückt oder gestorben ist. Also angenommen, ich bekäme jetzt Bescheid, daß meinen Eltern irgendwie was passiert ist, ich glaube, ich würde wahnsinnig, oder meinen Geschwistern, also das ist das, womit ich mich am meisten befasse, noch nicht einmal mit mir selbst, sondern nur so in dem Moment, wenn das irgendwie auf mich zukommen würde, ich glaube, das wäre gräßlich.
F: Hast du schon mal jemanden sterben sehen?
S: Nein.
F: Gehst du nachts über den Friedhof?
S: Mit mehreren Leuten wahrscheinlich, ja, aber alleine auf keinen Fall. Ich gehe auch nicht gerne alleine so, ich weiß auch nicht, wie das kommt.
F: Und wenn dein bester Freund einen Mord begangen hätte, würdest du ihm helfen?
S: O, das ist eine schwere Frage. Weißt du, ich habe keinen Freund, ich bin noch nie in diese Situation gekommen, und ich kann das nicht beurteilen, da mußt du vor die Tatsache gestellt werden, in dem

Moment kannst du das beurteilen, aber wenn du da noch nie irgendwie Kontakt mit hattest, befaßt man sich auch nicht mit den Dingen, und weil ich nun nicht so ein Verhältnis zu irgend jemand habe, daß ich mit ihm nun wirklich alles machen würde, deswegen, irgendwann wird das mal kommen, daß ich vor diese, vielleicht auch nicht, daß irgendwie die Gelegenheit da ist, daß ich da mal mit geprüft werde, oder daß ich da mal in irgendeine solche Situation gestellt werde.

F: Könntest du einen Mord begehen?
S: Nee.
F: Du bist nicht cholerisch?
S: Nein.
F: Was war dein angenehmstes Erlebnis?
S: Mein angenehmstes Erlebnis? Du, ich habe laufend schöne Erlebnisse.
F: Und dein unangenehmstes Erlebnis?
S: Da kann ich nicht drüber sprechen.
F: Das war, als du vergewaltigt worden bist?
S: Das bin ich nicht, wohlgemerkt.
F: Wie sollte ein Mann deiner Meinung nach sein?
S: Du, er muß etwas darstellen, er braucht nicht schön sein, er muß nur etwas darstellen, er muß ein Typ sein, in dem Moment, wo er ein Typ ist, ist er akzeptiert, in dem Moment, wo er kein Typ ist, ist uninteressant.
F: Und wie sollte eine Frau sein?
S: Auch ein Typ, es ist nur typbedingt, also in dem Moment, wo eine Frau oder ein Mann ein Typ darstellt, dann leisten sie etwas, dann sind sie etwas, dann finde ich sie gut.
F: Was hältst du von der Polizei?
S: Du, die Typen, die kann ich nun nicht ab, will ich nicht sagen, aber ich habe mit diesen Leuten noch nie etwas zu tun gehabt, und ich versuche das auch möglichst zu umgehen.
F: Glaubst du, daß auf deutschen Polizeikommissariaten geschlagen wird?
S: Könnt es mir vorstellen.
F: Ist eine Frau in der Bundesrepublik gleichberechtigt?
S: Nein. Sie darf zwar wählen, sie darf alles machen, was die Männer auch haben, aber im Grunde genommen hat sie nicht die Gleichberechtigung, weil der Mann die Frau trotzdem immer wieder unterdrückt.
F: Wodurch?
S: Ja, in dem Moment, wenn er mit ihr verheiratet ist, macht er ihr Vorschriften; wenn sie befreundet sind, kriegt sie schon Vorschriften gemacht: ja, du kannst nicht mit irgend jemand schlafen gehen, das

Recht bleibt nur mir und so weiter und so fort.
F: Du glaubst, die Frau sollte gleichberechtigt sein?
S: Du, ich bin es, und jede Frau, die es will, die ist es auch.
F: Liebst du dieses Zimmer hier?
S: Ja, ich finde es gut, ich liebe es nicht, ich möchte es lieber nicht haben und lieber irgendwo anders, aber wenn ich, angenommen dieses Zimmer, so wie es ist, Gelegenheit hätte, dieses Zimmer mitzunehmen irgendwie in eine andere Gegend und nicht gerade hier, würde ich mir das schon so lassen, vorläufig jedenfalls.
F: Du hast es dir selbst eingerichtet.
S: Nicht selbst eingerichtet, sondern ich habe es mir selbst so gemacht, also die Möbelstücke gehören nicht mir, sondern ich habe mir das lediglich alles so ein bißchen umgebaut.
F: Und die Sessel gefallen dir?
S: Nee, die gefallen mir überhaupt nicht. Die Sessel, die kämen nun als erstes wieder raus, wenn ich also die Möglichkeit hätte, aber so in der Art, die Farbe, wie ich das anstreichen lassen würde, das ist so, daß was ich liebe, das Grün, das beruhigt so wahnsinnig, denn weiße Möbel finde ich wahnsinnig schön, dann mag ich keinen Kitsch, sondern sachlich und bequeme und nützliche Dinge. Also ich finde alles, was unnütz ist, was zuviel ist, was Staub fängt, finde ich schlimm, und alles so praktisch wie möglich, also nicht irgendwie mit Tütel und Rüschchen und Tralala, sondern so bequem wie möglich. Ich würde also meine Wohnung wahnsinnig modern einrichten.
F: Wir haben uns jetzt fast drei Stunden unterhalten, hast du während dieses Interviews das Gefühl gehabt, daß ich dich so gegen die Wand drücke mit meinen Fragen?
S: Nein, in dem Moment, wenn ich auf irgend etwas nicht antworten will, dann tu ich das nicht, ich fühle mich keineswegs eingeengt durch diese Fragen, weil ich sowieso von Haus aus ein Typ bin, der sehr offen und ehrlich ist, also daß, was mir auf der Zunge liegt, das erzähle ich. Du, ich hoffe, ich hoffe, daß das Interview sehr viele Leute hören werden.
F: Warum?
S: Ja, ich weiß es nicht, weil die meisten Leute eine ganz andere Vorstellung von uns haben, das ist noch diese Kindergeschichte, die ihnen erzählt wird, daß das was ganz Schlimmes, Böses ist, was wir machen, und ich finde das schlimm, wenn Leute sich in dieses einzwängen, wenn sie gar nicht aus diesen Vorstellungen herauswollen, keiner gibt sich die Mühe, da richtig mal darüber nachzudenken, daß es im Grunde genommen nicht so schlimm ist, in jeder Zeitung ist eine Nutte was ganz Mieses, in jedem Film ist sie was Mieses, überall wird sie nur mies gemacht, sie wird überall mies gemacht, es

ist ein ganz niederer Mensch, das niedrigste, was es überhaupt gibt, und die Leute wollen sich gar nicht damit befassen, die sind nur wahnsinnig wißbegierig, in einer Zeitung irgend etwas Linkes darüber zu lesen.

HUBERT FICHTE

Detlevs Imitationen ‚Grünspan'

Peter Sager / Christ und Welt, Stuttgart: «Ein Kabinettstück poetologischer Selbstparodie und ironischer Leserverführung. Es ist, nun noch erweitert und differenziert, dieselbe dokumentarische Sprachbesessenheit, die ihn die genauen ‹Wörter für St. Pauli› finden ließ, jenen Beat-Jargon des ‹Palette›-Milieus, der auch im ‹Grünspan›-Revier kräftig anklingt ... Fichtes Stilreservoir ist beträchtlich.»
Roman. 256 Seiten. Geb. und Br.

Die Palette

Ausgezeichnet als «Buch des Monats»
Walter Jens / Die Zeit, Hamburg: «Ein großes bewegendes, erhellendes Buch. Ein Roman, der von phantastischen Einfällen, Wortspielen, syntaktischen Zaubereien und den verwegensten Raum- und Zeitsprüngen strotzt – und zugleich ein Werk, das vom Geist des wissenschaftlichen Zeitalters geprägt wird.»
Roman. 368 Seiten. Geb. und Br.
Taschenbuchausgabe: rororo Band 1300

Das Waisenhaus

Ausgezeichnet mit dem Hermann-Hesse-Preis
Helmut Heißenbüttel / Süddeutsche Zeitung, München: «In Fichtes Strategie einer neuen Erzählung wird das getan, wonach alle Kritiker laut schreien; es wird auf literarische Weise das erfaßt, was unsere Welt heißt.»
Roman. 196 Seiten. Geb.

Interviews aus dem Palais d'Amour etc.

Das Hamburger Vergnügungsviertel St. Pauli ist noch nie so authentisch zur [Selbst-]Darstellung gekommen wie in diesen ausführlichen Gesprächen mit vier Betroffenen. Der Romancier Hubert Fichte überwand das Mißtrauen von Zuhältern und Prostituierten, weil es ihm nicht um die publizistische Ausbeutung von Trieb-Abweichungen, sondern um die Bloßlegung einer sozialen Variante ging.
rororo Band 1560

Der Aufbruch nach Turku

Ausgezeichnet mit dem Julius-Campe-Stipendium
Erzählungen. 144 Seiten. Geb.

ROWOHLT

das neue buch
rowohlt

Herausgegeben von Jürgen Manthey

Programmschwerpunkte: zeitgenössische Literatur vorwiegend jüngerer deutscher und ausländischer Autoren / Beiträge zu einer materialistischen Ästhetik / Beispiele gesellschaftskritischer Dokumentaristik / Entwürfe für eine neue, unspekulative Anthropologie / Medientheorie und Kommunikationsforschung / Kritik der «amerikanischen Ideologie»

Peter Rühmkorf
Die Jahre die Ihr kennt
Anfälle und Erinnerungen [1]

Das Mädchen aus der Volkskommune. Chinesische Comics [2]

Sergej Tretjakov
Die Arbeit des Schriftstellers
Aufsätze, Reportagen, Porträts
Hg.: Heiner Boehncke [3]

Hans Christoph Buch
Kritische Wälder
Essays zur Literatur [4]

Tom Wolfe
Radical Chic und Mau Mau
bei der Wohlfahrtsbehörde [5]

David Cooper
Der Tod der Familie [6]

Peter Gorsen
Sexualästhetik. Zur bürgerlichen Rezeption von Obszönität und Pornographie.
Mit 82 Abbildungen [7]

Velimir Chlebnikov
Werke. Hg.: Peter Urban
I Poesie. Mit 16seitigem Tafelteil [8] – II Prosa, Schriften, Briefe.
Mit 48seitigem Tafelteil [9]

Philip Roth
Unsere Gang
Die Story von Trick E. Dixon und den Seinen [10]

Karla Fohrbeck / Andreas J. Wiesand. Der Autorenreport
Vorwort: Rudolf Augstein [11]

Elfriede Jelinek
Michael. Ein Jugendbuch für die Infantilgesellschaft [12]

Ed Sanders
The Family. Die Geschichte von Charles Manson und seiner Strand-Buggy-Streitmacht [14]

Parteilichkeit der Literatur oder Parteiliteratur? Materialien zu einer undogmatischen marxistischen Ästhetik.
Hg.: Hans Christoph Buch [15]

Hermann Peter Piwitt
Rothschilds
Roman [16]

Carl Einstein
Die Fabrikation der Fiktionen
Eine Verteidigung des Wirklichen
Hg.: Sibylle Penkert [17]

Peter Turrini
Erlebnisse in der Mundhöhle
Roman [18]

Harold Pinter
Alte Zeiten / Landschaft / Schweigen. Drei Theaterstücke [20]

Nicolas Born
Das Auge des Entdeckers
Gedichte. Zeichnungen von Dieter Masuhr [21]

Hartmut Lange
Theaterstücke 1960–71 [22]

Ronald D. Laing
Knoten [25]

Ronald Fraser
Im Versteck [29]